IT 엔지니어를 위한
머신러닝 이론 입문

IT 엔지니어를 위한
머신러닝 이론 입문

지은이 나카이 에츠지

옮긴이 김범준

감수자 곽동민

펴낸이 박찬규   엮은이 김윤래   디자인 북누리   표지디자인 아로와 & 아로와나

펴낸곳 위키북스   전화 031-955-3658, 3659   팩스 031-955-3660

주소 경기도 파주시 문발로 115 세종출판벤처타운 311호

가격 25,000   페이지 284   책규격 172 x 235mm

초판 발행 2016년 06월 17일

2쇄 발행 2017년 07월 31일

ISBN 979-11-5839-033-4 (93000)

등록번호 제406-2006-000036호   등록일자 2006년 05월 19일

홈페이지 wikibook.co.kr   전자우편 wikibook@wikibook.co.kr

IT ENGINEER NO TAME NO KIKAI GAKUSHU RIRON NYUMON by Etsuji Nakai

Copyright © 2015 Etsuji Nakai

이 책의 내용에 대한 추가 지원과 문의는 위키북스 출판사 홈페이지 wikibook.co.kr이나

이메일 wikibook@wikibook.co.kr을 이용해 주세요.

이 도서의 국립중앙도서관 출판시도서목록 CIP는

서지정보유통지원시스템 홈페이지(http://seoji.nl.go.kr)와

국가자료공동목록시스템(http://www.nl.go.kr/kolisnet)에서 이용하실 수 있습니다.

CIP제어번호 CIP2016013820

머신러닝
이론
입문

IT
엔지니어를
위한

나카이 에츠지 지음
/
김범준 옮김, 곽동민 감수

위키북스

면책

이 책의 내용은 오직 정보 제공을 목적으로 쓰여졌습니다. 따라서 이 책을 활용할 때에는 반드시 독자 자신의 책임과 판단이 따르게 됩니다. 이들 정보를 활용한 결과에 관해 원서 출판사인 기술평론사와 저자는 어떤 책임도 지지 않습니다.

이 책에 쓰여진 정보는 2015년 9월 현재를 기준으로 합니다. 실제로 책을 읽을 때에는 정보가 달라질 수도 있습니다.

이러한 주의사항을 숙지한 후에 이 책을 읽기 바랍니다. 이러한 주의사항을 모르는 상태로 저희 출판사에 질문한다면 담당자와 저자는 답변할 수 없습니다. 이 점 양해하기 바랍니다.

상표, 등록상표에 관하여

이 책에서 소개해는 제품 이름 등은 보통 각 회사의 등록상표 혹은 상표입니다. 그리고 본문에서 ™, ®과 같은 표시는 생략될 경우도 있습니다.

01 장 \ 데이터 과학과 머신러닝   2

1.1 업무상에서 데이터 과학이 하는 역할   3

1.2 머신러닝 알고리즘 분류   11
1.2.1 분류: 클래스 판정을 산출하는 알고리즘   11
1.2.2 회귀분석: 수치를 예측하는 알고리즘   12
1.2.3 클러스터링: 지도자 없이 그룹화하는 알고리즘   14
1.2.4 그 밖의 알고리즘   17

1.3 이 책에서 사용하는 예제   18
1.3.1 회귀분석에 의한 관측값 추측   18
1.3.2 선형판별에 의한 신규 데이터 분류   22
1.3.3 이미지 파일 감색 처리(대표색 추출)   24
1.3.4 손글씨 문자 인식   25

1.4 분석 도구 준비   27
1.4.1 이 책에서 사용할 데이터 분석 도구   27
1.4.2 실행 환경 설치 순서(CentOS 6)   28
1.4.3 실행 환경 설치 순서(Mac OS X)   32
1.4.4 실행 환경 설정 순서(Windows 7/8.1)   36
1.4.5 IPython 사용법   40

02 장 \ 최소제곱법: 머신러닝 이론의 첫 걸음　　44

2.1 다항식 근사와 최소제곱법에 의한 추정　　45
2.1.1 트레이닝 세트의 특징 변수와 목적 변수　　46
2.1.2 다항식 근사와 오차함수 설정　　47
2.1.3 오차함수를 최소화할 수 있는 조건　　50
2.1.4 예제 코드로 확인한다　　53
2.1.5 통계모델이라는 관점에서 최소제곱법이란　　59

2.2 오버 피팅 검출　　62
2.2.1 트레이닝 셋과 테스트 셋　　63
2.2.2 테스트 셋으로 검증한 결과　　65
2.2.3 교차 검증을 통해 일반화 능력을 검증한다　　67
2.2.4 데이터 개수에 따른 오버 피팅 변화　　69

2.3 부록—헤세행렬의 성질　　71

03 장 \ 최우추정법: 확률을 사용한 추정 이론　　74

3.1 확률 모델을 이용한다　　75

　　3.1.1 데이터 발생 확률 설정　　76

　　3.1.2 우도함수로 파라미터를 평가한다　　82

　　3.1.3 예제 코드로 확인한다　　85

3.2 단순한 예로 설명한다　　91

　　3.2.1 정규분포의 파라메트릭 모델　　92

　　3.2.2 예제 코드로 확인한다　　94

　　3.2.3 추정량을 평가하는 방법(일치성과 불편성)　　97

3.3 부록-표본평균 · 표본분산의 일치성과 불편성　　100

　　3.3.1 표본평균 · 표본분산의 일치성과 불편성 증명　　100

　　3.3.2 예제 코드로 확인한다　　105

04 장 \ 퍼셉트론: 분류 알고리즘 기초　　110

4.1 확률적 기울기 하강법 알고리즘　　112

　　4.1.1 평면을 분할하는 직선의 방정식　　112

　　4.1.2 오차함수를 사용하여 분류 결과를 평가한다　　114

　　4.1.3 기울기 벡터로 파라미터를 수정한다　　117

　　4.1.4 예제 코드로 확인한다　　122

4.2 퍼셉트론을 기하학적으로 해석한다   123

　　4.2.1 바이어스 항의 임의성과 알고리즘 수렴 속도   124

　　4.2.2 퍼셉트론의 기하학적 해석   127

　　4.2.3 바이어스 항의 기하학적인 의미   129

05 장 로지스틱 회귀와 ROC 곡선: 학습 모델을 평가하는 방법   132

5.1 분류 문제에 최우추정법을 적용한다   133

　　5.1.1 데이터 발생 확률 설정   134

　　5.1.2 최우추정법으로 파라미터를 결정한다   138

　　5.1.3 예제 코드로 확인한다   141

5.2 ROC 곡선으로 학습 모델을 평가한다   144

　　5.2.1 로지스틱 회귀를 현실 문제에 적용한다   145

　　5.2.2 ROC 곡선으로 성능 평가   148

　　5.2.3 예제 코드로 확인한다   152

5.3 부록─IRLS법 도출   156

06 장   k-평균법: 비지도 학습모델 기초   164

6.1 k-평균법을 통한 클러스터링과 그 응용   165

     6.1.1 비지도 학습모델 클러스터링   166

     6.1.2 k-평균법을 사용한 클러스터링   167

     6.1.3 이미지 데이터에 응용   170

     6.1.4 예제 코드로 확인한다   174

     6.1.5 k-평균법의 수학적 근거   177

6.2 게으른 학습모델로서의 k-최근접이웃   180

     6.2.1 k-최근접이웃으로 분류   181

     6.2.2 k-최근접이웃의 문제점   183

07 장   EM 알고리즘: 최우추정법에 의한 비지도 학습   186

7.1 베르누이 분포를 사용한 최우추정법   187

     7.1.1 손글씨 문자 합성 방법   188

     7.1.2 이미지 생성기와 최우추정법   190

7.2 혼합분포를 사용한 최우추정법   193

     7.2.1 혼합분포로 확률계산   193

     7.2.2 EM 알고리즘 절차   195

     7.2.3 예제 코드로 확인한다   198

     7.2.4 클러스터링으로 데이터를 해석한다   203

7.3 부록 – 손글씨 문자 데이터를 다운로드한다   207

08장 \ 베이즈 추정: 데이터를 기반으로 확신을 더하는 방법   208

8.1 베이즈 추정 모델과 베이즈 정리   209

   8.1.1 베이즈 추정의 개념   210

   8.1.2 베이즈 정리 입문   212

   8.1.3 베이즈 추정으로 정규분포를 정한다: 파라미터 추정   219

   8.1.4 베이즈 추정으로 정규분포를 결정한다: 관측값의 분포를 추정   227

   8.1.5 예제 코드로 확인한다   231

8.2 베이즈 추정을 회귀분석에 응용   233

   8.2.1 파라미터의 사후분포 계산   234

   8.2.2 관측값의 분포를 추정   239

   8.2.3 예제 코드로 확인한다   240

8.3 부록-최우추정법과 베이즈 추정의 관계   244

마치며   248

참고문헌   249

저자소개   252

머신러닝에 관심을 갖는 IT 개발자가 예상 외로 늘고 있는 것 아닌가, 하는 생각을 하게 된 것은 1년 전쯤이었습니다. 데이터 과학이나 딥러닝 급기야 인공지능까지 각 미디어가 선호하는 단어들이 넘쳐나는 상황에서 데이터 분석을 전문으로 하지 않는 일반 IT 개발자도 머신러닝 기술을 활용할 수 있을 것이라고 기대해 볼 수 있는 시대가 다가왔습니다. 이제는 '전문 지식이 없어도 사용할 수 있습니다'라고 광고하는 머신러닝 서비스도 생겨날 정도입니다.

하지만 여기에는 큰 함정이 존재합니다. 다양한 머신러닝 툴이나 라이브러리가 오픈소스로 제공되어 머신러닝 계산 처리를 누구나 실행할 수 있게 됐습니다. 데이터를 입력하고 프로그램을 실행하면 일단 결과는 나올 것입니다. 그렇지만 그 결과가 어떤 '의미'를 갖고 있는지 알 수 있을까요? 머신러닝 툴이 내어주는 결과를 업무에 활용하려면 그 툴이 어떤 알고리즘으로 동작하는지 알아야 툴이 내어준 결과물을 제대로 파악할 수 있겠지요.

이 책에서는 독자들이 머신러닝 기술을 업무에 활용할 것이라는 전제하에 머신러닝 알고리즘을 기본부터 설명합니다. 구체적인 예제를 통해 '어떤 사고 방식으로 무엇을 계산하는가'에 대하여 빠짐없이 설명합니다. 이렇게 차근차근 설명하여 머신러닝에서 데이터 과학에 이르기까지 독자들이 그 밑바탕부터 이해할 수 있게 돕는 것이 이 책의 목표입니다. 머신러닝 분야에는 다양한 알고리즘이 존재하지만 이들 알고리즘의 근본에는 '데이터의 모델화와 파라미터의 최적화'라는 사상이 공통으로 포함돼 있습니다. 이 책에서는 이러한 '사상'에 중점을 두고 각각의 수식이 포함한 의미를 가능한 한 쉽게 설명하려고 합니다. 이 사상을 이해한 후에는 딥러닝이나 신경 네트워크 등 이 책에서 다루지 않은 어려운 알고리즘도 겁낼 필요가 없을 것입니다.

머신러닝을 업무에 사용하기 위한 기획 작업을 지시받아 당황한 사람, 마케팅 분석 프로그램 개발 프로젝트에 갑자기 투입된 사람 등 IT 업계에 몸담고 있는 필자의 지인들 중 이러한 상황에 처한 분들이 많아진 것을 보고 머신러닝에 관심을 갖는 IT 개발자가 예상 외로 늘고 있는 것 아닌가, 하고 필자가 생각하게 된 것 같습니다. 지금부터 머신러닝 기술을 이해하고 능숙하게 사용한다면 IT 개발자로서 새로운 인생을 개척할 기회를 잡게 될 것이 분명합니다. 그리고 무엇보다 머신러닝 기술은 IT 개발자의 지적 호기심과 탐구심을 채워줄 수 있을 만큼 많은 재미를 포함하고 있습니다. 이 책은 한 명이라도 더 많은 독자분에게 발판이 되어 드릴 것이며, 독자분이 이 책을 발판 삼아 머신러닝의 세계로 한 발 나아갈 수 있기를 기원합니다.

2015년 초가을 나카이 에츠지

인사말

이 책의 집필, 출판에 많은 도움을 주신 분들에게 감사합니다.

이 책을 집필하게 된 계기는 기술평론사의 이케모토 코우헤이 씨의 아이디어에서 비롯되었습니다. 머신러닝에 관해 필자가 보유한 지식을 체계적으로 정리하여 IT 개발자를 위한 서적으로 완성시킬 수 있는 기회를 주신 점 감사합니다.

그리고 원고의 검수 작업을 흔쾌히 맡아 주시고 Mac OS X/Windows 인스톨 순서를 써 주신 오리 마나부 씨에게도 감사드립니다.

국립정보학연구소 '탑 에스이' 스터디 그룹에서 다루어진 내용들이 이 책의 내용을 정리하는 작업에 많은 도움이 됐습니다. 탑 에스이 스터디 그룹에 참가했던 분들에게도 감사드립니다.

그리고 올해 초등학교에 입학한 딸 아유미를 이른 아침에 전철역까지 바래다 주고 나서 스타벅스에서 이 책의 원고를 집필했습니다. 제가 일찍 자고 일찍 일어나고 아침 식사 꼭 챙겨 먹기를 실천할 수 있도록 도와주는 아내 마리에게도 다시 한 번 감사의 마음을 전하고 싶습니다. "언제나 고마워!"

이 책의 대상 독자

이 책은 IT 개발자 중에서 머신러닝 알고리즘을 공부하고 싶어하며 그 알고리즘 속에 포함된 이론을 이해하여 업무에 활용하고 싶어하는 독자를 대상으로 쓰여졌습니다. 머신러닝 기술은 여러모로 활용되겠지만 이 책은 '데이터 분석 결과를 업무 판단에 이용한다'라는 개념을 가지고 각종 알고리즘을 설명합니다. 이 책은 머신러닝 툴이나 라이브러리 사용법을 설명하는 책은 아니므로 주의하기 바랍니다.

그리고 이 책에서 다루는 예제 중 상당수는 아래에 나오는 머신러닝 분야에서 최고로 평가되는 서적으로부터 인용했습니다.

제목: Pattern Recognition and Machine Learning

저자: BISHOP, Christopher M, Springer-Verlag

머신러닝 기술을 공부하려고 위의 책에 도전했다가 너무 어려운 내용들을 이해할 수 없어 좌절한 분이 많을 것이라 생각됩니다. IT 개발자뿐 아니라 이 최고의 서적인 'Pattern Recognition and Machine Learning'을 독파하려 하는 모든 분들이 필자가 쓴 이 책을 입문서로 활용하면 좋을 것이라 생각합니다.

이 책 읽는 법

이 책은 1장부터 순서대로 읽어나가면 머신러닝 알고리즘을 체계적으로 이해할 수 있게끔 구성하고 있습니다. 1장에서는 '머신러닝을 업무에 활용하는 법'이라는 개념을 명확히 하기 위해서 머신러닝을 데이터 과학의 큰 테두리 안에서 설명합니다. 그리고 2장에서 8장까지는 1장에서 소개한 대표적인 예제에 여러가지 알고리즘을 적용하여 각각의 알고리즘의 특징과 이들이 공통으로 가지는 구조를 이해할 수 있게 설명합니다.

또한 이 책에서는 각각의 알고리즘을 파이썬으로 구현한 예제 코드를 제공합니다. 예제를 실행하여 얻은 결과물을 보면 구체적인 답을 관찰할 수 있고, 이를 통해 수식만으로는 알 수 없는 알고리즘의 본질을 파악할 수 있게 됩니다.

그리고 머신러닝 알고리즘을 이해하려면 수학을 어느 정도 알아야 합니다. 이 책에서는 '해당 수식이 무엇을 계산하는 것인가'에 대해 가능한 한 쉽게 설명할 것입니다. 대학 1학년 수준의 수학 지식을 갖추고 있다면 이 책을 쉽게 읽을 수 있을 것입니다. 머신러닝 기술을 배우기 전에 선행되어야 할 수학 지식은 이 책의 참고 문헌란에 기재한 서적 리스트를 참고하여 학습하기 바랍니다.

이 책이 출판된 후에 발견된 오타나 부족한 정보는 위키북스 홈페이지에 올려놓겠습니다.

- http://wikibook.co.kr

그리고 수학을 공부했지만 너무 오랫동안 사용하지 않아 잊어버린 분들을 위해 주요 수학 기호와 기본 공식을 다음 페이지에 정리했습니다. 필요하다면 참고하기 바랍니다.

주요 수학 기호와 기본 공식

시그마(모두 더함)

시그마(Σ)는 총합을 나타냅니다. 다음은 x_1부터 x_N까지 모두 더하는 식입니다.

$$\sum_{n=1}^{N} x_n = x_1 + x_2 + \cdots + x_N$$

식(1)

파이(모두 곱함)

파이(Π)는 모두 곱한다는 의미를 가집니다. 다음은 x_1부터 x_N까지 모두 곱하는 식입니다.

$$\prod_{n=1}^{N} x_n = x_1 \times x_2 \times \cdots \times x_N$$

식(2)

지수함수

익스퍼넨셜(exp)은 자연대수의 밑을 $e \fallingdotseq 2.718$로 사용한 지수함수를 나타냅니다. 다음은 e의 x승을 나타냅니다.

$$\exp x = e^x$$

식(3)

모든 지수함수를 곱하는 식은 인수의 합으로 변환할 수 있습니다.

$$\prod_{n=1}^{N} e^{x_n} = e^{x_1} \times \cdots \times e^{x_N} = e^{x_1 + \cdots + x_N} = \exp\left\{\sum_{n=1}^{N} x_n\right\}$$ 식(4)

지수함수 e^x는 미분을 해도 함수의 모양이 변하지 않습니다.

$$\frac{d}{dx} e^x = e^x$$ 식(5)

대수함수

기호 로그 내추럴 ln은 자연대수의 밑을 $e \fallingdotseq 2.718$로 한 대수함수를 나타냅니다.

$$\ln x = \log_e x$$ 식(6)

$x=e$를 대입하면 1이 됩니다.

$$\ln e = 1$$ 식(7)

대수함수는 아래와 같이 대수 법칙을 만족합니다.

$$\ln \frac{ab}{c} = \ln a + \ln b - \ln c$$ 식(8)

$$\ln a^b = b \ln a \qquad \text{식(9)}$$

이들 식을 식(4)의 결과로 나온 지수함수를 로그함수에 대입하면 식을 간단히 정리할 수 있습니다.

$$\ln\left(\exp\sum_{n=1}^{N}x_n\right) = \sum_{n=1}^{N}x_n \times \ln e = \sum_{n=1}^{N}x_n \qquad \text{식(10)}$$

이것은 로그함수 $\ln x$가 지수함수 e^x의 역함수라는 것을 의미합니다.

로그함수의 미분은 다음과 같이 표현합니다.

$$\frac{d}{dx}\ln x = \frac{1}{x} \qquad \text{식(11)}$$

편미분

여러 변수를 포함한 함수를 하나의 특정 변수로 미분하는 것을 편미분이라고 부릅니다(기호 ∂는 델, 라운드디라고 읽습니다).

$\dfrac{\partial f(x,y)}{\partial x}$: y를 고정하고 x로 미분한다

$\dfrac{\partial f(x,y)}{\partial y}$: x를 고정하고 y로 미분한다

편미분에서도 합성함수의 미분 공식이 성립합니다.

$$\frac{\partial f(g(x,y))}{\partial x} = f'(g(x,y)) \times \frac{\partial g(x,y)}{\partial x}$$

식(12)

$f'(x)$는 1계 미분계수를 나타냅니다.

$$f'(x) = \frac{df(x)}{dx}$$

식(13)

벡터의 내적과 외적

굵은 글꼴로 쓰여진 변수는 벡터 혹은 행렬을 나타냅니다. 벡터는 원소를 세로로 나열한 세로 벡터를 기본으로 사용합니다.

$$\mathbf{x} = \begin{pmatrix} x_1 \\ x_2 \\ x_3 \end{pmatrix}$$

식(14)

만일 편의상 벡터를 가로 방향으로 써야 할 때에는 전치 기호인 T를 써서 해당 벡터가 세로 벡터임을 표시합니다.

$$\mathbf{x} = (x_1, x_2, x_3)^{\mathrm{T}}$$

식(15)

이와는 반대로 세로 벡터를 전치하면 가로 벡터(행벡터)가 됩니다.

$$\mathbf{x}^{\mathsf{T}} = (x_1, x_2, x_3) \hspace{3cm} \text{식(16)}$$

'가로 벡터 × 세로 벡터'라고 쓰면 벡터의 내적을 의미합니다.

$$\mathbf{w}^{\mathsf{T}}\mathbf{x} = (w_1, w_2, w_3)\begin{pmatrix} x_1 \\ x_2 \\ x_3 \end{pmatrix} = \sum_{i=1}^{3} w_i x_i \hspace{2cm} \text{식(17)}$$

'세로 벡터 × 가로 벡터'는 벡터의 외적을 의미합니다.

$$\mathbf{w}\mathbf{x}^{\mathsf{T}} = \begin{pmatrix} w_1 \\ w_2 \\ w_3 \end{pmatrix}(x_1, \ x_2, \ x_3) = \begin{pmatrix} w_1 x_1 & w_1 x_2 & w_1 x_3 \\ w_2 x_1 & w_2 x_2 & w_2 x_3 \\ w_3 x_1 & w_3 x_2 & w_3 x_3 \end{pmatrix} \hspace{1cm} \text{식(18)}$$

벡터끼리 내적한 식을 식 (12)에 나타낸 편미분 식에 대입하면 해당 내적 식을 특정 성분으로 편미분할 수 있습니다.

$$\frac{f(\mathbf{w}^{\mathsf{T}}\mathbf{x})}{\partial w_i} = f'(\mathbf{w}^{\mathsf{T}}\mathbf{x})\frac{\partial\,(\mathbf{w}^{\mathsf{T}}\mathbf{x})}{\partial w_i} = f'(\mathbf{w}^{\mathsf{T}}\mathbf{x})x_i \hspace{2cm} \text{식(19)}$$

벡터의 크기는 다음과 같이 표현합니다.

$$\| \mathbf{x} \| = \sqrt{\mathbf{x}^{\mathsf{T}}\mathbf{x}} = \sqrt{x_1^2 + x_2^2 + x_3^2} \hspace{2cm} \text{식(20)}$$

확률변수의 기대값과 분산

확률적으로 다양한 값을 포함할 수 있는 변수 X를 확률변수라고 부르며 $X=x$ 와 같은 식을 취하는 확률을 $P(x)$로 표시합니다. 확률변수의 기대값(Excpeted value) E와 분산(Variance) V는 다음과 같이 정의됩니다.

$$E[X] = \sum_x xP(x) \qquad\qquad \text{식(21)}$$

$$V[X] = E[\{X-E(X)\}^2] \qquad\qquad \text{식(22)}$$

(21)에 있는 시그마($\sum_x$) 기호는 모든 값을 한꺼번에 덧셈한다는 의미입니다.

평균과 분산은 다음과 같은 성질을 가지고 있습니다.

$$E[aX+b] = aE[X]+b \qquad\qquad \text{식(23)}$$

$$V[aX] = a^2 V[X] \qquad\qquad \text{식(24)}$$

$$V[X] = E[X^2]-(E[X])^2 \qquad\qquad \text{식(25)}$$

식 (23)을 응용하면 $\overline{x} = E[X]$일 경우에 다음 식이 성립합니다.

$$E[X-\overline{x}] = E[X]-\overline{x} = 0 \qquad\qquad \text{식(26)}$$

2개의 확률변수 X와 Y가 '독립할' 경우에는 $X=x$ 이며 동시에 $Y=y$인 확률(동시확률) $P(x,y)$를 각각의 확률의 곱으로 나타낼 수 있습니다.

$$P(x, y) = P_X(x) \times P_Y(y) \qquad\qquad 식(27)$$

예를 들어 주사위 2개를 던졌을 때 2개 모두 숫자 1이 나올 확률을 구하려면 각각의 주사위에서 1이 나올 확률이 1/6이므로 1/6 두 개를 서로 곱합니다. 이 계산은 각각의 주사위에서 특정 숫자가 나올 확률이 주사위마다 제각각 독립이라는 것을 의미합니다.

확률변수 X와 Y가 독립일 때 그리고 $\overline{x} = E[X]$, $\overline{y} = E[Y]$라고 지정했을 때 다음 식이 성립합니다[1].

$$
\begin{aligned}
E[(X - \overline{x})(Y - \overline{y})] &= \sum_{x,y}(x - \overline{x})(y - \overline{y})P(x,\ y) \\
&= \sum_x(x - \overline{x})P_X(x) \sum_y(y - \overline{y})P_Y(y) \qquad 식(28) \\
&= E[X - \overline{x}]E[Y - \overline{y}] = 0
\end{aligned}
$$

---

1 이 수식 관계는 '3.3.1 표본 평균/표본 분산의 일치성과 불편성 증명' 부분에서 사용할 것입니다.

각 장의 내용 요약

1장 데이터 과학과 머신러닝

머신러닝 알고리즘을 배울 준비를 하는 장입니다. 머신러닝을 데이터 과학의 큰 범주 안에서 설명합니다. '데이터 과학 안에서 머신러닝은 어떤 역할을 하는가'를 이해하면 그 알고리즘의 특성을 더욱 명확히 알 수 있고 머신러닝을 업무에 잘 활용할 수 있게 됩니다. 2장에서 8장에 걸쳐 나오는 예제를 미리 설명하고 예제 코드를 실행할 환경을 마련하는 순서도 설명합니다.

2장 최소제곱법: 머신러닝 이론의 첫 걸음

머신러닝 기술의 기초를 이루는 회귀분석 지식 중에서 가장 기본이라고 할 수 있는 '최소제곱법' 알고리즘에 대해 설명합니다. 최소제곱법으로 계산하는 것 자체는 그다지 어렵지 않지만 그 계산 과정에서 머신러닝의 기초 이론인 통계 모델의 개념을 이해할 수 있기 때문에 이것을 아는 것이 중요합니다. 또한 머신러닝으로 도출된 결과를 업무에 적용시킬 때 중요한 역할을 하는 '오버 피팅' 검출에 대해 설명합니다.

3장 최우추정법: 확률을 사용한 추정 이론

확률을 이용한 기초 통계 모델인 최우추정법에 대해 설명합니다. 2장에 나왔던 예제를 다시 다루며 최소제곱법과 같은 점, 그리고 다른 점에 대해 알아보고 확률을 사용한 모델이 머신러닝에서 어떤 역할을 하는지 설명합니다. 추정량의 일치성과 불편성이라는 조금 더 어려운 내용도 설명합니다.

4장 퍼셉트론: 분류 알고리즘 기초

분류 알고리즘의 기초가 되는 퍼셉트론에 대해 설명합니다. 수치를 계산하여 파라미터를 수정해가는 SGD법(Stochastic Gradient Descent)에 대해서도 알아봅니다. 이 SGD법은 머신러닝의 기초 수치계산법입니다. 그리고 바이어스항을 수정하여 수렴 속도를 개선하고 알고리즘을 기하학적으로 해석하는 방법에 대해서도 설명합니다. 이 부분은 보통 입문서에서는 다루지 않는 내용입니다.

5장 로지스틱 회귀와 ROC 곡선: 학습 모델을 평가하는 방법

최우추정법을 사용한 분류 알고리즘인 로지스틱 회귀에 대해 설명합니다. ROC 곡선을 이용하여 현실 세계에서 나타나는 문제에 머신러닝을 적용하는 방식 그리고 여러 분류 알고리즘을 비교하는 방법을 배웁니다. 수학에 흥미가 있는 독자를 위해 파라미터를 수치 계산으로 수정해가는 IRLS법을 도출하는 방법을 자세하게 설명합니다.

6장 k-평균법: 비지도 학습모델 기초

비지도 학습(Unsupervised Learning: 지도자 없이 학습시키는 머신러닝)을 통한 클러스터링의 기초 과정인 k-평균법 알고리즘에 대해 설명합니다. 또한 구체적인 응용 예제로 이미지 파일에 포함된 색의 개수를 줄여서 표현하는 방법에 대해 알아봅니다. 이 k-평균법은 문서 데이터를 자동으로 분류할 때에도 사용되며 단순한 기법이지만 널리 응용됩니다. 그리고 게으른 학습(Lazy Learning) 모델인 k근사법을 소개한 후 머신러닝 범주 내에서 데이터 모델화가 갖는 의미에 대해서 설명하겠습니다.

7장 EM 알고리즘: 최우추정법에 의한 비지도 학습

최우추정법은 지도자 없이 실시하는 클러스터링 알고리즘입니다. 이러한 최우추정법을 이용한 EM 알고리즘을 소개합니다. 이 EM 알고리즘은 비교적 복잡한 알고리즘이므로 손글씨 문자를 분류하는 작업에 이 알고리즘을 어떻게 적용시키는지 구체적으로 알기 쉽게 설명합니다. 현실 세계에서도 활용되고 있는 이러한 이미지 분류 알고리즘이 확률을 이용한 방식으로 구현되는 모습을 볼 수 있습니다.

8장 베이즈 추정: 데이터를 기반으로 확신을 더하는 방법

베이즈 추정은 모델에 포함되는 파라미터 값을 확률적으로 추정하는 기법입니다. 8장에서는 이 베이즈 추정에 대해 설명합니다. 베이즈 추정의 이론 설명부터 시작하여 2장과 3장에서 다뤘던 예제에 베이즈 추정을 적용해 봅니다. 베이즈 추정에는 독특한 특징이 있습니다. 그것은 계산으로 얻어진 결과를 얼마나 확신할 수 있는지 알 수 있다는 점입니다. 이는 최우추정법과는 다른 것이며 이 베이즈 추론에 대해 잘 알게 되면 통계학의 견문이 넓어지게 됩니다.

01

데이터 과학과
머신러닝

1.1 업무상에서 데이터 과학이 하는 역할
1.2 머신러닝 알고리즘 분류
1.3 이 책에서 사용하는 예제
1.4 분석 도구 준비

이 책의 주제는 다양한 머신러닝 알고리즘을 이해하고 데이터 분석 작업의 개념과 방법에 대해 알아보는 것입니다.

그 배경에는 데이터 과학 범주에서 머신러닝의 역할을 이해한다는 더욱 큰 목표가 존재합니다.

이 책에서는 머신러닝을 배우기 전에 해야 할 사전 준비로써 먼저 데이터 과학이 업무에 어떻게 적용되는지 알아보고 데이터 과학과 머신러닝의 관계를 정리합니다. 다음 장부터는 구체적인 머신러닝 알고리즘에 대해 알아봅니다. 이때 '해당 알고리즘으로 계산된 결과가 업무에 어떻게 활용되는가'에 유념하여 알고리즘의 의미를 살펴본다면 더욱 명확히 이해할 수 있을 것입니다. 먼저 데이터 과학의 전체적인 구도를 파악하는 일부터 시작해 보겠습니다.

1.1 업무상에서 데이터 과학이 하는 역할

데이터 과학(data science)이라는 명칭은 여러 가지 의미로 사용됩니다. 이 책에서는 데이터를 업무에 전략적으로 활용하는 기법, 즉 '데이터를 사용해서 더욱 정교한 판단이 이루어지도록 하는 것'이 데이터 과학의 목적입니다. 그리고 이러한 목적을 실현하는 것이 '데이터 과학의 역할'입니다.

그러나 여기에는 오해의 소지가 있습니다. 그것은 데이터 과학과 사업가의 역할 분담입니다. 데이터 과학자의 직업은 데이터 속에 숨은 '사실'을 발견하는 일이고 그 사실을 토대로 업무적인 판단을 하는 것은 사업가의 일이라고 생각하는 것이 오해라는 것입니다. 이것은 크나큰 오해이며 이러한 사고방식은 데이터 과학자의 역할을 위축시킵니다.

예전에 미국 본토에 허리케인이 다가오고 있었을 때 월마트의 CEO는 데이터 과학자에게 그 이전에 허리케인이 미국 본토를 휩쓸었을 때 매출이 어떻게 변화했는가에 대해 분석하라고 지시했다고 합니다. 이 CEO는 어떤 분석 결과를 기대했을까요?

이에 대한 실제 분석 결과가 공개적으로 발표되지 않았기 때문에 어디까지나 필자의 상상이지만 예를 들어 '생수의 매출이 보통 때보다 30% 늘었다'와 같은 결과로는 별 의미가 없습니다. 생수 매출이 늘었던 것이 사실상 맞는 이야기일지 몰라도 이것이 과연 어느 정도 사업적인 판단의 질을 높일 것인지는 불명확합니다. '생수의 재고를 늘려두면 좋겠구나'라고 생각할 수는 있습니다. 그렇지만 어느 점포에 얼만큼의 재고를 늘려두면 이익이 얼만큼 오를 것인지 예측할 수 있을까요? 사실은 이 정도까지 자세한 내용에 대해 수치로 답을 내는 것이 데이터 과학의 역할입니다. 사업적인 판단이라는 것은 끊임없이 미래에 발생할 사건을 예측하는 일을 포함하고 있기 때문에 과거의 데이터를 토대로 미래를 예측하는 기법이 반드시 필요합니다.

이 이야기 속에는 데이터 과학이 실제로 과학(Science)인 이유가 숨어 있습니다. 과거의 데이터에 포함된 사실을 단지 추출하기만 할 것이면 여러 가지 도구을 사용해서 어느 정도 기계적으로 해결할 수 있을 것입니다. 그러나 그 결과를 토대로 미래를 예측하려면 먼저 뭔가 가설을 세우고 그 가설을 검증해간다는 과학적 기법이 필요할 것입니다. 이러한 관점에서 본다면 이 책에서 설명하는 머신러닝 알고리즘은 과거의 데이터를 토대로 하여 미래를 예측하는 '판단 규칙'을 세우는 것이라고 말할 수 있습니다. 그러나 그 규칙을 사업적 판단과 연관시켜 좋은 결과를 이끌어내려면 한 걸음 더 나아가 생각해야 합니다.

알기 쉽게 구체적인 예를 들어 보겠습니다. 이 예는 머신러닝을 잘못 활용한 예이므로 무심결에 지적하고 싶게 만드는 부분이 여러 군데 보일지도 모릅니다. 구체적으로 어느 부분이 틀렸는지 생각하면서 읽으면 좋을 것입니다. 다음의 내용은 머신러닝 분야에서 많이 다루고 있는 '휴대폰 통신회사 갈아타기 문제'입니다.

통신사 고객이 계약 만기 시점에서 현재 계약된 회사(통신사업자)를 바꾸는 일은 흔하게 발생하지만 통신사업자 쪽에서는 이로 인해 수익이 줄어들기 때문에 골치 아픈 문제가 아닐 수 없습니다. 과거의 데이터를 활용하여 갈아타기를 방지할 대책을 마련할 수 있다면 고마운 일일 것입니다. 어느 통신회사의 영업부장은 데이터 과학자에게 그러한 대책을 마련할 수 있게 도와달라고 의뢰했습니다. 그렇다면 의뢰를 받은 데이터 과학자는 어떤 일을 해야 할까요?

일단 데이터 과학자는 분석에 사용될 데이터를 수집해야 합니다. 그래서 그림 1.1과 같은 사진을 가져왔습니다[1]. 이 사진에는 과거에 계약 연장 시점을 맞이한 통신사 고객들의 사진인데 각각의 고객이 통신사업자를 바꿨는지 아닌지를 알려주는 정보가 써 있습니다. 이제 데이터 과학자는 그림 1.1의 사진 데이터를 토대로 마법의 애플리케이션을 만들려고 합니다. 이 애플리케이션은 고객을 찍은 사진을 판독하여 이 고객이 통신사를 바꿀지 아닐지 판정할 수 있을 것입니다.

---

1 그림 1.1과 그림 1.3은 참고 문헌[1]로부터 인용했습니다. 참고 문헌 목록은 이 책 뒤에 실려 있습니다.

그림 1.1 데이터 과학자가 수집한 데이터

이러한 일이 가능할 것인지 의심스럽지만 어쨌든 데이터 과학자는 '결정 트리'라고 불리는 머신러닝 라이브러리를 사용하여 이러한 일을 가능하게 할 것입니다. 결정 트리라는 것은 몇 개의 질문에 답하여 해당 데이터가 어느 그룹에 속하는지 판정하는 기법입니다. 그림 1.2는 결정 트리의 예제이고 이것은 '조류, 파충류' 등 동물의 종류를 판정합니다.

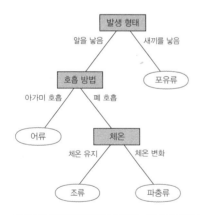

그림 1.2 동물의 종류를 판정하는 결정 트리의 예

이제 고객의 사진을 결정 트리 작성 라이브러리에 투입하면 그림 1.3과 같은 결과
를 얻게 됩니다. 사람을 겉모습으로 판단하는 것은 좋은 일이 아니지만 각 고객의
신체적 특징에 관한 질문에 답을 해 나아가면 통신사를 바꿀 것 같은 고객인지 판
정할 수 있습니다. 적어도 그림 1.1의 데이터만 가지고 처리한다면 100퍼센트 올
바른 판정을 할 수 있도록 프로그램을 작성할 것입니다. 이 프로그램을 각 휴대폰
판매점에 설치하고 그곳에 방문한 손님을 촬영하여 나중에 통신사를 바꿀 것처럼
생긴 고객을 판정해낸다는 것이 데이터 과학자의 발상입니다. 데이터 과학자는 이
러한 방식을 영업부장에게 제안했습니다[2]. 통신사를 바꿀 것 같은 고객에게는 계
약 만료 시점이 오기 전에 통신 요금을 특별히 할인해주는 약정을 소개해주는 등
의 편의를 제공하여 해당 고객이 빠져나가지 않게 하겠다는 생각입니다.

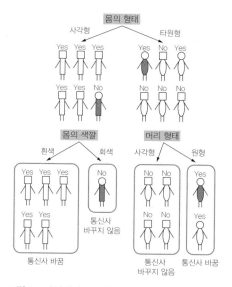

그림 1.3 머신러닝으로 얻어낸 통신사 '이동 판정' 규칙

데이터 과학자는 이번 일을 이렇게 처리하여 끝냈습니다.

---

2   고객을 마음대로 촬영하는 행위는 문제가 될 수 있지만 이번 예에서는 괜찮다고 가정합니다.

당연한 이야기이지만 데이터 과학자가 이렇게 제안한 것이 통신사의 영업에 공헌을 했을 리가 없습니다. 이번 일을 처리하는 과정 중에서 문제점은 무엇일까요? 이 질문에 답하기 위해서 그림 1.4를 준비했습니다. 이 그림은 머신러닝을 중심으로 하여 데이터 과학의 업무 흐름이 어떻게 진행되는지를 보여줍니다.

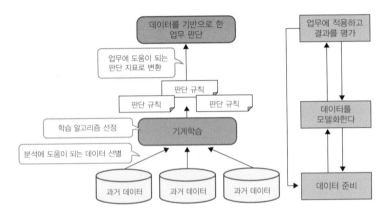

그림 1.4 데이터 과학 전반

데이터 과학의 관점에서 바라보면 이 머신러닝이란 이전에 축적한 데이터를 분석해서 새로운 '판단 규칙'을 생성해내는 기술입니다. 단, 미래를 마법과 같이 예측하는 규칙을 만들어내는 것은 아닙니다. 앞에서 본 그림 1.3이 좋은 예가 되는데 이 예에서는 분석에 이용했던 그 데이터만을 기준으로 한 판단 규칙을 만들어냈을 뿐입니다. 미래를 예측하는 데에 도움이 되는 규칙, 말하자면 업무에 도움이 되는 규칙을 만들어 내려면 분석할 데이터의 내용을 이해하여 '분석할 가치가 있는 데이터'를 선별해야 합니다.

분석 대상의 성질을 나타내는 데이터를 '특징 벡터'라고 부를 때가 있습니다.

데이터 과학자는 분석에 사용할 특징 벡터를 적절히 선택해야 한다는 이야기입니다. 앞서 본 예에서는 '고객의 사진'이라는 데이터가 정말로 분석 목적에 부합되는 데이터인지 생각하지 않았던 것입니다.

더욱이 머신러닝에 사용할 알고리즘을 선택하는 데에도 생각이 필요합니다.

앞서 본 예에서는 뜬금없이 결정 트리를 사용했는데 결정 트리가 아닌 다른 알고리즘도 생각해봐야 할 것입니다. 데이터 과학을 적용하는 목적은 사업적인 판단의 질을 높이는 것입니다. 머신러닝 알고리즘이 만들어 준 규칙을 업무에 그대로 적용할 수는 없는 것입니다. 각각의 알고리즘이 어떤 방식으로 규칙을 만들어내는 가를 이해한 후에 알고리즘이 내어준 결과를 업무 판단에 적절히 연관시킬 방법을 생각해야 하는 것입니다.

데이터 과학자는 폭넓은 지식을 가져야 한다는 이유를 이제 알 수 있을 것입니다. 업무 자체에 대해 이해를 하고 있어야 업무 판단에 도움이 되는 분석 작업을 할 수 있는 것입니다. 그리고 업무상에서 수집된 데이터의 내용도 이해하여 분석에 이용할 수 있는 것과 이용할 수 없는 것을 선별해야 하는 것도 데이터 과학자의 몫입니다. 경우에 따라서는 데이터를 새로 수집하자고 제안할 필요도 있습니다.

그리고 이 책의 주제인 머신러닝에 대한 지식도 반드시 필요합니다. 앞서 본 예에서처럼 머신러닝 라이브러리를 사용하면 일단 무엇이 되었든 결과는 출력될 것입니다. 그러나 알고리즘의 내부 구조를 이해하고 있지 못한 상태에서는 이 알고리즘이 내어준 결과를 믿어도 될지 알 수 없을 뿐더러 업무에 잘 활용할 수도 없을 것입니다.

데이터 과학을 진행한다는 것은 이러한 지식을 기반으로 가설과 검정 작업을 반복한다는 것을 의미합니다. 그림 1.4에서 본 '데이터 준비 → 데이터를 모델화한다 → 업무에 적용한다'라는 흐름은 소프트웨어 공학에서 말하는 '폭포수 모델'처럼 일직선으로 진행되는 것과는 다릅니다. 이 흐름은 각 단계에서 결과를 평가하고 시행착오를 반복하는 작업입니다.

이 책의 목표는 이 흐름의 핵심인 머신러닝 알고리즘을 이해하는 것입니다. 이 책에서 다루는 것은 어디까지나 알고리즘의 기본을 이루는 부분의 지식이므로 이 지식을 업무에 그대로 활용하기에는 부족한 감이 있을 것입니다. 그러나 '이 알고리즘으로 계산해서 나온 결과가 과연 어떤 업무에 활용될 수 있을까'에 관한 내용과 '업무에 도움을 주려면 무엇을 생각해야 하는가'에 대한 내용에 중점을 두어 설명해 나가려고 합니다. 독자들이 이 책을 읽고 앞서 얘기한 바와 같은 관점이 생기게 되면 데이터 과학의 본질을 이해할 수 있을 것이고 확고한 견지에서 더 높은 레벨의 머신러닝 지식을 쌓을 수 있을 것입니다.

각 알고리즘의 배경에 존재하는 수학적인 이론에 관해서 설명할 때에는 가능한 한 해당 수식의 의미를 자세하게 설명할 것입니다. 수학적으로 더욱 엄밀하게 이해하고 싶은 독자를 위해 [수학을 배우는 작은 방]이라는 주제로 섹션을 할애하여 설명할 것입니다[3]. 수학에 자신이 없는 독자라면 이 부분을 완전히 이해하지 못해도 이 책을 읽는 데 지장은 없을 것입니다.

---

3 [수학을 배우는 작은 방]에서는 대학 1학년 수준의 선형대수. 해석. 확률통계 지식을 설명할 것입니다. 그리고 읽어 볼 만한 수학 참고서는 이 책 뒤에 있는 참고 문헌 목록에서 찾아볼 수 있습니다.

1.2 머신러닝 알고리즘 분류

이제까지 설명했듯이 머신러닝 알고리즘은 수집해놓은 데이터를 기초로 '판단 규칙'을 만들어 냅니다. 이 절에서는 알고리즘이 만들어 내는 판단 규칙의 종류를 기준으로 주요 알고리즘들을 분류하겠습니다. 그러나 알고리즘의 배경에 존재하는 수학적 기법을 기준으로 분류하지는 않을 것입니다. 예를 들어 로지스틱 회귀는 수학적인 기법으로 따지자면 수치를 예측하는 회귀분석의 영역에 포함됩니다. 하지만 일반적으로 이 로지스틱 회귀는 '분류할 규칙'을 만들어 내는 목적으로 이용됩니다.

이 책에서 모든 것을 총망라해서 분류하지는 않을 것입니다. '머신러닝을 이용하여 무엇을 얻어낼 것인가'를 기준으로 분류한다면 그 개수는 그다지 많지 않을 것입니다. 이 책에서는 '분류, 회귀분석, 클러스터링' 알고리즘을 주로 사용할 것입니다.

1.2.1 분류: 클래스 판정을 산출하는 알고리즘

앞서 예제에서 본 결정 트리 이외에 4장에서 설명할 '퍼셉트론'과 5장에서 설명할 '로지스틱 회귀'가 이 범주에 들어갑니다. 여러 클래스로 분류된 기존의 데이터를 토대로 새로 수집된 데이터가 어느 클래스에 속하는가를 예측하는 규칙을 만들어 냅니다.

앞서 본 '통신사 갈아타기 문제'에서는 계약기간의 만기가 다가오는 고객이 '통신사를 [바꿈/바꾸지 않음]' 이 두 가지 중 어떤 클래스에 속할지를 예측해보기 위한 규칙을 만들어 냈습니다. 이 예에 대해 조금 더 이야기하자면 기존 고객에게 새로운 약정을 제시했을 때 이 약정을 '이용할 클래스/이용하지 않을 클래스'로 분류해야 할 때도 있을 것입니다. 분류할 클래스의 종류가 많아도 괜찮습니다. 휴대폰의 기종을 바꿀 때 '어떤 기종을 선택할지'를 예측하는 경우도 생각해 볼 수 있습니다.

혹은 각각의 클래스에 속할 확률을 계산하는 알고리즘도 생각해 볼 수 있습니다. 단순히 '[바꾼다/안 바꾼다]'라는 두 종류로 분류하는 것이 아니라 '이 고객이 바꿀 확률은 20%, 바꾸지 않을 확률을 80%'라는 식으로 예측하는 것이 바로 확률 계산입니다. 이러한 확률 계산 알고리즘으로 계산하면 확률에 입각하여 더욱 유연한 사업적 판단이 이루어질 것입니다. '5.2 ROC 곡선에 의한 학습모델 평가'에서 설명하겠지만 여러 가지 알고리즘의 성능을 비교하는 일도 가능합니다.

이러한 확률 계산 알고리즘의 고전적인 예로 '스팸 메일 판정 알고리즘'을 들 수 있습니다. 사용자가 이제까지 스팸으로 분류했던 메일의 특성을 알고리즘이 파악하여 새로운 메일이 도착했을 때 그것이 스팸일 확률을 계산하는 것이 이 알고리즘의 역할입니다. 이러한 것도 '[스팸이다/아니다]'로 분류한다는 점에서 분류 문제에 해당됩니다.

1.2.2 회귀분석: 수치를 예측하는 알고리즘

회귀분석을 이용하는 목적은 수치를 예측하기 위함입니다. 기존에 수집된 데이터의 배경에는 어떤 함수가 숨어 있을 것이라고 생각하고 그 함수가 무엇인지 추측합니다. 그리고 새로 수집된 데이터 값을 이 함수에 대입하여 미래에 발생할 일을 예측하는 것입니다. 알기 쉽게 광고비와 매출의 관계를 예로 들 수 있을 것입니다. 광고비와 매출이라는 두 가지 항목을 연관 짓는 함수를 추정하면 목표 매출액에 맞춰 광고비를 얼마나 지출해야 할지 예측할 수 있게 됩니다. 광고비와 매출 사이를 지나가는 직선의 형태로 1차 함수를 추정한 모습을 그림 1.5에서 볼 수 있습니다.

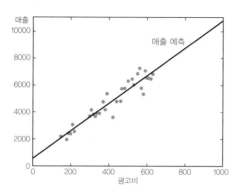

그림 1.5 광고비와 매출의 관계를 나타낸 회귀분석

다시 휴대폰 통신사를 예로 들어 이야기하겠습니다. 통신사에서 새로운 약정을 마련할 경우에는 요금 약정의 특성(기본 요금이나 할인 등)을 기준으로 그 약정을 이용할 고객의 비율(사람 수)을 예측해야 할 것입니다. 앞서 분류 알고리즘에 대해 설명할 때 새로운 약정을 '[이용함/이용하지 않음]'으로 분류하는 것을 예로 들었던 내용과는 관점이 조금 다릅니다. 이렇게 기존 고객 모두를 '[이용함/이용하지 않음]'으로 분류한 결과를 보고 '[이용함]'에 속하는 고객 수를 예측할 수도 있을 것입니다. 그러나 회귀분석은 각각의 고객을 판정하는 것이 아니라 이용자의 총합만을 예측합니다.

회귀분석도 확률적인 예측을 할 수 있습니다. 3장에서 설명할 최우추정법이나 8장에서 설명할 베이즈 추정법을 이용하면 고객을 예측할 때 '95%의 확률로 10,000명±2,000명', 또는 '95%의 확률로 10,000명±500명'의 형태로 계산 결과를 낼 수 있습니다. 이 두 가지 예는 서로 예측 폭이 디르다는 점에 주의하기 바랍니다. 10,000명이라는 똑같은 예측 결과가 나왔지만 이 결과에 대해 얼만큼 확신을 갖고 주장할 수 있는지의 정도는 ±2,000명, ±500명으로 다르기 때문입니다. 업무 판단이라는 관점에서 생각하면 결국에는 고객 수를 예측한 결과를 바탕으로 '얼마나 수익을 낼 수 있을까'를 계산해야 할 것입니다. 위의 내용처럼 예측 범위가 지정되는 것은 수익을 더욱 정확하게 계산하는 데 도움이 될 것입니다.

그림 1.6은 앞에서 나온 광고비와 매출의 관계 그래프에 예측 범위를 지정하는 선을 추가한 모습입니다. 이 그림은 예측 폭이 다른 두 종류의 결과를 나타냅니다. 광고비를 결정했을 때 그에 대응하는 매출은 95%의 확률로 위 아래 점선 안쪽에 값이 지정될 것이라고 예측됩니다.

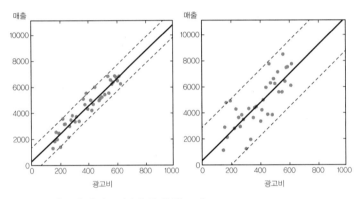

그림 1.6 예측 폭을 추가로 나타낸 회귀분석 그래프

1.2.3 클러스터링: 지도자 없이 그룹화하는 알고리즘

앞서 본 두 개의 알고리즘에서는 분석에 사용할 데이터에 '답'이 주어져 있었습니다. 예를 들어 '휴대폰 갈아타기' 문제에서는 통신사를 실제로 바꾼 고객의 데이터를 분석 작업에 사용했습니다. 통신사를 바꿨다는 사실이 데이터에 포함되어 있었다는 것입니다. 이처럼 문제의 답이 데이터에 주어져 있는 상태에서 그 데이터를 가지고 일반적인 판정 규칙을 만들어 내는 수법을 '지도 학습(Supervised Learning)'이라고 부릅니다. 반면, 답이 주어지지 않은 데이터를 가지고 분석 작

업을 할 경우도 있습니다. 예를 들어 손글씨를 자동으로 인식하는 기능이 이에 해당할 것입니다. 수많은 손글씨 데이터(이미지 데이터)를 수집해서 각 글씨 이미지가 나타내는 문자를 인쇄체로 태그에 써서 붙인 후에 컴퓨터가 글씨 이미지와 태그를 함께 읽으며 자동 인식 규칙을 생성해 가는 방식을 생각해 볼 수 있을 것입니다. 그러나 수많은 손글씨 데이터를 사람이 일일이 판단해서 태그를 붙인다는 것은 매우 힘든 일일 것입니다. 사람이 이런 힘든 일을 하지 않고 컴퓨터가 손글씨 이미지 데이터만을 읽어 분류하게 하는 방식도 있는데 이런 것을 '비지도 학습(Unsupervised Learning)'이라고 부릅니다.

예를 들어 0에서 9까지 숫자를 손으로 쓴 데이터들이 있다면 모든 데이터를 어떤 유사성을 기준으로 하여 10개의 그룹으로 나누어 0에서 9까지의 각각의 숫자를 분류할 수 있을 것입니다. 이렇게 활용된 '유사성'은 새로운 숫자를 판정하는 데에도 활용될 수 있을 것입니다.

휴대폰의 예로 돌아가서 이야기하자면 기존 고객을 몇 개의 그룹으로 분류하는 것을 생각해 볼 수 있습니다. 통신사 갈아타기 문제에서 보았듯이 특별한 목적을 미리 설정해서 분류하는 것이 아니라 프로필 정보나 이용 상황 등을 기준으로 하여 자연스럽게 몇 가지 그룹(클러스터)이 형성됐는지 발견하는 것입니다. 이러한 방식도 '비지도 학습'에 해당됩니다. 그리하여 각 그룹의 특징을 확인한다면 새로운 서비스나 약정을 만들어 낼 때에 참고가 될 것입니다. 각각의 그룹에서 신규 서비스를 이용할 확률을 구하는 등 새로운 머신러닝의 소재로 이용할 수도 있을 것입니다.

칼럼: 빅데이터 기술에 속지 말라?!

숫자 자동인식 기능을 응용하여 자동차의 사진으로부터 번호판에 적힌 숫자를 판독하는 기술이 있습니다. 예전에 일반인을 대상으로 한 빅데이터 관련 세미나에서 이러한 기술의 사례를 소개한 적이 있었습니다. 발표자가 두 장의 비교용 사진을 스크린에 보여줬습니다. 한 장의 사진은 모자이크에 가까운 저해상도 사진이었습니다. 또 한 장은 매우 선명한 사진이었습니다. 이들 사진은 같은 번호판 사진이고 저해상도 이미지를 영상 처리하면 선명한 사진으로 변합니다.

이미지 데이터에 포함된 정보량만을 생각하면 불가능한 처리입니다. 정말 그런 일이 가능이나 할까 하며 놀라워하는 목소리도 사람들 틈의 어디선가 들려왔습니다. 그러나 이것은 단순한 영상처리는 아니었습니다. 사전에 미리 많은 번호판 사진을 사용하여 머신러닝을 마친 상태였고 실제로는 저해상도 이미지가 학습에 사용되었던 사진 중 어떤 것과 흡사한가를 판정하는 것이었습니다. 그리고 흡사하다고 판정된 몇 개의 선명한 사진 데이터를 가져와서 복원 처리를 하는 것이었습니다.

이러한 일이 가능한 이유는 '주어진 이미지는 번호판을 나타낸 것이다'라는 전제가 깔려 있었기 때문이라고 말할 수 있습니다. 만일 번호판이 아닌 이미지에 같은 복원 처리를 하면 어떻게 될까요? 아마도 선명한 번호판 이미지로 복원되리라 생각됩니다. 이것은 조금 넓게 생각하면 증거의 날조라고도 말할 수 있을 것입니다.

이 책에서는 앞서 데이터 과학을 실시하려면 사용할 데이터를 이해해야 하고 그 데이터의 분석에 사용될 알고리즘을 이해해야 한다고 설명했습니다. 이러한 이해가 반드시 필요하다는 것을 이 번호판의 예에서도 알 수 있습니다. 데이터 분석의 전문가가 아닌 일반 사람도 '마법과 같은 빅데이터 기술'에 속지 않기 위해서는 머신러닝의 본질에 관해 알아야 합니다.

앞서 데이터 과학자는 분석 대상의 성질을 나타내는 데이터, 즉 '특징 벡터'를 선택해야 한다고 설명했습니다. 지금 이야기하고 있는 내용도 이러한 특징 벡터를 발견하는 데에 클러스터링을 이용하는 것이라고 말할 수 있습니다. 각각의 고객 프로필이나 이용 상황 데이터를 그냥 쳐다보고 있어봤자 어떤 정보가 예측하는 데 도움이 될지 알 수 없습니다. 서로 유사성이 높은 이용자들을 그룹으로 나누면 비로소 이용자를 특징 지을 수 있는 요소를 발견할 수 있는 것입니다.

1.2.4 그 밖의 알고리즘

그 밖에도 다음과 같은 알고리즘이 존재합니다. 이 책에서는 이들 알고리즘에 관해 자세히 다루지는 않을 것입니다.

유사성 매칭

새로 수집한 데이터가 기존의 어떤 데이터와 유사한지 판정하는 것입니다. 예를 들어 기업에서 새로운 고객을 찾아 영업을 시작할 때 이 새 고객이 기존의 어떤 고객과 유사한지를 조사하여 그 조사 결과에 맞춰 영업 방침을 정할 수 있을 것입니다. 기존의 최우수 고객과 유사한 고객을 찾을 수 있다면 영업 실적을 더욱 높일 수 있을 것입니다.

동시발생 분석

연관성 분석이라고도 불립니다. 동시에 발생하는 사건을 기존 데이터에서 발견하는 것으로 '비지도 학습'의 한 종류입니다.

인터넷 쇼핑몰에 'A를 구입한 고객이 B도 구입했습니다'라는 항목에 사용되는 알고리즘입니다.

링크 예측

데이터 사이에 잠재적으로 존재하는 '연결 고리'를 예측하는 기법입니다. 예를 들어 SNS에서는 인간 관계를 예측하기 위해 이용됩니다. 친구로 등록되어 있지 않은 A씨와도 친구이고 B씨와도 친구인 공통의 친구가 많으면 'A씨와 B씨도 실생활에서 혹시 친구가 아닐까?' 하고 예측하는 것입니다.

1.3 이 책에서 사용하는 예제

이 책에서는 알고리즘에 대해 설명할 때 구체적인 예제를 제시합니다. 문제의 난이도는 기본 수준이고 문제 수도 그리 많지 않습니다. 그렇지만 이러한 기본 문제에 복잡한 알고리즘을 적용했기 때문에 각각의 알고리즘의 특징이나 머신러닝 안쪽에 존재하는 일반적인 사고방식이 선명하게 드러날 것입니다. 이번 절에서는 2장 이후에 제시할 예제를 미리 소개합니다. 각각의 문제에 대해서 어떤 기법으로 답을 얻어낼 수 있을지를 상상하며 문제를 읽어보기 바랍니다.

1.3.1 회귀분석에 의한 관측값 추측

예제 1

그림 1.7을 보기 바랍니다. x축 위에 10개의 관측점이 있고 각각의 관측점 x에 대하여 관측값 t가 1개씩 주어졌습니다. 수학적으로 표현하자면 관측점과 관측값 10쌍 $\{(x_n, t_n)\}_{n=1}^{10}$가 데이터로 주어진 상황이라고 말할 수 있습니다[4]. 여기서 모든 관측점 $\{x_n\}_{n=1}^{10}$는 $0 \le x \le 1$의 범위를 등분하고 있습니다. 관측점이 10개이므로 9개 구간에 걸쳐 등분하고 있는 것입니다.

이 데이터를 보면 x와 t 사이에는 어떤 함수 관계가 있지 않을까 하고 추측해 볼 수 있을 것입니다. 이 함수를 추측해놓은 후에 어떤 새로운 관측점 x를 관측했을 때 관측값 t가 얼마가 되는지 예측해 봅시다.

---

4 $\{(x_1, t_1), (x_2, t_2), \cdots, (x_{10}, t_{10})\}$처럼 10쌍을 늘어 놓은 것을 $\{(x_n, t_n)\}_{n=1}^{10}$으로 표기합니다. 이와 같은 방식으로 10쌍의 식을 늘어놓은 $\{x_1, x_2, \cdots, x_{10}\}$는 $\{x_n\}_{n=1}^{10}$으로 표기합니다.

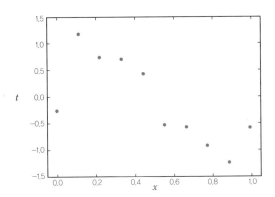

그림 1.7 10개의 관측점에서 얻은 관측값

이 예제에서는 간단하게 계산할 수 있도록 범위를 $0 \leq x \leq 1$로 잡고 t 값은 0을 중심으로 잡아 위아래로 퍼지는 형태로 나타냈습니다. 조금 더 구체적으로 설명하겠습니다. 일단 이러한 값의 범위는 생각하지 말고 이 그래프는 어떤 국가의 평균 기온 데이터라고 생각하기 바랍니다. 관측점 x는 관측한 달이고 관측값 t는 그 달의 평균 기온입니다. 여기서 우리는 특정 달의 평균 기온이 이미 정해지는 것이 아니며 관측한 연도에 따라 위아래로 변동한다는 것을 알고 있습니다. 지금 주어진 특정 연도의 데이터만을 기초로 하여 나중에 얻은 관측값 t를 100% 정확하게 예측한다는 것은 불가능한 일입니다.

그러나 기업 활동의 세계에서는 위와 같이 정답이 근본적으로 존재하지 않는 문제에 대해서도 답을 내야 할 때가 많습니다. 데이터 과학자인 당신은 어떤 기준을 마련하여 당신이 예측한 값이 얼마나 타당한지 판단해야 합니다.

여기서 이 예제에 대해 부분적으로 미리 설명하겠습니다. 이 데이터는 사인함수 $y = \sin(2\pi x)$에 평균 0, 표준편차 0.3인 정규분포의 오차를 더한 값(t축 좌표)에 존재합니다. 그림 1.7에 이 사인함수를 겹쳐서 나타낸 것이 그림 1.8입니다. 평균 0, 표준편차 0.3인 정규분포는 그림 1.9에 나타냈습니다. 이 정규분포는 범위에 나타나는 난수를 의미합니다. 그림 1.8을 보면 사인함수로부터 상하로(t축 방향으로) 평균 0.3 정도 떨어진 곳에 관측값이 존재한다는 사실을 알 수 있습니다.

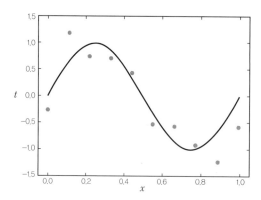

그림 1.8 데이터 생성 기준인 사인함수를 겹쳐 나타낸 그래프

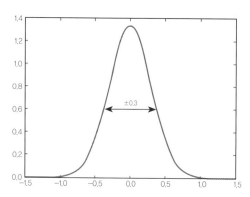

그림 1.9 정규분포의 확률밀도(평균 0, 표준편차 0.3)

미래에 예측될 값(다음에 관측될 값)도 이 사인함수를 기준으로 같은 정규분포의 난수가 더해진 형태로 생성될 것이라고 상상해 볼 수 있을 것입니다. 다시 말하면

아무리 정확하게 예측했다고 해도 ±0.3 정도의 오차는 반드시 발생할 것이라고 말할 수 있습니다.

이 책에서는 '최소제곱법'(2장), '최우추정법'(3장), '베이즈 추정'(8장) 이렇게 3종 류의 알고리즘을 위의 문제에 적용시켜 보겠습니다.

[수학을 배우는 작은 방]

이 작은 방에 들어온 독자라면 정규분포에 관한 자세한 설명은 생략해도 될 것이라고 생각하지만 혹시나 아직 모르는 독자가 있을지도 모르기 때문에 일단 설명하겠습니다. 평균이 μ이고 분산이 σ^2(표준편차가 σ)인 정규분포를 따르는 확률변수 X는 아래의 확률밀도함수로 표현합니다.

$$p(x) = \frac{1}{\sqrt{2\pi\sigma^2}} e^{-\frac{1}{2\sigma^2}(x-\mu)^2} \tag{1.1}$$

이것은 Δx를 아주 작은 값으로 줄이고 나중에 발생하는 사건 X가 $x_0 \sim x_0 + \Delta x$의 범위에 들어올 확률이 $p(x_0)\Delta x$라는 것을 나타냅니다. 그림 1.10처럼 μ를 중심으로 하여 대략 $\mu \pm \sigma$의 범위에 들어오는 난수를 얻습니다.

식 (1.1)은 μ와 σ^2를 파라미터로 포함하므로 이후부터는 이 확률밀도함수를 아래의 기호로 나타내겠습니다.

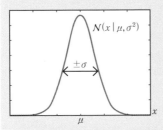

그림 1.10 정규분포의 확률밀도(평균 μ, 분산 σ^2)

$$\mathcal{N}(x \mid \mu, \sigma^2) = \frac{1}{\sqrt{2\pi\sigma^2}} e^{-\frac{1}{2\sigma^2}(x-\mu)^2} \tag{1.2}$$

나중에 발생할 값이 $x_1 < X < x_2$의 범위에 있을 확률을 구하려면 아래와 같이 적분하면 됩니다.

$$P[x_1 < X < x_2] = \int_{x_1}^{x_2} \mathcal{N}(x \mid \mu, \sigma^2) dx \tag{1.3}$$

그리고 아래에 나타낸 식은 모든 경우의 확률을 구하면 1이 된다는 것을 보여줍니다.

$$\int_{-\infty}^{\infty} N(x \mid \mu, \sigma^2) dx = 1 \tag{1.4}$$

그리고 평균과 분산의 정의로부터 아래의 식이 성립합니다.

$$\text{평균: } E[X] = \int_{-\infty}^{\infty} x N(x \mid \mu, \sigma^2) dx = \mu \tag{1.5}$$

$$\text{분산: } V[X] = E[(X - \mu)^2]$$

$$= \int_{-\infty}^{\infty} (x - \mu)^2 N(x \mid \mu, \sigma^2) dx = \sigma^2 \tag{1.6}$$

아래는 일반적으로 성립하는 평균과 분산의 관계식입니다.

$$V[X] = E[X^2] - (E[X])^2 \tag{1.7}$$

그리고 8장에서는 다변수의 정규분포도 다룰 예정입니다. 정규분포를 따르는 N차원 벡터 $\mathbf{x}$의 확률밀도는 아래의 식으로 표현합니다.

$$N(\mathbf{x} \mid \boldsymbol{\mu}, \Sigma) = \frac{1}{\sqrt{(2\pi)^N |\Sigma|}} \exp\left\{ -\frac{1}{2} (\mathbf{x} - \boldsymbol{\mu})^T \Sigma^{-1} (\mathbf{x} - \boldsymbol{\mu}) \right\} \tag{1.8}$$

이때 μ는 평균을 나타내는 벡터이며 Σ는 분산공분산행렬이라고 불리는 $N \times N$의 대칭행렬입니다. 특히 I를 N차 단위행렬이라고 정하고 $\Sigma = \sigma^2 I$라고 표현하면 이때 $\mathbf{x}$의 각 성분 x_n은 분산 σ^2의 독립적인 정규분포를 따릅니다.

$$N(\mathbf{x} \mid \boldsymbol{\mu}, \sigma^2 I) = N(x_1 \mid \mu_1, \ \sigma^2) \times \cdots \times N(x_N \mid \mu_N, \sigma^2) \tag{1.9}$$

1.3.2 선형판별에 의한 신규 데이터 분류

예제 2

그림 1.11을 보기 바랍니다. (x, y) 평면상에 여러 데이터가 놓여 있습니다. 각각의 데이터는 속성값 $t = \pm 1$을 가지고 있고 ○×기호로 속성값이 표시되어 있습니다. 수학적으로 표현하면 N개의 데이터 $\{(x_n, y_n, t_n)\}_{n=1}^{N}$가 주어져 있는 상황이라고 할 수 있습니다.

새로운 데이터의 (x, y) 값이 들어왔을 때 이 데이터의 속성값 t를 추측할 수 있도록 이미 주어진 데이터를 기반으로 하여 (x, y) 평면상에 직선을 하나 결정하십시오. 예로 주어진 그림 1.11에서는 직선보다 오른쪽 위에 있는 데이터는 ○ ($t = +1$), 왼쪽 아래에 있는 데이터는 × ($t = -1$)이라고 추측합니다.

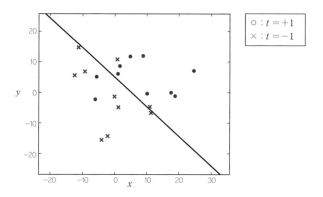

그림 1.11 속성값 $t = \pm 1$을 가지는 데이터 집단

조금 구체적으로 이야기해 보겠습니다. 환자들이 어떤 바이러스에 감염되었는지를 판별하는 1차 검사의 결과가 x와 y 2종류의 수치로 주어졌고 ○, ×는 실제로 그 바이러스에 감염됐는지를 나타내는 표시라고 생각해 보겠습니다. 여기서는 ○ 가 감염됐다는 표시입니다.

이때 그림 1.11처럼 평면상에 놓인 직선을 기준으로 ○, ×로 분류해두면 1차 검사를 처음 받는 사람의 검사 결과가 직선을 기준으로 어느 쪽에 표시되는지를 보고 감염 여부를 판단할 수 있습니다. 검사 결과가 직선보다 오른쪽 위에 표시될 경우에는 바이러스에 감염됐을 가능성이 높다고 판단되므로 이 사람에게는 정밀 검사를 받도록 조치할 것입니다.

그러나 이 예에서는 현재 주어진 데이터 모두를 정확하게 분류하는 직선을 그을 수는 없습니다. 즉 어느 정도 오차가 있는 '그럴듯한 직선'을 긋는다고 생각하면 됩니다. 앞서 이야기한 것처럼 절대로 정답이 나올 수 없는 문제에도 가능한 한 최선의 답을 내는 것이 데이터 과학자가 할 일입니다. 데이터 과학자인 당신은 어떤 기준을 마련하여 그 기준 위에서 최적의 직선을 구하여 그어야 합니다. 그리고 이 직선이 어째서 최적이라고 판단한 것인지 사업가에게 알기 쉽게 설명하는 것도 당신의 할 일입니다.

이 책에서는 '퍼셉트론'(4장)과 '로지스틱 회귀'(5장)라는 2가지 알고리즘을 이 문제에 적용할 것입니다. 로지스틱 회귀를 설명할 때 '최적의 직선이라고 판단한 기준'에 관해서도 이야기하겠습니다.

1.3.3 이미지 파일 감색 처리(대표색 추출)

예제 3

그림 1.12(a)처럼 컬러 사진 이미지 파일에서 지정된 개수의 '대표색'을 추출하기 바랍니다. 그리고 이미지 파일의 각 픽셀 색을 그것과 가장 비슷한 대표색으로 대체하여 감색 처리하기 바랍니다. 그림 1.12(b)는 대표색을 3개 골라서 감색한 예입니다.

(a) 본래 이미지

(b) 감색 처리 후 이미지

그림1.12 컬러 사진을 감색 처리하기 전과 후

이 감색 처리는 비지도 학습인 '클러스터링' 기법으로 해결해야 하는 예제입니다. 이미지 파일에는 다양한 색이 포함돼 있는데 이들 색을 유사색 클러스터에 분류하여 대표색을 선택합니다. 이 책에서는 'k-평균법'(6장) 알고리즘을 이 예제에 적용할 것입니다. k-평균법은 단순한 알고리즘이지만 머신러닝을 공부하는 데에 있어 재미있고 실용적인 예제입니다.

1.3.4 손글씨 문자 인식

그림 1.13에 손글씨 문자(숫자)를 나타냈습니다. 각 숫자의 크기는 모두 같고 이 문자들은 각각의 흑백 2색 비트맵 파일에 들어 있습니다. 이들 파일을 숫자별로 분류하기 바랍니다. 그리고 분류한 각각의 숫자에 관해 손글씨 숫자를 평균화한 '대표 문자'를 생성하기 바랍니다.

10종류의 숫자를 모두 분류하기 어렵다면 작업하기 편하게 임의의 3종류의 숫자만을 선택한 데이터를 사용해도 괜찮습니다.

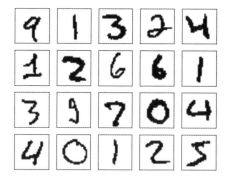

그림 1.13 손글씨 숫자 이미지 데이터

설명

이 예제는 난이도가 매우 높습니다. [예제3]에서와 동일하게 클러스터링 기법을 적용해야 할 문제입니다. 손글씨 문자의 유사성을 판단하여 같은 문자끼리 그룹으로 묶어야 할 것입니다. 이 책에서는 '혼합 베르누이 분포를 사용한 EM 알고리즘'(7장)을 적용하여 이 문제를 해결할 것입니다.

여기서 일단 그림 1.14를 보면서 결과만을 설명하겠습니다. 그림에 나타낸 것은 0, 3, 6 이렇게 3종류의 숫자 데이터만을 사용하여 클러스터링한 결과입니다. 잘못 분류된 데이터도 있지만 사실은 이 잘못 분류된 모습에서 새로운 아이디어를 얻을 수 있습니다. 앞서 데이터 과학이란 가설과 검정을 반복하는 과학적 기법이라고 이야기했습니다. 이 예제를 통해서 머신러닝의 탐구적인 측면을 엿볼 수 있는 기법을 소개하겠습니다.

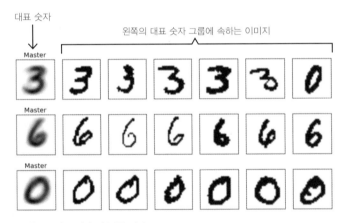

그림 1.14 손글씨 숫자 분류 결과

1.4 분석 도구 준비

당연한 이야기이지만 이 책에서 설명하는 알고리즘들은 프로그래밍 코드로 구현하여 실행할 수 있는 것들입니다. 기존 머신러닝용 라이브러리는 사용하지 않을 것입니다. 그 대신 이 책에서는 직접 파이썬으로 알고리즘을 구현한 예제 코드를 제공할 것입니다. 직접 구현한 파이썬 코드가 기능이나 성능면에서 머신러닝 전용 라이브러리보다는 못하겠지만 이 책에서 설명하는 알고리즘의 형태를 있는 그대로 파악할 수 있고 이 알고리즘이 진짜로 동작한다는 것을 실감할 수도 있어 좋을 것입니다.

이 절에서는 예제 코드의 실행 환경에 대해 설명한 후 실행 환경을 준비하는 절차를 구체적으로 설명하겠습니다. 독자가 현재 CentOS 6, Mac OS X Yosemite (10.10), 또는 Windows 7/8.1 중에 하나를 OS 환경으로 사용하고 있을 것이라는 것을 전제로 설명을 진행하겠습니다.

1.4.1 이 책에서 사용할 데이터 분석 도구

오픈소스로 공개된 R이 데이터 분석 도구로 많이 사용되지만 소프트웨어 개발자들에게는 파이썬이 더 익숙할 것입니다. 파이썬으로 데이터 분석을 하기 위한 표준 도구, 라이브러리에는 다음과 같은 것들이 있습니다.

- NumPy: 벡터, 행렬을 다루는 수치계산 라이브러리
- SciPy: 과학 계산용 라이브러리
- matplotlib: 그래프를 그리는 라이브러리
- pandas: R과 유사한 데이터 프레임을 제공하는 라이브러리
- PIL: 이미지 데이터를 다루는 라이브러리

- scikit-learn: 머신러닝용 라이브러리

- IPython: 대화형 처리 환경을 제공하는 도구

이 책에서는 위에 열거한 환경을 한꺼번에 제공하는 'Enthought Canopy'를 사용합니다. 이 제품은 파이썬으로 데이터 분석을 실시할 때 이용되는 통합 플랫폼을 제공하며 GUI 기반의 통합분석환경과 디버거가 포함되어 있습니다.

이 책에서는 무료로 이용할 수 있는 Express 버전을 사용할 것이며 위에 열거한 도구와 라이브러리를 한 번에 설치하겠습니다[5].

예제 코드는 IPython 대화 처리 환경에서 실행하겠습니다. 통합분석환경을 사용하지 않을 것이므로 위에 열거한 도구와 라이브러리를 이용할 수 있는 환경이 이미 갖춰져 있다면 Enthought Canopy를 사용하지 않아도 됩니다.

1.4.2 실행 환경 설치 순서(CentOS 6)

CentOS 6 환경에서 설치하는 순서를 설명하겠습니다[6]. 먼저 사용할 서버 혹은 PC에 CentOS를 설치합니다. 그래프를 표시하기 위해서는 프로그램을 GUI 데스크톱 환경에서 실행해야 하므로 OS를 설치할 때 소프트웨어 환경으로 'Desktop'을 선택하기 바랍니다. Canopy를 일반 유저의 권한으로 설치할 것이므로 임의의 일반 유저를 생성해 둡니다. 이 책에서는 'canopy'라는 유저를 사용하겠습니다. 설치가 끝나면 root 권한 유저에서 아래의 명령을 실행하여 최신 패키지로 업데이트한 후에 컴퓨터를 재부팅합니다.

---

5 Express 버전에는 scikit-learn이 포함되어 있지 않습니다.

6 공식적으로 공개된 설치 순서는 아래의 URL을 참조하기 바랍니다.
http://docs.enthought.com/canopy/quick-start/install_linux.html

```
# yum -y update [Enter]
# reboot [Enter]
```

그리고 일반 유저로 데스크톱 환경으로 로그인하여 작업을 계속합니다. 데스크톱에서 웹브라우저(Firefox)를 시작하고 아래의 URL에 접속하여 Enthought Canopy 제품 페이지로 들어갑니다.

- https://www.enthought.com/products/canopy/

제품 페이지에 있는 [Get Canopy] 버튼을 클릭하고 'Canopy Express' 란에서 [Free Download] 버튼을 누르면 사진 1.1처럼 다운로드 화면이 표시됩니다. 화면 위쪽에 있는 버튼으로 'Linux' 혹은 현재 사용하고 있는 OS에 해당하는 아키텍처(64-bit 혹은 32-bit)를 선택하고 나서 [DOWNLOAD] 버튼을 클릭하여 인스톨러를 내려받습니다. 이 책에서는 64 비트 버전을 사용한다는 것을 전제로 설명을 하겠습니다.

저장할 디렉터리는 '다운로드' 폴더가 기본값으로 지정되어 있어 내려받은 파일이 이곳에 저장되는데 이때 아래의 명령어를 실행하여 'setup' 폴더로 파일을 이동시킵니다[7].

```
$ mkdir ~/setup [Enter]
$ mv ~/다운로드/canopy-1.5.4-rh5-64.sh ~/setup/ [Enter]
```

---

7 인스톨러의 파일 이름 canopy-1.5.4-rh5-64.sh에서 버전을 나타내는 부분은 수시로 바뀌므로 이에 관해서는 각자가 적절히 대응하기 바랍니다. 그리고 CentOS 6 데스크톱 환경에서 한글을 입력하려면 Cntl + Space 키를 눌러 한글 입력 모드로 변경합니다.

사진 1.1 Canopy Express 다운로드 화면(Linux)

그리고 아래 명령어를 사용하여 이 책의 예제 코드를 GitHub으로부터 가져와서

압축을 풉니다. 압축이 풀린 디렉터리에는 예제 코드와 함께 초기 설정 스크립트

가 포함되어 있습니다.

```
$ cd ~ Enter
$ curl -LO 'https://github.com/enakai00/ml4se/raw/master/ml4se.zip' Enter
$ unzip ml4se.zip Enter
```

그 다음 그림 1.15에 나타난 대로 따라하여 Canopy 인스톨러를 실행합니다. 그

리고 그림 1.16에 나타난 순서대로 Canopy를 한 번 실행하여 환경을 설정합니

다. 마지막으로 아래의 명령어로 초기 설정 스크립트를 실행하면 설치는 끝납

니다.

```
$ cd ~ Enter
$ source ./ml4se/config_centos.sh Enter
```

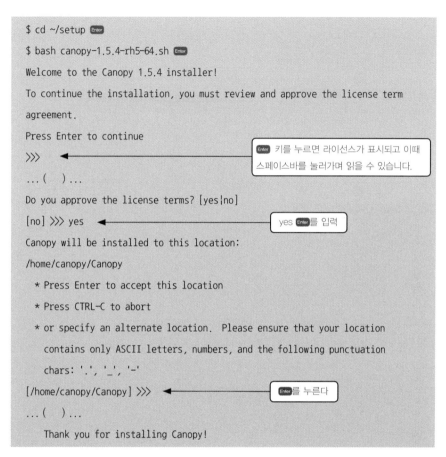

```
$ cd ~/setup Enter

$ bash canopy-1.5.4-rh5-64.sh Enter

Welcome to the Canopy 1.5.4 installer!

To continue the installation, you must review and approve the license term

agreement.

Press Enter to continue

>>>

... (   ) ...

Do you approve the license terms? [yes|no]

[no] >>> yes

Canopy will be installed to this location:

/home/canopy/Canopy

  * Press Enter to accept this location

  * Press CTRL-C to abort

  * or specify an alternate location.  Please ensure that your location

    contains only ASCII letters, numbers, and the following punctuation

    chars: '.', '_', '-'

[/home/canopy/Canopy] >>>

... (   ) ...

    Thank you for installing Canopy!
```

Enter 키를 누르면 라이선스가 표시되고 이때 스페이스바를 눌러가며 읽을 수 있습니다.

yes Enter를 입력

Enter를 누른다

그림 1.15 Canopy 설치 순서(Linux)

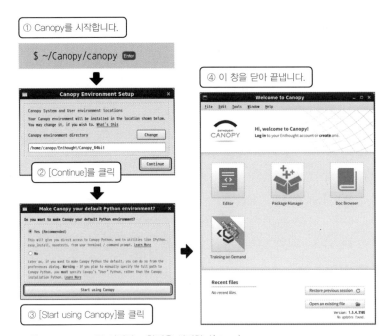

그림 1.16 Canopy를 시작하고 환경을 설정한다(Linux)

1.4.3 실행 환경 설치 순서(Mac OS X)

이번에는 Mac OS X Yosemite(10.10) 환경에서 인스톨하는 절차에 대해서 설명합니다[8]. 일반 유저 권한으로 로그인하고 Safari 등의 웹브라우저를 시작하고 아래의 URL에 접속하여 Enthought Canopy 제품 페이지로 들어갑니다.

- https://www.enthought.com/products/canopy/

---

8 여기서 소개하고 있는 절차는 이 책을 집필한 시점에서 최신 버전이었던 (10.10.3)에서 작업하는 과정입니다. 공식적으로 공개된 절차는 다음의 URL을 참조하기 바랍니다.
http://docs.enthought.com/canopy/quick-start/install_macos.html

제품 페이지에 있는 [Get Canopy] 버튼을 클릭하고 'Canopy Express' 란에서 [Free Download] 버튼을 클릭하면 사진 1.2와 같은 다운로드 화면이 표시됩니다. 화면 위쪽에 있는 버튼으로 'Mac'과 '64-bit'를 선택한 후 [Download] 버튼을 클릭하면 인스톨러의 다운로드가 시작됩니다.

사진 1.2 Canopy Express 다운로드 화면 (Mac OS X)

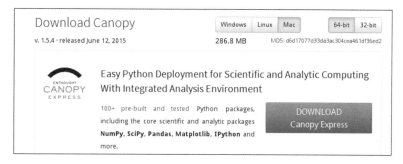

'다운로드' 폴더를 Finder로 열고 다운로드한 파일 'canopy-1.5.4-osx-64. dmg'를 더블 클릭하면 사진 1.3과 같은 창이 열립니다[9]. 이 창에서 'Canopy. app' 아이콘을 'Applications'에 드래그하면 '애플리케이션' 폴더에 설치할 수 있습니다. 그 다음 '애플리케이션' 폴더에 있는 'Canopy.app' 아이콘을 더블 클릭하여 Canopy를 시작합니다.

---

9 여기서 소개하고 있는 절차는 이 책을 집필한 시점에서 최신 버전이었던 (10.10.3)에서 작업하는 과정입니다. 공식적으로 공개된 절차는 다음의 URL을 참조하기 바랍니다.
http://docs.enthought.com/canopy/quick-start/install_macos.html

사진 1.3 canopy-1.5.4-osx-64.dmg를 열었을 때의 화면

이때 "Canopy.app는 확인되지 않은 개발자가 배포했기 때문에 열 수 없습니다."
라는 팝업 메시지가 나타난다면 [승인]을 클릭하고 그림 1.17에 나온 대로 따라하
여 Canopy.app를 시작합니다.

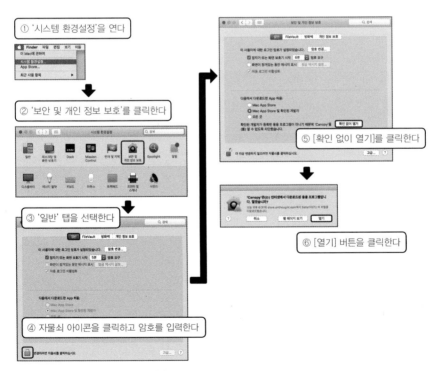

그림 1.17 Canopy 설치 중 보안 설정

그 다음은 그림 1.18에 나온 순서대로 환경을 설정합니다. 마지막에는 이 책의 예제 코드를 GitHub에서 다운로드합니다. 이 예제 코드 ZIP 파일에는 예제 코드 이외에 초기 설정을 위한 스크립트가 포함되어 있습니다. 터미널을 시작하고 아래의 명령을 실행하여 다운로드합니다.

```
# curl -LO 'https://github.com/enakai00/ml4se/raw/master/ml4se.zip' Enter
```

다운로드가 끝나면 아래의 명령어로 압축을 풀고 초기 설정 스크립트를 실행하여 모든 환경설정을 마칩니다.

```
# unzip ml4se.zip Enter
# source ./ml4se/config_mac.sh Enter
```

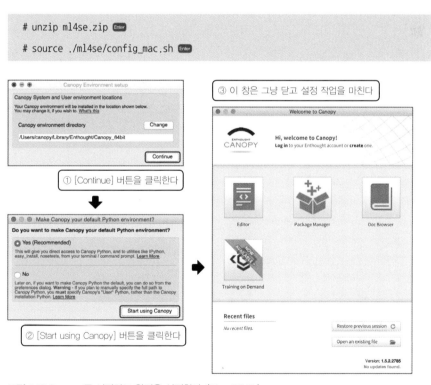

그림 1.18 Canopy를 시작하고 환경을 설정한다. (Mac OS X)

1.4.4 실행 환경 설정 순서(Windows 7/8.1)

이 절에서는 Windows 7/8.1에서 실행환경을 설정하는 순서를 설명하겠습니다[10].

일반 유저 권한으로 로그인한 후에 웹브라우저를 열고 아래의 URL에 접속하여
Enthought Canopy 제품 페이지에 접속합니다.

- https://www.enthought.com/products/canopy/

제품 페이지에 있는 [Get Canopy] 버튼을 누르고 'Canopy Express' 항목에 있
는 [Free Download] 버튼을 누르면 사진 1.4와 같은 다운로드 화면이 표시됩니
다. 화면 위쪽에 있는 버튼으로 'Windows' 혹은 지금 사용하고 있는 OS에 맞는
아키텍처(64-bit 혹은 32-bit)를 선택한 후에 [DOWNLOAD Canopy] 버튼을
누르면 인스톨러의 다운로드가 시작됩니다. 이 책에서는 32bit 버전의 인스톨러를
사용하여 설명하겠습니다.

사진 1.4 Canopy Express 다운로드 화면(Windows)

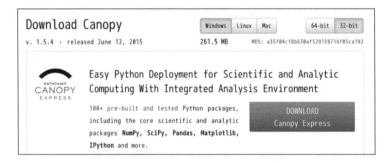

PC에서 '다운로드' 폴더를 열고 방금 내려받은 'canopy-1.5.4-win-32.msi' 파
일을 더블 클릭하면 설치 프로그램이 시작됩니다. 그림 1.19에 나온 순서에 따

---

10 공식적으로 공개된 절차는 아래의 URL을 참조하기 바랍니다.
http://docs.enthought.com/canopy/quick-start/install_windows.html

라 설치 작업을 진행합니다[11]. [Finish] 버튼을 클릭하면 Canopy가 시작됩니다.
Canopy가 시작됐다면 그림 1.20에 나온 순서에 따라 환경설정 작업을 진행합
니다.

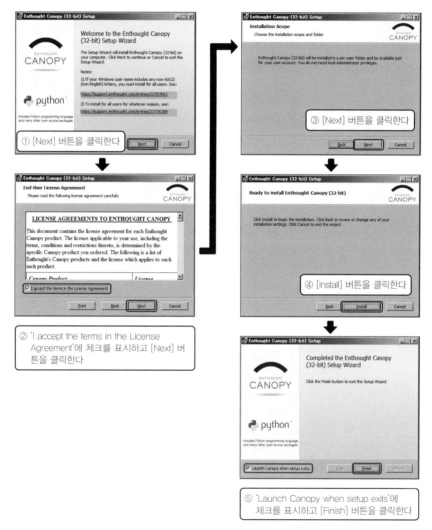

그림 1.19 Canopy 설치 순서(Windows)

---

11 인스톨러의 파일 이름 canopy-1.5.4-win-32.msi에서 버전을 나타내는 부분은 수시로 바뀌므로 이에 관해서는 각자가 적
절히 대응하기 바랍니다.

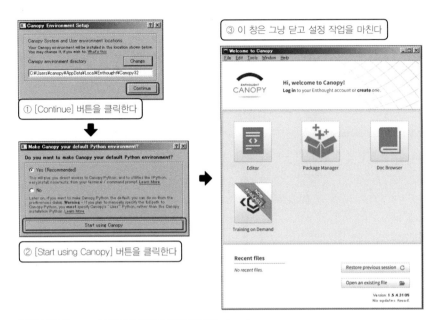

그림 1.20 Canopy 프로그램 시작과 환경설정(Windows)

마지막으로 이 책의 예제 코드를 GitHub에서 다운로드합니다. 예제 코드 ZIP 파일에는 예제 코드 이외에 초기 설정을 위한 스크립트가 포함되어 있습니다. 웹브라우저로 아래의 URL에 접속하여 ml4se.zip 파일을 다운로드합니다.

위키북스 홈페이지에서도 예제코드를 내려받을 수 있습니다.

- https://github.com/enakai00/ml4se/raw/master/ml4se.zip
- http://wikibook.co.kr/machine-learning-theory

다운로드가 끝나면 이제 압축 파일에 들어 있는 내용물을 작업 디렉터리에 복사해야 합니다. 그러기 위해서는 ml4se.zip 파일을 더블 클릭하고 그 안에 있는 ml4se 폴더를 작업 디렉터리에 드래드 앤드 드롭하여 복사합니다. 이 책에서는 '내 PC → 문서' 디렉터리를 작업 디렉터리로 사용하겠습니다. 그리고 방금 복사한 디렉터리 안에 있는 초기 설정용 배치 파일인 config_win.bat을 더블 클릭하여 한 번 실행해 둡니다.

또한 이후 예제 코드를 실행할 때에는 ipython 명령을 사용하여 IPython 프로그램을 시작할 것인데 윈도에서는 시작하는 절차가 다른 OS와 다르므로 주의해야 합니다. 데스크톱에 'PyLab'라는 바로 가기 아이콘이 생성되어 있는 것을 확인하고 이 아이콘을 더블 클릭하여 속성 창을 연 후 아래에 설명한 2가지 작업으로 속성 창의 항목들을 설정하기 바랍니다. (그림 1.21)

- 대상(T): 텍스트 박스에 써 있는 문장의 맨 끝에 --pylab이라는 문자열이 추가되어 있는지 확인합니다.
- 시작 위치(S): 텍스트 박스에 작업 디렉터리 경로를 입력합니다.

'내 PC → 문서' 디렉터리를 작업 디렉터리로 사용한다면 그 경로로는 'C:₩Users₩〈유저 이름〉₩Documents를 입력해야 합니다.

그림 1.21에서는 유저 이름을 your_user_name이라고 입력한 예를 보여주고 있습니다.

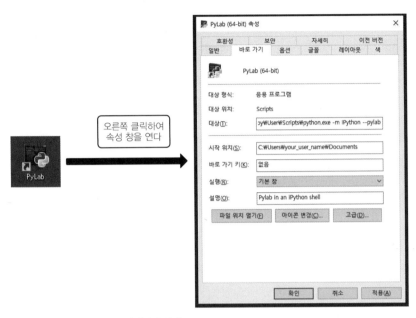

그림 1.21 실행 옵션과 작업 디렉터리 설정

그 다음 데스크톱에서 PyLab을 더블 클릭하면 IPython이 시작됩니다. pwd 명령을 입력하고 방금 전에 설정한 작업용 디렉터리가 출력되는지 확인하기 바랍니다.

1.4.5 IPython 사용법

이 책의 예제 코드는 Python의 대화형 실행환경을 제공하는 IPython을 사용하여 실행할 것입니다. ipython 명령으로 IPython을 시작하면 다음과 같은 명령 프롬프트가 나타납니다.

```
$ ipython Enter
Python 2.7.9 | 64-bit | (default, May 20 2015, 22:58:36)
Type "copyright", "credits" or "license" for more information.


IPython 3.1.0 — An enhanced Interactive Python.
?          -> Introduction and overview of IPython's features.
%quickref -> Quick reference.
help      -> Python's own help system.
object?   -> Details about 'object', use 'object??' for extra details.
Using matplotlib backend: WXAgg


In [1]:
```

이 화면에서 Python 명령을 대화 형식으로 실행할 수도 있고 OS 고유의 명령을 실행하거나 스크립트 파일을 불러올 수도 있습니다. 'cd'나 'ls' 같은 기본적인 OS 명령은 그대로 실행할 수 있다는 이야기입니다. 예를 들면 CentOS 6에서는 명령을 다음과 같이 실행할 수 있습니다.

```
In [1]: cd ~/ml4se/scripts Enter
/home/canopy/ml4se/scripts


In [2]: ls Enter
02-square_error.py              07-mix_em.py
03-estimator_bias.py           07-prep_data.py
03-maximum_likelihood.py       08-bayes_normal.py
03-ml_gauss.py                 08-bayes_regression.py
04-perceptron.py               photo.jpg
05-logistic_vs_perceptron.py   train-images.txt
05-roc_curve.py                train-labels.txt
06-k_means.py
```

이것은 이전에 다운로드했던 예제 코드를 넣어둔 디렉터리인 ~/ml4se/scripts로 이동하여 그 안의 내용을 확인하는 모습입니다[12]. 커서키 ↑↓를 누르면 이전에 실행했던 명령을 다시 불러낼 수 있습니다. Tab 키를 눌러 파일 이름을 자동 완성 시킬 수도 있습니다.

그 밖에 다른 OS 고유의 명령은 '!'을 붙여서 호출합니다. 다음은 vi 에디터로 예제 코드 '03-ml_gauss.py'를 열기 위한 명령을 예로 보여줍니다.

```
In [3]: !vi 03-ml_gauss.py Enter
```

vi 에디터를 닫으려면 ESC,Z,Z(ESC를 누르고 나서 대문자 Z를 2번) 키를 차례로 누릅니다. 그러나 윈도에서는 vi 에디터를 사용할 수 없으므로 예제 코드를 편집할 때에는 'scripts' 폴더 안에 있는 파일을 Unicode(UTF-8)을 지원하는 에디터로 열어서 편집하기 바랍니다. 그리고 CentOS 6에서 GUI 기반 에디터를 사용할 때에는 데스크톱에서 '홈 → ml4se → scripts'를 열고 그 안에 있는 파일을 오른쪽 클릭했을 때 나타나는 메뉴에서 'gedit로 열기'를 선택합니다.

예제 코드는 '%run' 명령으로 실행합니다. 이 명령은 예제 코드가 들어 있는 디렉터리로 이동한 상태에서 실행해야 합니다. 환경이 제대로 설정되어 있다면 다음의 명령으로 사진 1.5와 같은 그래프를 출력할 수 있습니다.

```
In [3]: %run 03-ml_gauss.py Enter
```

---

12 윈도의 경우에는 IPython을 시작했을 때 작업 디렉터리가 현재 디렉터리(Current Directory)로 지정되어 있으므로 예제 코드가 있는 디렉터리로 이동하는 데에 cd ml4se/scripts 명령을 사용합니다.

사진 1.5 예제 코드를 실행한 모습

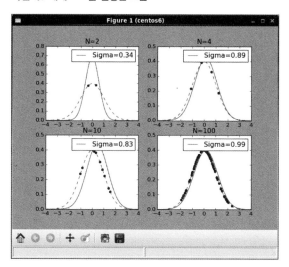

IPython을 닫으려면 'exit' 명령을 입력합니다.

```
In [4]: exit Enter
```

그리고 이 책에서는 예제 코드를 어떻게 쓰는지에 대해서는 설명하지 않습니다.

Python의 데이터 분석용 라이브러리를 사용하는 방법에 대해서는 아래의 참고 문헌 중 [2]번의 서적을 참조하면 좋을 것입니다.

참고 문헌

[1] Data Science for Business: What You Need to Know about Data Mining and Data-Analytic Thinking
저자: Foster Provost, Tom Fawcett
출판사: O'Reilly Media
출판일: 2013.09.09
(번역서: 비즈니스를 위한 데이터 과학, 2014, 한빛미디어)

[2] Python for Data Analysis
저자: William McKinney
출판사: O'Reilly Media
출판일: 2012.12.14
(번역서: 파이썬 라이브러리를 활용한 데이터 분석, 2013, 한빛미디어)

02

최소제곱법:
머신러닝 이론의 첫 걸음

2.1 다항식 근사와 최소제곱법에 의한 추정

2.2 오버 피팅 검출

2.3 부록-헤세행렬의 성질

이번 장에서는 회귀분석의 기초인 최소제곱법에 대해 설명하겠습니다. 사용할 예제는 '1.3.1 회귀분석에 의한 관측값 추측'에서 설명했던 [예제 1]입니다. 회귀분석에서는 주어진 데이터가 어떤 함수로부터 생성됐는가를 알아보는 '함수관계'를 추측하는 것이 하나의 목표입니다. 여기서는 다항식과 함수관계가 있다고 가정하고 다항식으로부터 얻어지는 예측값과 실제 관측 데이터의 오차를 최소로 하는 다항식의 계수를 결정합니다. 최소제곱법의 계산 자체는 복잡하지 않지만 이 기법 안에는 머신러닝 이론의 기초가 되는 '통계 모델'의 사상이 응축되어 있기 때문에 최소제곱법을 아는 것은 매우 중요하다고 말할 수 있습니다.

이 책에서는 이후 구체적인 계산 방법을 설명하고 그 안에 포함되어 있는 더욱 일반적인 통계 모델의 사상에 대해 설명하겠습니다. 그리고 '과거의 데이터를 기반으로 미래를 예측한다'라는 관점에서 중요하게 여겨지는 오버 피팅 검출 방법에 대해 설명하겠습니다.

2.1 다항식 근사와 최소제곱법에 의한 추정

먼저 예제의 내용을 다시 확인하고 나서 최소제곱법의 해법에 대해 설명하겠습니다. 구해야 할 함수관계가 x의 다항식의 형태로 구성되어 있다고 가정하고 관측된 데이터와 이 x 다항식과의 오차의 제곱을 최소로 한다는 조건으로 다항식의 계수를 결정합니다. 제곱의 오차에 관해서는 나중에 나올 '2.1.2 다항식 근사와 오차함수 설정' 부분에서 설명하겠습니다. 그리고 다항식의 차수를 어떻게 선택할시에 관해서는 '2.2 오버 피팅 검출' 절에서 다시 이야기하겠습니다.

2.1.1 트레이닝 세트의 특징 변수와 목적 변수

[예제 1]에서는 그림 2.1처럼 $0 \leq x \leq 1$ 범위를 등분한 10곳에 있는 관측점 x에 대하여 각각의 관측값 t가 주어졌습니다. 이 데이터를 가지고 x와 t 사이에 존재하는 함수관계를 추측하는 것이 이번 예제의 목표입니다.

그림 2.1에는 데이터 생성에 사용된 사인함수 $y=\sin(2\pi x)$도 함께 표시되어 있지만 이것은 쉽게 설명하기 위해서 표시한 것이며 실제로는 처음부터 이렇게 함수의 형태를 알 수는 없습니다. 이 그래프가 없다고 생각하고 설명을 진행하겠습니다. 현재 10쌍의 값 $\{(x_n, t_n)\}_{n=1}^{10}$이 분석할 대상으로 주어졌습니다. 이 데이터들을 머신러닝 알고리즘에 입력하여 x와 t의 함수관계를 추측하는 것입니다. 이처럼 머신러닝의 소스로 사용하는 데이터를 '트레이닝 셋(Training Set)'이라고 부릅니다.

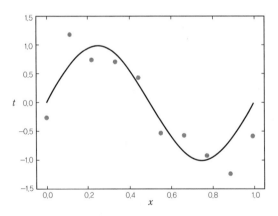

그림 2.1 머신러닝에 사용되는 트레이닝 셋

그리고 이 문제의 최종 목표는 다음과 같습니다. 어떤 관측점 x를 새로 관측했을 때 이미 추측한 함수를 사용하여 이 x에 관한 관측값 t가 얼마 만큼이 되는지를 추정하는 것이 최종 목표입니다.

다시 말하면 x가 주어졌을 때 이에 대응하는 t값을 추정하는 것이 목적이라는 이야기입니다. x에 의해 t값이 결정되기 때문에 통계학의 세계에서는 x를 '설명 변수'라고 부르고 t를 '목적 변수'라고 부르기도 합니다. 이렇게 이름을 붙인 이유는 't가 어떤 값을 가질 이유를 x값이 설명'해주기 때문입니다.

한편 머신러닝의 세계에서는 x가 분석 대상의 성질을 특징 짓는 변수라고 여겨 이 x를 '특징 변수'라고 부릅니다. 여러 개의 특징 변수를 합쳐 벡터값을 만들어서 다루는 것이 더욱 일반적인 형태입니다. 이 벡터를 '특징 벡터'라고 부릅니다. 이 책에서는 머신러닝 분야에서 사용되는 명칭을 따르기 위해 x를 '특징 변수(특징 벡터)'라고 부르고 t를 '목적 변수'라고 부르겠습니다[1].

미래에 발생할 일을 제대로 예측하기 위해서는 당연한 이야기이지만 예측에 적합한 데이터를 사용해야 합니다. 이번 예제에서는 특징 변수 x가 처음부터 주어졌지만 실전에서는 데이터 과학자 자신이 직접 어떤 데이터를 특징 변수로 사용할지 결정해야 합니다.

2.1.2 다항식 근사와 오차함수 설정

그럼 x와 t 사이에 존재하는 함수관계를 추측해 보겠습니다. 먼저 다음의 x 다항식을 보기 바랍니다.

$$
\begin{aligned}
f(x) &= w_0 + w_1 x + w_2 x^2 + \cdots + w_M x^M \\
&= \sum_{m=0}^{M} w_m x^m
\end{aligned}
$$

(2.1)

---

1 데이터 과학에서는 통계학과 머신러닝 등 여러 분야의 지식이 통합적으로 활용됩니다. 이 머신러닝은 학문 분야로서는 아직 새로운 분야이기 때문에 사용하는 용어가 완전히 통일되지 않은 부분도 있습니다.

2번째 줄에 나온 식에서는 임의의 x에 관하여 $x^0 = 1$이라는 관계를 표현합니다.

다항식의 차수(최대 몇 승까지 다루고 있는가)는 일반적인 식에서 M으로 표시하는데 실전에서는 이 M이 구체적인 값을 가지고 있는 상수가 됩니다. 지금 이 예제에서는 이 M의 구체적인 값에 대해서 나중에 생각하기로 하겠습니다. 어쨌든 M이 어떤 값을 가지고 있다고 생각하면 $M+1$개의 계수 $\{w_m\}_{m=0}^{M}$가 알 수 없는 파라미터로 존재합니다[2]. 이들 파라미터 값을 제대로 정해주면 그림 2.1에 표시된 트레이닝 셋을 가능한 한 정확하게 표현하는 다항식을 결정할 수 있습니다.

이제 무엇을 가지고 다항식을 '정확하게' 결정할지에 대해서 이야기하겠습니다. 여기서는 x_1에서 x_{10}까지 10군데를 기준으로 하여 식 (2.1)로 계산되는 t값과 실제로 관측된 값 t_n을 비교하기로 합니다. 이를 위해 10군데의 각 지점에 있는 t값과 t_n값의 차분을 제곱하고 총합을 구하겠습니다. 각 지점에 있는 t값에서 각각의 t_n값을 뺍니다. 이렇게 계산한 각각의 차분을 제곱합니다. 이들을 모두 더해 총합을 냅니다. 이 총합을 '오차'라고 정의하겠습니다.

$$\{f(x_1)-t_1\}^2+\{f(x_2)-t_2\}^2+\cdots+\{f(x_{10})-t_{10}\}^2 \tag{2.2}$$

이 오차값이 크다는 이야기는 식 (2.1)로 추정되는 t값이 실제 관측된 t_n값과 유사하지 않다는 의미가 됩니다. 반대로 이 오차값이 가능한 작아질 수 있도록 하는 파라미터 $\{w_m\}_{m=0}^{M}$을 찾아낸다면 관측값 t_n이 t값과 비슷해질 것이라고 이야기할 수 있을 것입니다.

---

2 $\{w_0,\cdots,w_M\}$를 $\{w_m\}_{m=0}^{M}$으로 간결하게 표기했습니다.

그럼 이후에 간단히 계산할 수 있도록 (2.2) 값을 반으로 나눈것을 '오차 E_D' 라고 정의하겠습니다. 관측점 개수를 N이라고 하면 아래와 같이 나타낼 수 있을 것입니다.

$$E_D = \frac{1}{2}\sum_{n=1}^{N}\{f(x_n)-t_n\}^2 \tag{2.3}$$

현재 N=10이지만 관측점 개수가 달라졌을 때에도 적용될 수 있도록 변수 N으로 표기하여 설명을 진행하겠습니다. (2.2)를 최소로 하는 조건과 (2.3)을 최소로 하는 조건 중 어느 것을 사용하여 계산하든지 그 결과는 같습니다.

(2.3)에 (2.1)을 대입한 결과는 아래와 같습니다.

$$E_D = \frac{1}{2}\sum_{n=1}^{N}\left(\sum_{m=0}^{M}w_m x_n^m - t_n\right)^2 \tag{2.4}$$

첨자가 너무 많이 보여서 혼란스러울 수도 있으나 식 (2.4)는 트레이닝 셋으로 주어진 구체적인 관측값 $\{(x_n, t_n)\}_{n=1}^{N}$을 사용해서 계산된다는 점에 주의하기 바랍니다. 이들 관측값들은 이 문제에서 처음에 주어진 정수값이므로 이 식을 계산하는 시점에서 우리가 이미 알고 있는 값이라고 말할 수 있습니다. 한편 다항식의 계수 $\{w_m\}_{m=0}^{M}$의 값은 아직 알 수 없습니다. 식 (2.4)가 x에 대한 함수가 아니라 $\{w_m\}_{m=0}^{M}$에 대한 함수라고 생각하고 이 식 (2.4)의 값인 E_D를 최소로 만드는 것이 우리의 최종 목표입니다.

(2.3)과 같은 형태로 계산되는 오차를 일반적으로 '오차의 제곱'이라고 부릅니다. 우리는 지금 '오차의 제곱을 최소화'할 수 있는 답을 구하려고 하는 것이므로 이 기법을 '최소제곱법'이라고 부릅니다.

2.1.3 오차함수를 최소화할 수 있는 조건

앞 절에 이어서 이번 절에서는 식 (2.4)를 다항식의 계수인 $\{w_m\}_{m=0}^M$에 대한 함수라는 관점에서 보고 계산을 진행하겠습니다. 이러한 이유에서 식 (2.4)를 '오차함수'라고 부르기도 합니다. 논리가 이만큼 마련됐다면 이제 수학적으로 계산하기만하면 됩니다. 오차함수 (2.4)를 최소화한다는 것은 수학적으로 '최솟값 문제'에 해당됩니다.

머신러닝을 위한 계산에서는 이처럼 최솟값 문제를 풀어야 할 때가 종종 있습니다. 보통은 컴퓨터를 사용하여 수치를 계산하여 근사값을 구하는 경우가 많지만이번 문제만큼은 수치계산이 필요 없습니다. 종이와 연필만 있으면 손으로 계산해서 답을 구할 수 있기 때문입니다[3].

[수학을 배우는 작은 방]

그럼 식 (2.4)를 최소로 만드는 $\{w_m\}_{m=0}^M$을 찾아보겠습니다. 이것은 (2.4)를 $\{w_m\}_{m=0}^M$에 대한 함수로 간주하여 편미분계수가 0이 된다는 조건을 적용시켜 찾는 것입니다.

$$\frac{\partial E_D}{\partial w_m} = 0 \quad (m = 0, \cdots, M) \tag{2.5}$$

계수를 모두 합쳐서 벡터 $\mathbf{w} = (w_0, \cdots, w_M)^{\mathrm{T}}$라고 지정하면 기울기 벡터가 0이 된다고 말해도 됩니다[4].

$$\nabla E_D(\mathbf{w}) = \mathbf{0} \tag{2.6}$$

여기서는 식 (2.5)를 사용하여 계산을 진행하겠습니다. 식 (2.5)에 식 (2.4)를 대입하여 편미분을 계산하면 아래와 같은 식이 얻어집니다. 식 (2.4)를 대입할 때 첨자 m이 중복되지 않도록 식 (2.4)의 m을 m'로 변경했습니다.

---

3 수학자들은 이러한 작업을 '해석적으로 푼다'라고 이야기합니다.
4 이 책에서는 세로 벡터를 주로 사용합니다. 본문 내용 중 가로 벡터에 전치 기호 T가 붙어 있는 것이 이 때문입니다. 그리고 기울기 벡터에 관해서는 '4.1.3 기울기 벡터로 파라미터를 수정한다'에서 자세히 설명할 것입니다.

$$\sum_{n=1}^{N}\left(\sum_{m'=0}^{M}w_{m'}x_n^{m'}-t_n\right)x_n^m=0 \tag{2.7}$$

억지로 조작한 것 같은 느낌이 조금 있지만 이것을 아래와 같이 변형해 보겠습니다.

$$\sum_{m'=0}^{M}w_{m'}\sum_{n=1}^{N}x_n^{m'}x_n^m-\sum_{n=1}^{N}t_nx_n^m=0 \tag{2.8}$$

여기서 x_n^m을 (n, m) 원소로 구성된 Nx$(M+1)$행렬 Φ를 사용하면 이것은 행렬 형식으로 변형할 수 있습니다.

$$\mathbf{w}^\mathsf{T}\Phi^\mathsf{T}\Phi-\mathbf{t}^\mathsf{T}\Phi=0 \tag{2.9}$$

$\mathbf{w}$는 앞서 정의한 $\mathbf{w}=(w_0,\cdots,w_M)^\mathsf{T}$이며 우리가 구해야 할 계수를 나열한 벡터입니다.

그리고 $\mathbf{t}$는 목적변수의 관측값을 나열한 벡터 $\mathbf{t}=(t_1,\cdots,t_N)^\mathsf{T}$입니다. 그리고 Φ의 원소를 모두 써보면 아래와 같은 형태가 됩니다. N개의 관측점 $\{x_n\}_{n=1}^N$에 관해 각각을 0~M 제곱한 값을 나열한 행렬입니다.

$$\Phi=\begin{pmatrix}x_1^0 & x_1^1 & \cdots & x_1^M\\ x_2^0 & x_2^1 & \cdots & x_2^M\\ \vdots & \vdots & \ddots & \vdots\\ x_N^0 & x_N^1 & \cdots & x_N^M\end{pmatrix} \tag{2.10}$$

이제 행렬을 변형해서 계수 $\mathbf{w}$를 구할 수 있게 됐습니다. 식 (2.9)의 양변을 전치하면 아래와 같은 결과를 얻게 됩니다.

$$\mathbf{w}=(\Phi^\mathsf{T}\Phi)^{-1}\Phi^\mathsf{T}\mathbf{t} \tag{2.11}$$

Φ와 $\mathbf{t}$의 정의를 떠올려 보면 이들은 트레이닝 셋에 포함된 관측 데이터에 의해 정해지는 값들입니다. 즉 식 (2.11)은 주어진 트레이닝 셋을 사용하여 다항식의 계수 $\mathbf{w}$를 결정하는 공식이라고 말할 수 있습니다.

이제까지는 E_D의 편미분계수가 0이 되는, 즉 E_D가 극값을 취할 조건만으로 계산을 진행했습니다. 그리고 식 (2.11)에는 행렬 $\Phi^\mathsf{T}\Phi$의 역행렬이 포함되어 있는데 이것이 확실하게 역행렬을 갖는지도 확인해야 합니다.

이들을 엄밀히 계산하려면 E_D의 2계 편미분계수를 나타내는 헤세행렬을 사용합니다. 헤세행렬 $\mathbf{H}$는 아래와 같은 원소를 가지는 $(M+1)$x$(M+1)$인 정방행렬입니다.

$$H_{mm'} = \frac{\partial^2 E_D}{\partial w_m \partial w_{m'}} \qquad (m, m' = 0, \cdots, M) \tag{2.12}$$

E_D의 정의 식 (2.4)를 대입하면 아래와 같은 식이 얻어집니다.

$$H_{mm'} = \sum_{n=1}^{N} x_n^{m'} x_n^m \tag{2.13}$$

식 (2.10)을 사용하면 식 (2.11)로 역행렬을 취하는 부분에 있는 행렬이 헤세행렬과 일치한다는 것을 알 수 있습니다.

$$\mathbf{H} = \mathbf{\Phi}^\mathrm{T} \mathbf{\Phi} \tag{2.14}$$

이때 $M+1 \le N$, 즉 계수의 개수인 $M+1$이 트레이닝 셋 데이터의 개수 N 이하라면 헤세행렬은 양정치라는 것을 알 수 있습니다. 양정치라는 것은 임의의 벡터 $\mathbf{u} \ne 0$에 대해 $\mathbf{u}^\mathrm{T} \mathbf{H} \mathbf{u} > 0$가 성립하는 상태를 말합니다. 그래서 식 (2.14)를 적용하면 아래와 같이 계산됩니다.

$$\mathbf{u}^\mathrm{T} \mathbf{H} \mathbf{u} = \mathbf{u}^\mathrm{T} \mathbf{\Phi}^\mathrm{T} \mathbf{\Phi} \mathbf{u} = \| \mathbf{\Phi} \mathbf{u} \|^2 > 0 \tag{2.15}$$

마지막에 있는 부등호가 성립하는 (등호를 포함하지 않음) 경우는 $\mathbf{\Phi} \mathbf{u} \ne 0$일 때에 한정되는데 $\mathbf{\Phi}$의 정의인 식 (2.10)을 떠올려 보면 $\mathbf{\Phi} \mathbf{u} = 0$은 요소의 개수가 $M+1$인 벡터 $\mathbf{u}$에 대한 N개의 제차연립1차방정식이 되므로 $M+1 \le N$인 경우에는 $\mathbf{u} \ne 0$가 되는 해를 찾을 수 없습니다[5]. 따라서 $\mathbf{\Phi} \mathbf{u} \ne 0$는 반드시 성립하며 헤세행렬 $\mathbf{\Phi}^\mathrm{T} \mathbf{\Phi}$는 양정치가 됩니다.

그리고 양정치인 행렬은 역행렬을 가진다는 사실이 증명되어 있으므로 역행렬 $(\mathbf{\Phi}^\mathrm{T} \mathbf{\Phi})^{-1}$이 분명히 존재하며 극점은 식 (2.11)을 통해 결정됩니다. 그리고 헤세행렬이 양정치라는 사실을 기반으로 이 극점에서 E_D의 극소값을 얻을 수 있다는 것을 알 수 있습니다[6]. 이렇게 하여 식 (2.11)은 E_D를 최소로 만드는 유일한 $\mathbf{w}$을 구하게 해줍니다.

한편 $M+1 > N$, 즉 계수의 개수가 트레이닝 셋의 데이터 개수보다 클 때에는 어떻게 될까요? 이 경우 헤세행렬은 반양정치($\mathbf{u}^\mathrm{T} \mathbf{H} \mathbf{u} \ge 0$)가 되므로 E_D를 최소로 만드는 $\mathbf{w}$는 여러 개 존재하게 되어 하나의 값으로 정해지지 않습니다. 이에 대해서는 '2.1.4 예제 코드로 확인한다'에서 다시 설명하겠습니다.

---

5 자세한 내용은 '2.3 부록—헤세 행렬의 성질'에서 설명하겠습니다. 지금은 헤세행렬은 모든 $\mathbf{w}$에 대해 양정치이므로 E_D는 아래로 볼록한 함수입니다.

6 이 설명은 $\mathbf{\Phi}$의 각 행을 구성하는 벡터가 서로 1차독립일 경우에만 해당되는 내용입니다. 이는 식 (2.10)로 확인할 수 있습니다.

2.1.4 예제 코드로 확인한다

계산 과정이 매우 길었습니다. 이제 계산 결과를 공식으로 정리해 보겠습니다. 분석 대상인 트레이닝 셋 $\{(x_n, t_n)\}_{n=1}^{N}$이 주어졌을 때 이것을 사용하여 목적변수 t를 추측하기 위해 M차 다항식 $f(x)$를 구하는 것이 우리의 목표입니다. 구체적으로 이야기하면 아래 식의 계수 $\{w_m\}_{m=0}^{M}$를 구하는 것입니다.

$$f(x) = \sum_{m=0}^{M} w_m x^m \tag{2.16}$$

여기서는 아래의 식으로 표현되는 오차의 제곱을 최소화해야 한다는 조건을 이용하겠습니다.

$$E_D = \frac{1}{2} \sum_{n=1}^{N} \{f(x_n) - t_n\}^2 \tag{2.17}$$

$M+1 \leq N$, 즉 계수의 개수 $M+1$이 트레이닝 셋이 가지고 있는 데이터 개수 N 이하라면 이 조건으로 결정되는 계수는 아래의 식으로 구할 수 있습니다.

$$\mathbf{w} = (\mathbf{\Phi}^\mathsf{T} \mathbf{\Phi})^{-1} \mathbf{\Phi}^\mathsf{T} \mathbf{t} \tag{2.18}$$

$\mathbf{w}$는 구해야 할 계수를 나열한 벡터 $\mathbf{w} = (w_0, \cdots, w_M)^\mathsf{T}$입니다. $\mathbf{t}$는 목적변수를 나열한 벡터 형식으로 트레이닝 셋에 포함된 $\mathbf{t} = (t_1, \cdots, t_N)^\mathsf{T}$입니다. $\mathbf{\Phi}$는 N개의 관측점 $\{x_n\}_{n=1}^{N}$ 각각을 $0 \sim M$ 제곱한 값을 나열한 행렬입니다.

$$\Phi = \begin{pmatrix} x_1^0 & x_1^1 & \cdots & x_1^M \\ x_2^0 & x_2^1 & \cdots & x_2^M \\ \vdots & \vdots & \ddots & \vdots \\ x_N^0 & x_N^1 & \cdots & x_N^M \end{pmatrix} \tag{2.19}$$

처음에 주어진 트레이닝 셋을 사용하여 식 (2.18)을 계산하면 다항식 $f(x)$를 구할 수 있고 이 다항식을 그래프로 나타낼 수도 있습니다. 그럼 예제 코드 '02-square_error.py'를 실행하여 그래프를 그려보며 결과를 확인해 보겠습니다. 실행 순서는 다음과 같습니다.

```
$ ipython Enter
In [1]: cd ~/ml4se/scripts Enter
In [2]: %run 02-square_error.py Enter
```

예제 코드를 실행하면 2개의 그래프 창에 2종류의 그래프가 나타납니다. 여기서 그림 2.2의 그래프에 주목하기 바랍니다. 이 예제 코드는 '1.3.1 회귀분석에 의한 관측값 추측' 절에서 나온 [예제 1]과 관련이 있습니다. 이 코드에서는 먼저 트레이닝 셋 데이터를 생성하고 M=0,1,3,9 4종류의 차수를 가지는 다항식을 이 데이터에 적용했습니다.

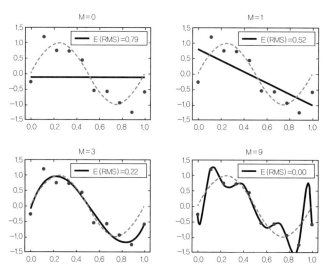

그림 2.2 최소제곱법으로 다항식 근사치를 구한 결과

그림 2.2에 나타난 점선 곡선은 데이터 생성의 기준이 되는 사인함수 $y=\sin(2\pi x)$ 를 나타내고 있습니다. 그리고 이 사인함수 값에 표준편차 0.3인 난수를 더해서 생성한 데이터가 점으로 표시돼 있습니다. 이 데이터를 기초로 하여 최소제곱법을 실시해서 얻어낸 다항식이 실선으로 표시되어 있습니다. $M=0$인 경우 다항식은 $f(x)=w_0$의 형태로 정수항만을 가지게 되므로 실선 그래프는 수평선으로 그려집니다. $M=1$인 경우에는 다항식이 $f(x)=w_0+w_1x$의 1차 함수이므로 기울어진 직선의 형태로 그려집니다. 다항식의 차수가 계속 커지면서 그래프의 형태가 조금씩 복잡해진다는 것을 알 수 있습니다. 그리고 예제 코드를 실행한 명령 프롬프트를 보면 그림 2.3과 같은 결과가 출력됐다는 것을 확인할 수 있습니다. 이것은 최소제곱법으로 계산하여 얻어낸 계수 $\{w_m\}_{m=0}^{M}$의 구체적인 수치를 표시한 것입니다.

Table of the coefficients				
	M=0	M=1	M=3	M=9
0	−0.112264	0.804204	−0.076368	−0.271450	w_0
1	NaN	−1.832936	10.422071	−43.742496	w_1
2	NaN	NaN	−29.749878	1653.518843	w_2
3	NaN	NaN	18.794226	−17821.148677	⋮
4	NaN	NaN	NaN	93099.006939	
5	NaN	NaN	NaN	−272750.963558	
6	NaN	NaN	NaN	470428.678829	⋮
7	NaN	NaN	NaN	−473855.244333	
8	NaN	NaN	NaN	257740.296468	
9	NaN	NaN	NaN	−58450.727453	w_9

그림 2.3 최소제곱법으로 계산한 계수값

이제 그림 2.2에 나온 4개의 그래프를 보기 바랍니다. 데이터 생성 기준인 $y=\sin(2\pi x)$ 함수에 모양이 가장 비슷한 것은 $M=3$인 경우의 그래프입니다. $M=9$ 그래프는 트레이닝 셋에 포함되는 모든 점을 통과하고는 있으나 $y=\sin(2\pi x)$ 함수에는 전체적으로 어긋나 있다는 것을 알 수 있습니다. '2.1.2 다항식 근사와 오차 함수 설정'에서 '이 M의 구체적인 값에 대해서 나중에 생각하기로 하겠습니다'라고 이야기했는데 이 그래프로 나타난 결과를 보니 이제 $M=3$인 경우에 만들어지는 함수를 채택하는 것이 좋을 것 같습니다.

그러나 그림만을 보고 판단하는 것은 좋지 않습니다. 이번에 다뤘던 데이터가 단순한 형태였기 때문에 그래프를 간단히 그려서 판단할 수 있었을 뿐입니다. 만일 특징변수가 여러 개 존재하는(특징벡터를 사용하는) 경우에는 그래프를 그리기가 힘들게 됩니다. 그래프를 그리지 않고 객관적인 기준으로 최적의 차수 M을 결정하는 방법이 필요할 것입니다. 이 방법에 대해서는 나중에 '2.2 오버 피팅 검출' 절에서 설명하겠습니다.

여기서 그림 2.2의 그래프에 'E(RMS)'라고 표시된 값에 관해 설명하겠습니다. 각각의 그래프는 오차제곱 E_D을 최소화한다는 조건으로 다항식의 계수를 결정했습니다. 이렇게 최소화된 E_D의 구체적인 값을 보고 새로운 판단 기준을 얻게 되는 것입니다. 그러나 이때 E_D 그 자체가 아니고 조금 고쳐진 값을 사용하며 그 값은 아래와 같은 식으로 나타내어집니다.

$$E_{\text{RMS}} = \sqrt{\frac{2E_D}{N}} \qquad\qquad (2.20)$$

이것은 평균 제곱근 오차(Root Mean Square Error)라고 불리는 값이며 이 값은 '우리가 다항식을 통해 예상할 수 있는 값과 트레이닝 셋 값들이 평균에서 어느 정도 떨어져 있는지'를 나타냅니다. 그림 2.2에 표시된 'E(RMS)'는 각각의 그래프에서 이 값이 얼마인지 표시한 것입니다. 평균 제곱근 오차가 이러한 의미를 갖는 이유는 E_D의 정의를 다시 생각해보면 이해할 수 있습니다.

$$E_D = \frac{1}{2} \sum_{n=1}^{N} \left(\sum_{m=0}^{M} w_m x_n^m - t_n \right)^2 \qquad\qquad (2.21)$$

식 (2.21)을 말로 설명하면 '다항식을 통해 예측되는 값과 트레이닝 셋 값의 차이를 제곱하여 모두 합하는 계산을 N번(트레이닝 셋에 포함된 네이터 개수 N) 실시하여 값을 얻어내고 그 얻어진 값을 절반으로 나눈 결과'라고 이야기할 수 있습니다.

따라서 이 값을 2/N배 곱하면 '다항식을 통해 예측할 수 있는 값과 트레이닝 셋 값의 차이를 제곱한 것의 평균값'이 됩니다. 여기에 루트를 씌워서 제곱 효과를 제거한 것이 평균 제곱근 오차입니다.

백문이 불여일견. 그림 2.2에 나타난 다항식 근사 곡선이 트레이닝 셋 데이터와 어느 정도 멀어져 있는지 한번 보겠습니다. M=0인 경우 다항식 근사 직선은 거의 0이고 트레이닝 셋 데이터는 약 0~±1 범위에 흩어져 있습니다. 따라서 E_{RMS}=0.79라는 값은 평균적으로 0.79 정도 멀어져 있다는 것을 알려줍니다(그림 2.4 참조). 다항식의 차수가 커질수록 다항식 근사 곡선은 트레이닝 셋의 각각의 데이터에 가까운 곳을 지나가게 되므로 E_{RMS} 값은 점점 작아집니다. M=3인 경우에는 E_{RMS}=0.22인데 다항식 근사 곡선과 각 데이터는 0.22 정도 멀어져 있다는 것을 확인할 수 있습니다.

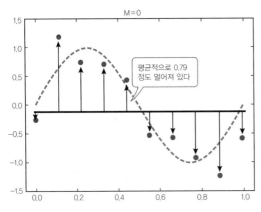

그림 2.4 평균 제곱근 오차가 가지는 의미

$M=9$인 경우에는 앞서 이야기했던 것처럼 다항식 근사 곡선은 모든 데이터를 정확하게 통과합니다. 따라서 $E_{RMS}=0$이라는 값이 나오는 것입니다. 이 값은 사실 파라미터 개수를 생각해보면 당연한 결과라고 말할 수 있습니다. $M=9$인 경우 다항식 계수는 $w_0 \sim w_9$로 10개가 있습니다. 10개의 파라미터를 조정하면 자연히 임의의 10개의 점을 통과하는 곡선을 생성할 수 있으므로 오차를 반드시 0으로 만들 수 있게 됩니다.

M을 더 증가시킨 $M \geq 10$인 경우에는 데이터 개수보다 파라미터 개수가 더 많아지므로 모든 데이터를 정확히 통과하는, 즉 $E_{RMS}=0$가 되는 계수는 무수히 존재하게 됩니다. 지금 이야기하고 있는 내용을 '2.1.3 오차함수를 최소화할 수 있는 조건'에서 설명했습니다. 일반적으로 $M+1 \rangle N$(즉 $M \geq N$)인 경우에는 공식 (2.11)이 성립할 수 없고 계수를 결정할 수 없다고 설명했던 것이 위의 예에 해당되는 내용입니다.

2.1.5 통계모델이라는 관점에서 최소제곱법이란

앞서 트레이닝 셋에 최소제곱법을 적용하여 목적변수 t를 예측하기 위한 다항식을 결정했습니다. 아직 가장 적합한 다항식의 차수 M을 결정하는 일이 남아 있기는 하지만 여기서 일단 일반적인 통계모델의 관점에서 최소제곱법을 실시하는 절차에 관해 다시 이야기하려고 합니다.

'통계모델'이란 것을 딱히 무엇이다라고 정의하기는 어렵지만 여기서는 일단 '어떤 현상에 관하여 통계학적인 기법을 사용하여 그 현상을 설명하는 것 혹은 예측할 모델(수식)을 만들어 내는 것'이라고 이야기해 두겠습니다. 여기서 말하는 기법 중에 파라메트릭 모델이라고 불리는 기법에서는 아래에서 설명하는 3단계를 거쳐 만들어지는 모델, 즉 수식을 결정합니다[7].

(1) 파라미터를 포함한 모델(수식)을 설정한다.

(2) 파라미터를 평가할 기준을 정한다.

(3) 가장 적합하다고 평가할 수 있는 파라미터를 결정한다.

그런데 현상을 설명·예측할 모델(수식)이란 것은 아무것도 없는 데에서 마술처럼 만들어낼 수는 없습니다. 따라서 맨 처음 어떤 가정을 해놓고 수식의 형태를 대강 정해 놓습니다. 앞선 최소제곱법의 예에서는 다음에 얻어질 목적변수 t를 예측하는 수식으로 M차 다항식을 가정했습니다. 그러나 이때 다항식의 계수는 그 값을 알 수 없는 파라미터가 됩니다. 그래서 이 파라미터 값을 변경해가면서 모델을 튜닝해 가는 것입니다. 이것이 위에서 이야기한 (1)단계 과정입니다.

그림 2.5를 보기 바랍니다. 현상을 설명할 수식은 여러 가지 종류를 생각해볼 수 있지만 그 모든 종류를 검토할 수는 없는 것이므로 수식의 범위를 파라미터를 포함한 형태에 한정하여 이 중에서 가장 적합한 것을 골라냅니다. 여러 종류의 수식을 포함한 거대한 세계 안에서 일단은 일정 범위에 한정하여 그 안에서 최적의 것을 찾아내겠다는 의미입니다. 그림 2.5는 $M=1$(파라미터는 w_0과 w_1 2개)인 경우와 $M=2$(파라미터는 $w_0 \sim w_2$ 3개)인 경우를 보여주고 있는데 이때 다항식의 차수 M을 증가시켜가면 그만큼 범위도 넓어지게 됩니다.

---

7 파라메트릭 모델은 엄밀히 말하면 파라미터를 가진 확률분포를 사용한 모델이라고 말할 수 있습니다. 여기서는 '현상을 설명·예측하는 특정한 수식을 다루는 것'이라고 알고 있으면 됩니다. 확률분포를 사용한 모델에 관해서는 '3장 최우추정법: 확률을 이용한 추정이론'에서 설명하겠습니다.

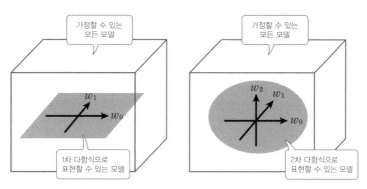

그림 2.5 파라미터로 모델을 튜닝한다

그리고 이제 이 범위 안에서 해당 수식을 가장 적합한 수식으로 만들어 줄 파라미터를 찾아야 합니다. 이때 파라미터가 좋은지 나쁜지 판단할 수 있는 기준을 도입해야 합니다. 최소제곱법에서는 식 (2.4)로 계산되는 오차의 제곱 E_D가 작을수록 좋을 모델이라는 기준을 설정했습니다. 이것이 (2)단계 과정입니다.

그런데 파라미터를 판단하는 기준을 설정하는 데에도 자유도가 존재합니다. 오차의 제곱 E_D가 아닌 기준을 적용시켰을 때에는 최소제곱법을 통해 나온 결과와는 다른 결과를 얻게 될 수도 있습니다. 이때 어느 쪽 기준이 좋을지 판단하는 일은 사실 매우 어려운 문제입니다. 이 부분에 관해서는 이후 이 책 전체를 읽으며 알아가야 할 것입니다.

어쨌든 특정한 판단 기준이 설정됐다면 그 다음은 이 기준에 따라서 최적의 파라미터 값을 찾아야 합니다. 이것이 (3)단계 과정입니다. 최소제곱법의 경우 '2.1.3 오차함수를 최소화할 수 있는 조건'에서 계산했더니 오차의 제곱 E_D를 최소화하는 파라미터는 식 (2.18)으로 찾을 수 있었습니다.

다음 장 이후에 나오는 예제를 보면 이렇게 간단한 공식이 항상 주어지는 것은 아니라는 사실을 알게 될 것입니다. 컴퓨터를 사용한 수치계산을 통해 근사적으로 해를 구해야 할 때가 많습니다. 앞서 '파라미터를 어떤 기준으로 판단하는지는 매우 어려운 문제'라고 이야기했는데 최소제곱법의 경우에는 '계산하기 간단하고 엄밀한 답을 구할 수 있기 때문'에 오차의 제곱 E_D를 판단 기준으로 선택했다고 말할 수 있습니다.

여기서 '그런 별것 아닌 이유로 판단 기준을 선택해도 되나?'라는 의구심을 가질 수도 있을 것입니다. 그러나 이것은 절대로 별것 아닌 이유가 아닙니다. 간단하게 계산할 수 있다는 것은 해당 모델을 수학적으로 분석해서 그 특징을 깊이 이해할 수 있다는 것을 의미하기 때문입니다. '1.1 업무상에서 데이터 과학이 하는 역할'에서 봤던 그림 1.4를 다시 보면 머신러닝으로 얻어진 결과가 그대로 사업적인 판단에 이용되는 것은 아니었다는 것을 떠올리게 될 것입니다. 사용하고 있는 모델의 수학적 성질을 잘 알고 있다면 여기서 얻어진 결과가 갖는 의미를 깊이 이해할 수 있고, 그래서 이 모델을 현실 세계에서 사업적인 판단에 훨씬 더 적합한 지표로 변환할 수 있는 것입니다. 모델의 성질을 이해하지 못한 상태에서 얻어낸 결과를 사업에 적용하면 안 된다는 내용은 1장에서 본 잘못된 예에서 설명했습니다.

2.2 오버 피팅 검출

이 절에서는 '2.1.4 예제 코드로 확인한다'에서 다루었던 내용인 최적의 차수 M을 결정하는 방법에 대해 생각해 보겠습니다. 이 내용을 이해하기 위해서는 '머신러닝을 이용하는 목적'에 대해 다시 한 번 생각할 필요가 있습니다.

앞의 절에서도 이야기했듯이 머신러닝이라는 것은 주어진 트레이닝 셋 데이터를 가지고 최적의 파라미터를 결정하는 것 이상의 의미는 없습니다. 한편 데이터 과학자에게 중요한 것은 계산으로 얻어낸 결과가 '미래를 예측하는 데'에 도움이 되는지 되지 않는지에 관한 것입니다. 이러한 관점을 바탕으로 이야기를 이어가겠습니다.

2.2.1 트레이닝 셋과 테스트 셋

이전 절인 '2.1.4 예제 코드로 확인한다'에 나왔던 그림 2.2에서 봤던 대로 다항식의 차수를 높이면 트레이닝 셋을 훨씬 정확하게 재현할 수 있습니다. 이 예에서 $M=9$로 정하면 평균 제곱근 오차를 0으로 만들 수 있다는 것을 보여줬습니다. 그러나 트레이닝 셋에 포함된 데이터는 '우연에 의해 얻어진 값'이며 그 후에 새 데이터를 얻었을 때 그 데이터는 동일한 값이 아닐 것입니다. 이 예제에서 주어진 데이터는 사인함수 $y=\sin(2\pi x)$에 표준편차 0.3인 난수를 더해서 생성한 것이라는 점을 생각하면 그 후에 새로 얻어지는 데이터 값을 정확하게 예측하는 것은 불가능한 일이라는 것을 알 수 있습니다. 따라서 확률적으로 따지자면 사인함수 값 자체를 답으로 간주하는 것이 좋을 것입니다. 그래서 앞서 그림 2.2의 그래프를 보며 '$M=3$인 경우에 만들어지는 함수를 채택하는 것이 좋을 것 같습니다'라고 이야기했던 것입니다.

그렇다면 최적의 차수라는 것은 매번 그래프를 그려서 보고 판단해야 하는 것일까요? 2가지 이유에서 그렇지 않다고 말할 수 있습니다. 일단 앞서 설명했듯이 복잡한 데이터를 다룰 때에는 그래프를 그리기가 까다롭습니다. 그리고 더욱 중요한 것은 애당초 정답을 가리키는 곡선(이 예에서는 사인함수 $y=\sin(2\pi x)$)이 어떤 모양인지 아무도 모른다는 사실입니다. '1.3.1 회귀분석에 의한 관측값 추측'에 나왔던 [예제 1]을 다시 읽어보기 바랍니다. 이 예제에 주어진 전제조건은 그림 1.7과 같은 트레이닝 셋밖에 없습니다. 정답을 가리키는 곡선을 모르는 상태에서 얻어진 그래프를 보고 무언가를 판단할 수는 없는 것입니다[8].

여기서 필요한 것은 가설·검정이라는 '과학적 사고'입니다. 미래에 얻어질 값을 예측하는 것이 목적이라면 실제로 미래의 값을 예측하여 얼만큼 정확하게 예측할 수 있는가를 검증하면 되는 것입니다. 이번 예에서는 트레이닝 셋과는 별도로 다시 한 번 테스트용 데이터를 생성해서 다항식이 이 데이터에 얼마나 가까운 값을 갖는지 확인해 보겠습니다.

현실 세계에서는 '다시 한 번 테스트용 데이터를 생성'할 수는 없겠지만 이번 예에서는 이용 가능한 데이터를 사전에 트레이닝용과 테스트용으로 나눠 두겠습니다 (그림 2.6). 트레이닝용 데이터(트레이닝 셋)로 머신러닝을 실시하여 얻어진 결과를 테스트용 데이터로 다시 평가해 보겠습니다. 이처럼 테스트용으로 나눠둔 데이터를 테스트 셋이라고 부릅니다.

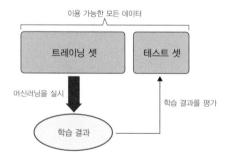

그림 2.6 트레이닝 셋과 테스트 셋을 분할

---

8 정답을 알고 있다면 다항식근사로 추정하는 작업 자체가 필요 없게 될 것입니다.

이러한 방법에 대해서는 나중에 자세히 설명하기로 하고 일단은 테스트 셋을 이용하여 검증을 실시하는 예제 코드를 실행해 보겠습니다.

2.2.2 테스트 셋으로 검증한 결과

앞서 실행했던 예제 코드 '02-square_error.py'는 테스트 셋으로 검증한 결과도 함께 출력합니다. 그림 2.7에서 볼 수 있듯이 트레이닝 셋과 테스트 셋 이렇게 2종류의 데이터를 미리 생성해 두고 다항식의 계수는 트레이닝 셋 데이터를 사용하여 결정합니다.

여기서 얻어진 다항식을 사용하여 트레이닝 셋과 테스트 셋 각각에 대한 평균 제곱근 오차를 계산합니다.

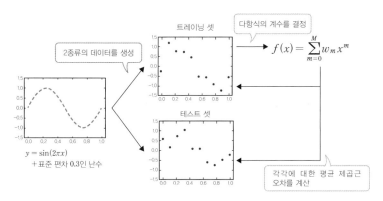

그림 2.7 예제 코드 '02-square_error.py' 실행

예제 코드를 실행하면 그림 2.2의 그래프에 더해서 그림 2.8의 그래프가 표시됩니다. 이것은 트레이닝 셋과 테스트 셋 각각에 대하여 다항식의 차수 M을 0~9로 변경해 가면서 평균 제곱근 오차가 어떻게 변화하는지를 보여주는 그래프입니다. 실

선 그래프가 트레이닝 셋에 대한 결과이고 점선 그래프가 테스트 셋에 대한 결과입니다.

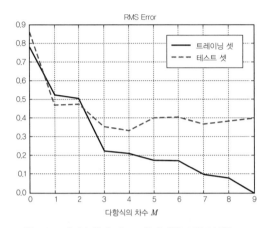

그림 2.8 트레이닝 셋과 테스트 셋에 대한 오차의 변화

트레이닝 셋에 대한 그래프를 보면 차수가 커짐에 따라 오차가 감소해서 M=9일 때 0이 됩니다. 이것은 그림 2.2에서 확인한 것과 같은 결과입니다. 그러나 테스트 셋에 대한 그래프는 다른 움직임을 보입니다. M=4일 때까지는 오차가 감소하지만 M=4일 때를 넘어가면 다항식의 차수를 높여도 테스트 셋에 대한 '예측력'은 그 이상 커지지 않는다는 것을 알 수 있습니다.

이렇게 미지의 데이터를 예측하는 능력을 '모델의 일반화 능력'이라고 부릅니다. 이 예에서는 M=4를 넘어가면 테스트 셋에 대한 오차는 감소하지 않고 트레이닝 셋에 대한 오차만 감소합니다. 이것은 트레이닝 셋만이 갖는 특징과 함께 과잉으로 튜닝이 가해졌기 때문이라고 생각할 수 있습니다. 이처럼 트레이닝 셋에 특화된 튜닝이 가해지는 상황을 '오버 피팅(과적합)'이라고 부릅니다.

2.2.3 교차 검증을 통해 일반화 능력을 검증한다

앞 절에 나온 예에서는 그림 2.8에 나타난 결과로 $M=4$일 때부터 오버 피팅이 발생한다는 사실을 알게 됐습니다. 그러나 이 결과만을 가지고 단정 지을 수 없을 것 같습니다. 더 많은 테스트 데이터가 있다면 조금 더 검증을 해 볼 수 있겠지만 실제로는 이것이 그다지 간단한 일이 아닙니다. 그림 2.6에서 본 것과 같이 머신러닝을 위해 수집한 데이터를 트레이닝 셋과 데이터 셋으로 분할해서 사용하는 것이므로 테스트 셋 데이터의 개수를 늘리면 트레이닝 셋 데이터의 개수가 그만큼 줄어들게 됩니다.

여기서 주의할 점이 있습니다. 트레이닝 셋에 포함되어 머신러닝에 사용되는 데이터를 테스트 셋에 섞어서 사용하면 안 됩니다. 테스트 셋을 사용하는 목적은 어디까지나 미지의 데이터를 예측하는 능력, 즉 모델의 일반화 능력을 검증하기 위한 것입니다. 이러한 검증을 트레이닝 셋 데이터로 해봤자 아무 소용 없습니다.

'1.1 업무상에서 데이터 과학이 하는 역할' 절에서 본 잘못된 예에서는 머신러닝을 통해 그림 1.3과 같은 판정 규칙을 얻을 수 있었습니다. 이 판정 규칙은 머신러닝에 사용한 그림 1.1의 데이터(트레이닝 셋)에 관해서는 100% 정답을 도출해낼 수 있습니다. 그러나 이 판정 규칙의 일반화 능력에는 의문을 가지게 됩니다. 머신러닝에 사용하지 않은 새로운 데이터를 사용하여 검증한다면 정답률은 매우 낮아질 것입니다. 일반적으로 트레이닝 셋에 대한 정답률을 가지고 모델의 유용성을 판단할 수는 없는 것입니다. 이런 방법으로는 사업적 판단을 그르치게 될 것입니다.

그럼 머신러닝을 위해 수집한 귀중한 데이터를 낭비 없이 이용하면서 적절한 검증을 실시하려면 어떻게 해야 할까요? 이때 이용되는 것이 바로 그림 2.9에 나온 교차 검증 기법입니다. 그림 2.9에 나타난 예에서는 이용 가능한 데이터를 파트1~

파트5 이렇게 5개의 그룹으로 나눠서 이 중 한 그룹을 테스트 셋으로 사용합니다. 어떤 그룹을 테스트 셋으로 정할지에 따라 전부 5종류의 검증 결과를 얻을 수 있습니다. 이들 검증 결과를 종합해서 판단할 수 있을 것입니다.

이때 검증 결과뿐 아니라 학습 결과도 각각 달라진다는 점에 주의해야 합니다. 왜냐하면 각각 다른 트레이닝 셋을 사용했기 때문에 이 장에서 설명해 온 [예제 1]에 관해서는 각각 다른 계수를 가지는 다항식이 생성될 것이기 때문입니다. 따라서 이 방법을 통해 얻어진 학습 결과를 최종 결과라고 단정 지을 수는 없습니다. 지금 테스트 셋으로 검증을 실시하는 목적은 오버 피팅이 발생하지 않는 최적의 차수 M 을 찾는 것이기 때문에 일단은 5종류의 검증 결과를 토대로 오버 피팅이 발생하는 (일반화 능력이 증가하지 않는) 차수 M을 결정할 것입니다. 최적의 차수 M이 결정되는 파트1부터 파트5에 해당하는 모든 데이터를 트레이닝 셋으로 사용하여 다항식의 계수를 결정하는 처리를 다시 실시할 것입니다.

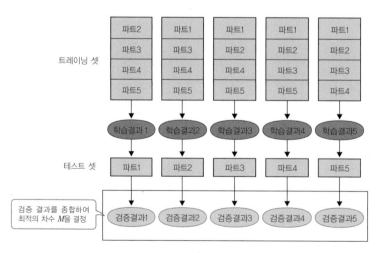

그림 2.9 교차 검증을 통한 일반화 능력 검증

2.2.4 데이터 개수에 따른 오버 피팅 변화

최소제곱법에 대한 마지막 주제로 데이터 개수와 오버 피팅의 관계에 대해 설명하겠습니다. 그림 2.2에 나타난 결과를 보며 M=9인 경우에 평균 제곱근 오차가 0이 된 이유를 떠올리기 바랍니다. 트레이닝 데이터가 10개이므로 파라미터 개수가 10개 이상이면 모든 데이터를 정확하게 재현할 수 있기 때문에 0이 된 것입니다. 역으로 이야기하면 데이터 개수가 충분히 많다면 다항식의 차수가 커져도 모든 데이터를 재현할 수 없고 오버 피팅은 그다지 발생하지 않게 될 것이라고 상상해 볼 수 있을 것입니다.

이것은 예제 코드를 실행하여 실제로 확인할 수 있습니다. 예제 코드 02-square_error.py를 에디터로 열어보면 처음 부분에 그림 2.10과 같은 파라미터 설정 부분이 있습니다. 여기서 코드가 사용할 데이터 개수를 변경할 수 있습니다. 예를 들어 'N=100'이라고 지정하면 $0 \leq x \leq 1$ 구간을 99등분하도록 100 군데의 관측점 $\{x_n\}_{n=1}^{100}$이 설정됩니다. 이렇게 변경하고 실행한 결과를 그림 2.11과 그림 2.12에 표시했습니다.

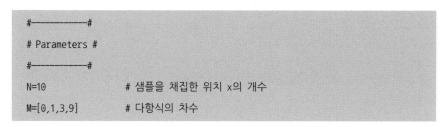

```
#———————————#
# Parameters #
#———————————#
N=10              # 샘플을 채집한 위치 x의 개수
M=[0,1,3,9]       # 다항식의 차수
```

그림 2.10 02-square_error.py에서 파라미터 설정 부분

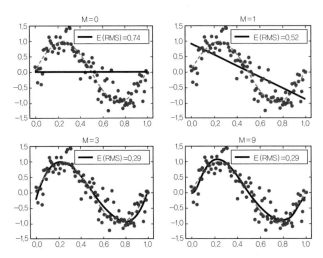

그림 2.11 N=100으로 변경하고 실행한 결과(다항식 근사 그래프)

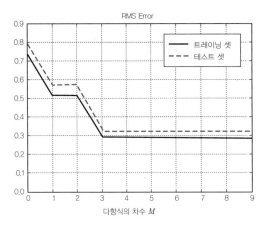

그림 2.12 N=100으로 설정하고 실행한 결과(평균 제곱근 오차)

그림 2.11을 보면 다항식의 차수를 높여도 그래프의 모양이 크게 왜곡되지 않고 M=3과 M=9일 때 평균 제곱근 오차 값이 동일하게 0.29가 되어 있습니다. 그리고 그림 2.12를 보면 평균 제곱근 오차에 관한 두드러진 특징을 발견할 수 있습니다. 트레이닝 셋과 테스트 셋 모두 평균 제곱근 오차가 0.3 정도에서 변화하지 않

습니다. 이것으로 알 수 있는 것은 평균 제곱근 오차가 0.3이 되는 $M=3$보다 차수를 높여도 모델의 일반화 능력은 향상되지 않는다는 것입니다.

이 결과를 보면 트레이닝에 사용하는 데이터 개수와 오버 피팅과의 일반적인 관계에 대하여 알 수 있습니다. 데이터 개수가 적을 경우 분석 대상의 본질적인 특징보다는 취득한 데이터가 우연히 가지고 있는 특징이 더 눈에 띄게 되고 그 데이터에 특화된 결과가 나오기 쉽다는 것입니다. 이것이 오버 피팅의 성질입니다. 분석 대상이 되는 데이터 개수가 많으면 그만큼 본질적인 특징을 알아보기 쉬워진다고 말할 수 있습니다.

그리고 그림 2.10에 있는 $M=[0,1,3,9]$ 부분은 그래프로 나타나는 다항식의 차수를 4가지로 지정할 수 있다는 것을 나타냅니다. 다른 차수로 그려지는 그래프도 확인해보고 싶다면 이 부분의 값을 변경하고 나서 예제를 실행해보기 바랍니다. 단, '2.1.3 오차함수를 최소화할 수 있는 조건'에서 설명했던 것처럼 데이터 개수 N에 대하여 $M+1 \leq N$(즉 $M\langle N$)라는 조건을 만족시켜야 한다는 것을 잊지 말기 바랍니다. $M \geq N$인 경우에는 계수를 결정하는 공식 (2.11)이 성립하지 않기 때문에 올바른 결과를 얻지 못하게 될 것입니다.

2.3 부록-헤세행렬의 성질

이 절에서는 2.1.3 오차함수를 최소화할 수 있는 조건에서 오차함수 E_D의 성질을 이해하기 위해 이용했던 헤세행렬(Hessian matrix)에 관한 기본적인 성질을 설명하겠습니다.

[수학을 배우는 작은 방]

오차함수 E_D는 $M+1$개의 계수 $\{w_m\}_{m=0}^{M}$에 종속된 함수입니다. 여기서 이들 계수를 모두 합친 벡터를 $\mathbf{w} = (w_0, \cdots, w_M)^{\mathsf{T}}$라고 표기하겠습니다. 그리고 헤세행렬 $\mathbf{H}$는 아래의 2계편미분계수를 원소로 가지는 $(M+1) \times (M+1)$의 크기의 정방행렬로 정의됩니다.

$$H_{mm'} = \frac{\partial^2 E_D}{\partial w_m \partial w_{m'}} \qquad (m, m' = 0, \cdots, M) \tag{2.22}$$

최소제곱법의 예에서 H_{mm}는 식 (2.13)으로 주어졌기 때문에 계수 $\mathbf{w}$에 의존하지 않는 정수행렬인데 헤세행렬은 계수 $\mathbf{w}$에 대한 함수입니다.

여기서 $\tilde{\mathbf{w}}$가

$$\frac{\partial E_D(\tilde{\mathbf{w}})}{\partial w_m} = 0 \qquad (m = 0, \cdots, M) \tag{2.23}$$

을 성립하게 하는 극점값이라고 가정했을 때 $\tilde{\mathbf{w}}$에 대한 헤세행렬의 값을 보고 이 극점이 극소값을 갖는지를 판정할 수 있습니다. 구체적으로 이야기하면 이 점에서의 헤세행렬이 양정치라면, 즉 임의의 벡터 $\mathbf{u} \neq \mathbf{0}$에 대해 $\mathbf{u}^{\mathsf{T}} \mathbf{H}(\tilde{\mathbf{w}}) \mathbf{u} > 0$가 성립하면 이 극점은 극소값을 갖습니다.

이것은 변화량 $\Delta \mathbf{w} = (\Delta w_0, \cdots, \Delta w_M)^{\mathsf{T}}$을 사용하여 $\tilde{\mathbf{w}}$ 주위에 E_D를 테일러 전개해보면 알 수 있습니다.

$$\begin{aligned} E_D(\tilde{\mathbf{w}} + \Delta \mathbf{w}) &- E_D(\tilde{\mathbf{w}}) \\ &= \frac{1}{2} \sum_{m,m'=0}^{M} \frac{\partial^2 E_D(\tilde{\mathbf{w}})}{\partial w_m \partial w_{m'}} \Delta w_m \Delta w_{m'} + O(\| \Delta \mathbf{w} \|^3) \\ &= \frac{1}{2} \Delta \mathbf{w}^{\mathsf{T}} \mathbf{H}(\tilde{\mathbf{w}}) \Delta \mathbf{w} + O(\| \Delta \mathbf{w} \|^3) \end{aligned} \tag{2.24}$$

$\mathbf{H}(\tilde{\mathbf{w}})$가 양정치라면 임의의 $\Delta \mathbf{w} \neq \mathbf{0}$에 대해 $\Delta \mathbf{w}^{\mathsf{T}} \mathbf{H}(\tilde{\mathbf{w}}) \Delta \mathbf{w} > 0$이 성립하므로 충분히 작은 임의의 $\Delta \mathbf{w}$에 대해

$$E_D(\tilde{\mathbf{w}} + \Delta \mathbf{w}) - E_D(\tilde{\mathbf{w}}) > 0 \tag{2.25}$$

가 성립합니다. 따라서 극점 $\tilde{\mathbf{w}}$은 E_D의 극소점을 갖습니다.

그리고 $\mathbf{H}$가 양정치라면 역행렬 $\mathbf{H}^{-1}$이 존재한다는 사실을 아래와 같이 나타낼 수 있습니다.

일단 $\mathbf{H}$는 대칭행렬이므로 이것을 대각화하는 직교행렬 $\mathbf{P}$가 존재합니다.

$$\mathbf{P}^{\mathsf{T}} \mathbf{H} \mathbf{P} = \mathrm{diag}[\lambda_0, \cdots, \lambda_M] \tag{2.26}$$

그리고 $\text{diag}[\lambda_0,\cdots,\lambda_M]$는 $\mathbf{H}$의 고유값 $(\lambda_0,\cdots,\lambda_M)$을 대각성분으로 가지는 대각행렬입니다.

이때 $\mathbf{H}$가 양정치라는 사실로부터

$$\mathbf{u} = \mathbf{P} \begin{pmatrix} 0 \\ \vdots \\ 1 \\ \vdots \\ 0 \end{pmatrix} \neq \mathbf{0} \tag{2.27}$$

$\uparrow$
m번째 성분만 1이다

라고 표현할 수 있고 아래의 식이 성립합니다.

$$\mathbf{u}^{\mathrm{T}}\mathbf{H}\mathbf{u} = (0,\cdots,1,\cdots,0)\mathbf{P}^{\mathrm{T}}\mathbf{H}\mathbf{P}\begin{pmatrix} 0 \\ \vdots \\ 1 \\ \vdots \\ 0 \end{pmatrix} = (0,\cdots,1,\cdots,0)\text{diag}[\lambda_0,\cdots,\lambda_M]\begin{pmatrix} 0 \\ \vdots \\ 1 \\ \vdots \\ 0 \end{pmatrix}. \tag{2.28}$$

$$= \lambda_m > 0 \quad (m = 0,\cdots,M)$$

즉, $\mathbf{H}$의 고유값은 모두 양의 값입니다. 마지막으로 직교행렬 P의 행렬식은 $\pm 1(|\mathbf{P}^{\mathrm{T}}| = |\mathbf{P}| = \pm 1)$이라는 것을 고려하면 식 (2.26)이 사용되어 $\mathbf{H}$의 행렬식에 관해 아래와 같은 식이 성립합니다.

$$|\mathbf{H}| = |\mathbf{P}^{\mathrm{T}}\mathbf{H}\mathbf{P}| = \prod_{m=0}^{M}\lambda_m > 0 \tag{2.29}$$

이렇게 해서 $\mathbf{H}^{-1}$의 존재를 알 수 있게 됐습니다.

03

최우추정법:
확률을 사용한 추정 이론

3.1 확률 모델을 이용한다
3.2 단순한 예로 설명한다
3.3 부록-표본평균·포본분산의 일치성과 불편성

이번 장에서는 최우추정법을 사용한 회귀분석에 대해 알아보겠습니다. 사용할 예제는 이전 장에서와 동일하게 '1.3.1 회귀분석에 의한 관측값 추측'에서 설명했던 [예제 1]입니다. 이제까지 설명했던 대로 데이터 과학자가 수행해야 할 과제에 절대적인 정답은 존재하지 않습니다. 동일한 문제에 관해 여러 기법을 적용하면서 문제의 본질에 접근해가는 노력이 필요합니다.

그렇다고 해서 데이터를 무턱대고 열심히 주물러봤자 좋은 결과가 나오지 않을 것입니다. 이번 장에서는 '2.1.5 통계모델이라는 관점에서 최소제곱법이란' 절에서 설명했던 파라메트릭 모델의 3단계를 가이드라인으로 삼고 최소제곱법과 최우추정법의 유사점과 차이점에 대해 정리하며 설명을 진행하겠습니다.

3.1 확률 모델을 이용한다

최우추정법에서는 '어떤 데이터를 얻을 수 있는 확률'을 설정하여 그 확률을 통해 가장 적합한 파라미터를 찾아냅니다. 갑자기 확률이라는 단어가 등장하여 조금 당황할 수도 있습니다. 그러나 확률을 사용한 분석은 통계 모델의 세계에서는 가장 강력한 기법입니다. 앞서 다뤘던 3단계에 맞춰가며 공부해 가겠습니다.

진행에 앞서 '파라메트릭의 3단계'를 다시 살펴보겠습니다.

(1) 파라미터를 포함한 모델(수식)을 설정한다.
(2) 파라미터를 평가할 기준을 정한다.
(3) 가장 적합하다고 평가할 수 있는 파라미터를 결정한다.

3.1.1 데이터 발생 확률 설정

일단 문제로 주어진 데이터를 다시 확인해 보겠습니다. 트레이닝 셋으로 사용할 데이터를 아래 그림 3.1에서 다시 보겠습니다. 같은 그림이 여러 번 나와서 이제 조금 질렸을지도 모르겠지만 이 데이터의 본질적인 성질에 관해 다시 생각해 봅시다.

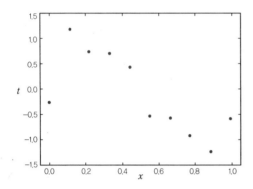

그림 3.1 10군데의 관측점에서 얻어진 관측값

일반적인 회귀분석에서는 데이터의 배후에 있는 함수관계를 추정하는데, 최소제곱법에서 본 것처럼 '모든 점을 정확히 지나는 함수'를 발견하더라도 '미래를 예측하는 데'에는 도움이 되지 않았습니다. 이 데이터에 특화된 오버 피팅이 발생하기 때문입니다. 이 데이터는 본질적으로 어떤 오차를 포함하고 있으므로 더욱 정확하게 미래를 예측하려면 '어느 정도 크기의 오차를 가지는가'에 대한 사항도 함께 분석해야 합니다.

최소제곱법의 경우에는 다항식근사로 얻어진 함수가, 오차가 분산된 곳의 중심부분을 나타냅니다. 이후에 새로 얻어지는 데이터의 예측값이 중심부분에 올 것이라고 예측하면 크게 빗나갈 가능성이 없다는 발상입니다. 이때 조금 더 깊이 생각하여 해당 데이터가 가지는 오차의 크기(오차들이 분산된 정도)까지 알 수 있다면 어떨까요? 데이터 과학자가 다루는 문제들은 본질적으로 완전한 예측을 할 수 없는 것들이 대부분입니다. 그래서 '어느 정도의 범위에서 예측이 빗나갈 것인가'에 대한 것도 사업적인 관점에서는 매우 중요한 정보가 됩니다.

그럼 '이 데이터의 배경에는 M차 다항식 관계가 존재하고 표준편차 σ만큼의 오차가 포함되어 있다'라고 가정해 보겠습니다. '표준편차 σ'라는 것은 대략 $\pm\sigma$의 범위로 관측 데이터가 변동한다는 의미입니다. M차 다항식 관계를 가정한다는 점은 최소제곱법에서와 동일하지만 최우추정법에서는 이처럼 오차에 관한 가정이 하나 더 추가됩니다.

이 가정을 수식으로 표현해보면 확률에 관련된 구조가 자연스럽게 등장합니다. 일단 최소제곱법과 동일하게 특징변수 x와 목적변수 t 사이에 M차 다항식 관계가 존재한다고 생각하겠습니다. 이 다항식은 다음과 같이 나타낼 수 있습니다.

$$\begin{aligned} f(x) &= w_0 + w_1 x + w_2 x^2 + \cdots + w_M x^M \\ &= \sum_{m=0}^{M} w_m x^m \end{aligned}$$

(3.1)

그리고 '관측점 x_n의 관측값 t는 $f(x_n)$을 중심으로 하여 약 $f(x_n) \pm \sigma$의 범위로 흩어져 있다'고 생각하겠습니다. 한편 '1.3.1 회귀분석에 의한 관측값 추측'에 나왔던 해설 부분에서도 이야기했듯이 μ를 중심으로 하여 약 $\mu \pm \sigma$의 범위로 흩어지는 난수는 평균이 μ이고 분산이 σ^2인 정규분포로 표현할 수 있습니다[1]. 정규분포는 그림 3.2와 같이 μ를 중심으로 한 종 모양으로 표현되는 확률에 의해 흩어지는 난수입니다. 이 종 모양은 아래의 함수로 표현됩니다.

$$\mathcal{N}(x \mid \mu, \sigma^2) = \frac{1}{\sqrt{2\pi\sigma^2}} e^{-\frac{1}{2\sigma^2}(x-\mu)^2} \tag{3.2}$$

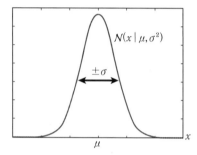

그림 3.2 정규분포의 확률밀도

그러나 이 함수는 변수 x값이 난수에 의해 흩어진다는 것을 전제로 하고 있습니다. 이번 예제의 경우에는 난수에 의해 흩어지는 것이 관측값 t이므로 그 흩어진 값들의 중심이 $f(x_n)$입니다. 함수를 고쳐서 아래에 다시 표기합니다.

$$\mathcal{N}(t \mid f(x_n), \ \sigma^2) = \frac{1}{\sqrt{2\pi\sigma^2}} e^{-\frac{1}{2\sigma^2}\{t-f(x_n)\}^2} \tag{3.3}$$

그림 3.3에서 볼 수 있듯이 각각의 관측점 x_n에서 관측값 t가 $f(x_n)$을 중심으로 하여 종 모양의 확률로 흩어진다고 생각하면 되겠습니다.

---

1 일반적으로 표준편차 σ를 제곱한 것을 분산 σ^2이라고 부릅니다.

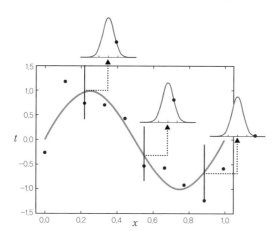

그림 3.3 관측값이 흩어지는 정도를 나타내는 확률

여기서 말하는 관측값 t라는 것은 '이후 새로 관측되는 값'을 의미한다는 점에 주의하기 바랍니다. 트레이닝 셋으로 주어지는 t_n은 이미 관측된 값이고 이후에 새로 관측되는 t는 다른 값이 될 것입니다. 이후에 관측되는 값 t의 확률이 식 (3.3)으로 계산된다고 생각하면 됩니다.

t_0가 구체적인 값이라 할 때 $t=t_0$ 값이 얻어질 확률을 알고 싶다면 아래의 식으로 계산하면 됩니다.

$$\mathcal{N}(t_0 \mid f(x_n),\ \sigma^2) = \frac{1}{\sqrt{2\pi\sigma^2}}\, e^{-\frac{1}{2\sigma^2}\{t_0 - f(x_n)\}^2}$$

(3.4)

[수학을 배우는 작은 방]

식 (3.4)는 엄밀히 말하면 확률밀도를 나타냅니다. Δt를 아주 작은 값이라고 생각하고 '이후에 얻어질 t값이 $t_0 \sim t_0 + \Delta t$의 범위에 있을 확률이 $\mathcal{N}(t_0 \mid f(x_n), \sigma^2)\, \Delta t$'라는 것이 적절한 표현일 것입니다. 여기서 확률이라는 단어는 사실 확률밀도라고 표현하는 것이 맞습니다.

그리고 이 책에서 이후 어떤 확률을 최대화하는 파라미터를 결정하는 문제를 풀어가겠습니다. 이때 확률을 최대화하는 파라미터와 확률밀도를 최대화하는 파라미터는 같은 것을 의미하므로 계산상으로는 모두 확률밀도를 사용하면서 이야기를 진행하겠습니다.

이렇게 하여 3단계 중 단계(1)이 완성됐습니다. 여기서 사용되는 수식은 아래와 같고 이 수식은 관측점에서 관측된 값 t의 확률을 나타냅니다.

$$N(t \mid f(x_n), \ \sigma^2) = \frac{1}{\sqrt{2\pi\sigma^2}} \, e^{-\frac{1}{2\sigma^2}\{t-f(x_n)\}^2} \tag{3.5}$$

$$f(x) = \sum_{m=0}^{M} w_m x^m \tag{3.6}$$

그렇다면 이 모델에 포함되는 파라미터는 무엇일까요? 이것은 식 (3.6)에 나온 계수 $\{w_m\}_{m=0}^{M}$과 식 (3.5)에 나오는 표준편차입니다. 데이터의 배경에 있는 함수관계와 더불어 데이터에 포함되는 오차를 함께 추정한다는 것이 이 모델의 특징입니다. 다음 단계는 이들 파라미터 값을 평가할 기준을 설정하여 가장 적합한 파라미터 값 $\{w_m\}_{m=0}^{M}$과 σ를 결정하는 것입니다.

그리고 이때 어떤 독자는 데이터가 포함하고 있는 오차, 즉 'μ를 중심으로 하여 대략 $\mu \pm \sigma$의 범위로 흩어져 있는 난수'가 정규분포를 따르는 이유에 대해 의문을 가질 수도 있습니다. 정규분포는 그림 3.2와 같이 종 모양으로 흩어지는 난수를 표현하는데 이것 이외의 분포를 따를 가능성이 없는 것은 아닙니다. 예를 들어 그림 3.4에 나온 그래프들은 모두 수학적으로 '평균이 0이고 표준편차가 0.3'이라는 동일한 조건을 만족하는 확률분포를 나타냅니다.

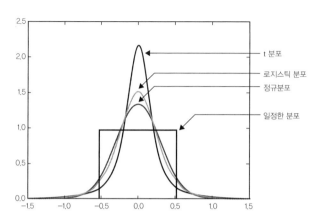

그림 3.4 '평균이 0이고 표준편차가 0.3'인 다양한 확률분포

그러나 모든 가능성을 감안하면서 고민하다 보면 작업이 진행되지 않을 것입니다. 일단은 한 가지 가설을 세우고 그 안에서 유용한 결과를 얻어낼 수 있는지를 검증하는 것이 중요합니다. 나중에 보게 되겠지만 정규분포를 나타내는 식 (3.5)를 사용하면 비교적 간단하게 계산을 진행할 수 있습니다. 일단 계산을 확실하게 진행시킬 수 있는 기법을 적용하여 테스트 셋을 사용한 검증을 통해 유의성을 판단할 것입니다. 만일 유용한 결과를 얻어내지 못했을 경우에는 그렇게 된 이유를 분석해서 새로운 가설을 세울 것입니다.

이 과정에서 계산이 간단하다는 것이 '유용한 결과를 얻어내지 못한 이유'를 분석하는 데에 장점으로 작용합니다. '1.1 업무상에서 데이터 과학이 하는 역할'에 나왔던 그림 1.4(8페이지)를 보면서 설명했던 것과 같이 데이터 과학은 어디까지나 가설·검증을 반복하는 과학적 접근입니다. 일단은 간단한 가설을 토대로 '왜 그 가설은 틀렸는가'에 대한 이유를 알아냄으로써 데이터에 숨겨진 본질적인 사실을 발견해 갈 수 있게 됩니다.

3.1.2 우도함수로 파라미터를 평가한다

이번 절에서는 식 (3.5)(3.6)에 포함된 파라미터를 평가할 기준을 설정하겠습니다. 이 작업은 3단계 중 단계(2)에 해당하는 부분입니다.

여기서 '트레이닝 셋에 포함되는 데이터 $\{(x_n, t_n)\}_{n=1}^{N}$을 얻을 수 있는 확률'을 식 (3.5)(3.6)을 사용하여 계산해 보겠습니다[2]. 이 작업에 대해 설명하자면 이미 주어진 결과를 보고 나서 그 확률을 생각해보는 것이라고 말할 수 있습니다. 예를 들어 주사위 2개를 던졌을 때 어떤 숫자가 나올것인가에 대한 확률은 일반적으로 쉽게 계산할 수 있을 것입니다. 그러나 지금 여기서 하려는 작업은 주사위를 던져서 만약에 1이 나왔을 때 그 확률을 구하여 '자신이 얼마나 흔치 않은 체험을 했는지' 알아보는 것입니다.

어떤 특정의 관측점 x_n에서 t_n값이 얻어질 확률은 식 (3.5)에 $t=t_n$을 대입하고 이것을 아래의 식에 대입한 형태로 나타냅니다.

$$\mathcal{N}(t_n \mid f(x_n), \sigma^2) = \frac{1}{\sqrt{2\pi\sigma^2}} \, e^{-\frac{1}{2\sigma^2}\{t_n - f(x_n)\}^2} \tag{3.7}$$

모든 관측점 $\{x_n\}_{n=1}^{N}$에서 해당 값이 얻어질 확률, 즉 전체적으로 트레이닝 셋 $\{(x_n, t_n)\}_{n=1}^{N}$의 데이터가 얻어질 확률 P를 구하려면 각각의 확률을 모두 곱합니다.

$$
\begin{aligned}
P &= \mathcal{N}(t_1 \mid f(x_1), \sigma^2) \times \cdots \times \mathcal{N}(t_N \mid f(x_N), \sigma^2) \\
&= \prod_{n=1}^{N} \mathcal{N}(t_n \mid f(x_n), \sigma^2)
\end{aligned}
\tag{3.8}
$$

---

2 실제 데이터 개수는 N=10이지만 여기서는 일반적인 N이라고 생각하고 계산을 진행하겠습니다.

이 확률은 파라미터 ($\{w_m\}_{m=0}^{M}$와 σ)에 의해 값이 변화하므로 이들 파라미터에 관한 함수라고 생각할 수 있습니다. 이처럼 '트레이닝 셋 데이터가 얻어질 확률'을 파라미터에 관한 함수라고 간주한 것을 우도함수라고 부릅니다.

그리고 여기서 다음과 같은 가설을 세워보겠습니다.

"관측된 데이터(트레이닝 셋)는 발생 확률이 가장 높은 데이터임에 틀림없다."

이 가설이 참이라는 보장은 없지만 어쨌든 이 가설이 맞다고 생각하고 식 (3.8)로 계산되는 확률 P가 최대가 되도록 하는 파라미터를 결정하는 기법을 '최우추정법'이라고 부릅니다. '트레이닝 셋 데이터를 관측했을 때 발생 확률이 낮은(매우 흔치 않은) 값이 얻어질수록 자신은 운이 좋지 않다'라고 여기는 것입니다. 이 방법으로 얼마나 적절한 결과가 얻어질지는 나중에 생각하기로 하고 일단 이상의 방침에 따라 파라미터 값을 결정해 봅시다.

이후에는 식 (3.8)의 우도함수 P를 최대로 만드는 파라미터를 구하기 위해 순수하게 수학적으로 계산하는 작업을 진행하겠습니다. 수학적으로 말하면 '우도함수의 최대화 문제'를 푸는 것입니다. 이 문제도 종이와 연필을 가지고 수계산으로 수식을 변형해가며 답을 구할 수 있습니다.

[수학을 배우는 작은 방]

식 (3.8)의 확률 P를 최대로 만드는 파라미터를 구하기 위해서는 일단 식 (3.7)을 식 (3.8)에 대입하여 정리합니다.

$$
\begin{aligned}
P &= \prod_{n=1}^{N} \frac{1}{\sqrt{2\pi\sigma^2}} \, e^{-\frac{1}{2\sigma^2}\{t_n - f(x_n)\}^2} \\
&= \left(\frac{1}{2\pi\sigma^2}\right)^{\frac{N}{2}} \exp\left[-\frac{1}{2\sigma^2}\sum_{n=1}^{N}\{t_n - f(x_n)\}^2\right]
\end{aligned}
\tag{3.9}
$$

여기서 식 (3.9)에 있는 지수함수 안쪽을 보면 최소제곱법에서 사용했던 오차의 제곱의 합과 동일한 것이 포함돼 있다는 것을 알 수 있습니다. 오차의 제곱의 합은 아래와 같이 정의됩니다.

$$E_D = \frac{1}{2}\sum_{n=1}^{N}\{f(x_n)-t_n\}^2 \tag{3.10}$$

이것을 사용하면 우도함수를 다음과 같이 표현할 수 있습니다.

$$P = \left(\frac{1}{2\pi\sigma^2}\right)^{\frac{N}{2}} e^{-\frac{1}{\sigma^2}E_D} \tag{3.11}$$

여기서 파라미터에 대한 의존성을 확인하겠습니다. 식 (3.11)에는 파라미터 σ가 $1/\sigma^2$이라는 분수 형태로 포함되어 있습니다. 그럼 나중에 간단히 계산할 수 있도록 아래와 같이 변형해 보겠습니다.

$$\beta = \frac{1}{\sigma^2} \tag{3.12}$$

이렇게 놓고 σ 대신 β를 파라미터로 간주하고 계산을 진행합니다. 그리고 오차의 제곱의 합 E_D는 다항식의 계수 $\mathbf{w}=(w_0, \cdots, w_m)^T$에 의존하므로 파라미터 $(\beta, \mathbf{w})$에 대한 의존성은 아래와 같이 명시적으로 표현할 수 있습니다.

$$P(\beta, \mathbf{w}) = \left(\frac{\beta}{2\pi}\right)^{\frac{N}{2}} e^{-\beta E_D(\mathbf{w})} \tag{3.13}$$

이것을 최대로 만드는 $(\beta, \mathbf{w})$를 구하면 되는 것입니다. 여기서 더욱 계산하기 편하게 하기 위해 함수 P를 로그함수로 대체한 $\ln P$를 최대화하는 형식으로 바꿔보겠습니다.

$$\ln P(\beta, \mathbf{w}) = \frac{N}{2}\ln\beta - \frac{N}{2}\ln 2\pi - \beta E_D(\mathbf{w}) \tag{3.14}$$

로그함수는 단조증가함수이므로 $\ln P$를 최대로 만드는 것과 P를 최대로 만드는 것은 동일한 의미를 가집니다. 일반적으로 $\ln P$를 대수우도함수라고 부릅니다.

대수우도함수를 최대로 만드는 $(\beta, \mathbf{w})$는 아래의 조건에 의해 결정됩니다.

$$\frac{\partial (\ln P)}{\partial w_m} = 0 \qquad (m = 0, \cdots, M) \tag{3.15}$$

$$\frac{\partial (\ln P)}{\partial \beta} = 0 \tag{3.16}$$

일단 식 (3.14)를 식 (3.15)에 대입하면 아래의 식이 얻어집니다.

$$\frac{\partial E_D}{\partial w_m} = 0 \quad (m = 0, \cdots, M)$$

(3.17)

이것은 오차의 제곱의 합을 최소로 만드는 조건과 완전히 동일한 조건이므로 '2.1.3 오차함수를 최소화할 수 있는 조건'에서 했던 것과 동일한 계산 과정을 거치게 되고 최소제곱법과 동일한 결과가 얻어집니다. 즉 다항식의 계수 $\{w_m\}_{m=0}^{M}$는 최소제곱법과 동일한 값으로 결정됩니다.

한편 식 (3.14)를 식 (3.16)에 대입하면 아래와 같은 관계식이 얻어집니다.

$$\frac{1}{\beta} = \frac{2E_D}{N}$$

(3.18)

이 식에 식 (3.12)를 대입하면 표준편차 σ를 결정하는 식이 얻어집니다.

$$\sigma = \sqrt{\frac{1}{\beta}} = \sqrt{\frac{2E_D}{N}} = E_{\text{RMS}}$$

(3.19)

이때 E_{RMS}는 '2.1.4 예제 코드로 확인한다'에서 본 식 (2.20)에 정의한 평균 제곱근 오차입니다. 즉 식 (3.19) 는 '다항식을 통해 추정되는 값 $f(x_n)$과 트레이닝 셋 데이터의 평균 오차'를 표준편차 σ의 추정값으로 정 한다는 것을 의미합니다.

3.1.3 예제 코드로 확인한다

이제 우도함수 P를 최대로 만드는 파라미터를 계산하여 얻어낼 수 있게 됐습니다. 3단계 중 단계(3)까지 무사히 마친 것입니다. 여기서 다시 한 번 계산 결과를 공식 으로 정리해 보겠습니다. 일단 다항식의 계수는 최소제곱법과 동일한 값이 도출된 다는 것을 알았습니다. 이것을 구체적으로 설명하면 아래의 식으로 계산할 수 있 다고 할 수 있습니다.

$$\mathbf{w} = (\boldsymbol{\Phi}^\top \boldsymbol{\Phi})^{-1} \boldsymbol{\Phi}^\top \mathbf{t}$$

(3.20)

t는 트레이닝 셋에 포함되는 목적변수를 나열한 벡터 t=$(t_1, \cdots, t_N)^\top$이고 Φ는 N개
의 관측점 $\{x_n\}_{n=1}^{N}$에서 각각을 0~M 제곱한 값을 나열한 행렬입니다.

$$\Phi = \begin{pmatrix} x_1^0 & x_1^1 & \cdots & x_1^M \\ x_2^0 & x_2^1 & \cdots & x_2^M \\ \vdots & \vdots & \ddots & \vdots \\ x_N^0 & x_N^1 & \cdots & x_N^M \end{pmatrix} \tag{3.21}$$

그리고 표준편차는 평균 제곱근 오차와 동일합니다.

$$\sigma = E_{\text{RMS}} = \sqrt{\frac{1}{N} \sum_{n=1}^{N} \left(\sum_{m=0}^{M} w_m x_n^m - t_n \right)^2} \tag{3.22}$$

최소제곱법과 전혀 다른 접근 방법으로 계산했음에도 불구하고 최소제곱법과 동
일한 다항식이 얻어졌다는 사실은 매우 흥미로운 결과라고 할 수 있습니다. 우도
함수 안에 오차의 제곱의 합인 E_D가 포함되어 있다는 것이 그 원인인데 진짜 원인
은 정규분포의 함수의 형태(3.5)에 있습니다. 따라서 최소제곱법은 최우추정법 중
에서도 정규분포의 오차를 가정하는 특별한 경우에 적용시키는 것이라고 생각하
면 됩니다.

그럼 예제를 사용하여 실제로 그래프를 그려보겠습니다. 최우추정법으로 얻어진
다항식 $f(x)$는 최소제곱법과 동일한 것이므로 그래프를 다시 그릴 필요가 없을 것
같지만 이번에는 식 (3.22)로 표준편차 σ도 계산할 수 있다는 점이 다릅니다. 이
표준편차 σ는 $f(x)$를 중심으로 하여 값이 얼마나 흩어져 있는지를 나타냅니다. 따
라서 $y=f(x)$ 그래프에 추가로 $y=f(x) \pm \sigma$ 그래프를 그린다면 그림 3.3에 나온 '종
모양'이 얼마나 양옆으로 늘어나는지를 확인할 수 있습니다.

아래와 같이 예제 코드 '03-maximum_likelihood.py'를 실행합니다.

```
$ ipython Enter
In [1]: cd ~/ml4se/scripts Enter
In [2]: %run 03-maximum_likelihood.py Enter
```

위의 명령을 실행하면 그림 3.5와 그림 3.6과 같은 그래프가 표시됩니다. 일단 그림 3.5는 최소제곱법으로 계산한 결과('2.1.4 예제 코드로 확인한다'의 그림 2.2)와 비슷한데 표준편차의 폭을 나타내는 점선 그래프가 위아래에 추가되어 있다는 것이 다릅니다. 그래프에 써 있는 'sigma' 값은 식 (3.22)로 계산된 표준편차 값입니다.

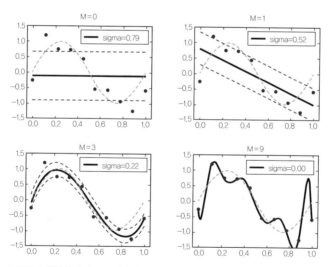

그림 3.5 최우추정법으로 계산한 추정 결과(표준편차 포함)

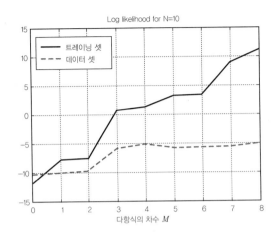

그림 3.6 트레이닝 셋과 테스트 셋에서의 대수우도 변화 비교

이 그래프를 보면 다항식의 형태로 예측된 값과 트레이닝 셋에 포함된 관측 데이터 사이의 오차가 표준편차로 표현된다는 것을 알 수 있습니다. 평균 제곱근 오차를 표준편차의 추정값으로 적용했기 때문에 관측 데이터가 표준편차의 범위 내에 거의 다 들어와 있습니다.

그러나 이것은 트레이닝 셋에 포함되는 데이터만을 가지고 이야기한 것입니다. 이후 새로 발생되는 데이터가 여기서 추정한 표준편차의 범위 내에 들어올지 들어오지 않을지는 아무도 모릅니다. 예를 들어 $M=9$인 경우 다항식 그래프는 모든 데이터 점을 지나고 있고 표준편차는 0입니다. 그러나 이후 새로운 데이터가 다항식 값에 정확히 일치할 것이라고는 생각할 수 없고 이때 오버 피팅이 반드시 발생합니다.

오버 피팅의 발생을 검출하려면 '2.2 오버 피팅 검출'에서 했던 것과 같은 방법을 사용합니다. 트레이닝 셋과는 별개로 테스트 셋을 준비하고 이 테스트 셋에 대한 예측 정확도를 확인하는 것입니다. 최소제곱법을 실시한 결과를 그림 2.8과 같이 트레이닝 셋과 테스트 셋 각각에 대한 평균 제곱근 오차의 그래프로 확인합니다. 최우추정법에서는 대상이 되는 데이터가 얻어질 확률, 즉 우도함수 값의 변화를 확인합니다. 구체적으로 이야기하면 트레이닝 셋이나 테스트 셋에 포함되는 데이터 $\{(x_n, t_n)\}_{n=1}^{N}$를 식 (3.8)에 대입하여 계산합니다. 대상 데이터가 얻어질 확률이 높다는 것은 그만큼 예측 정확도가 높다는 것을 의미합니다.

앞서 본 예제 코드는 '2.2.2 테스트 셋으로 검증한 결과'에 있는 그림 2.7과 마찬가지로 미리 준비한 테스트 셋을 사용하여 각각에 대한 대수우도함수(우도함수의 로그값)를 계산합니다. 우도함수는 값이 크게 변동하므로 그래프로 보기 쉽게 하기 위해 로그값으로 계산한 것입니다. 그리고 그림 3.6은 다항식의 차수를 변화시키면서 대수우도함수가 어떻게 변화하는지를 나타낸 결과입니다. 다항식의 차수 $M=3$을 넘어간 부분부터는 테스트 셋에 대한 대수우도값이 증가하지 않게 되며 $M=3$ 부분에서 오버 피팅이 발생한다는 것을 알 수 있습니다.

그리고 이 예제 코드는 그림 3.7에 나온 부분을 수정하여 데이터 개수 N과 그래프로 나타낼 다항식의 차수 M을 지정할 수 있습니다. 예를 들어 'N=100'이라고 지정하면 $0 \leq x \leq 1$ 구간이 99등분되어 100군데의 관측점이 설정됩니다. 다항식의 차수는 $M=[0,1,3,9]$ 부분에 지정하며 4종류의 값을 지정할 수 있습니다. 최소제곱법과 마찬가지로 $M \langle N$의 범위 안에 들어가는 값으로 설정하기 바랍니다.

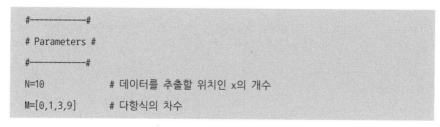

```
#————————#
# Parameters #
#————————#
N=10              # 데이터를 추출할 위치인 x의 개수
M=[0,1,3,9]       # 다항식의 차수
```

그림 3.7 '03-maximum_likelihood.py' 코드 중 파라미터 설정 부분

그림 3.8과 그림 3.9는 N=100으로 지정하여 실행한 결과입니다. 최소제곱법의 경우와 마찬가지로 데이터 개수가 늘어나니 오버 피팅이 줄었습니다. 트레이닝 셋도 테스트 셋도 $M=3$을 넘어가면 대수우도는 그 이상 증가하지 않게 됩니다.

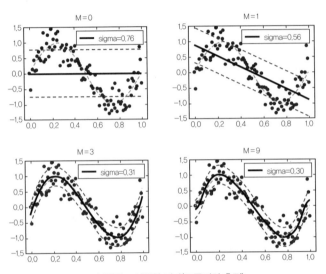

그림 3.8 N=100으로 설정하고 실행한 결과(표준편차 추정)

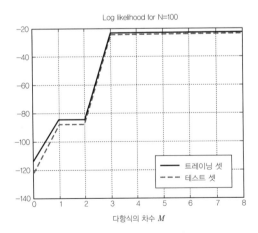

그림 3.9 N=100으로 설정하고 실행한 결과(대수우도값이 변화하는 모습)

이렇게 하여 [예제 1]에 최우추정법을 적용해 봤습니다. 그림 3.5 혹은 그림 3.8을 보면 그럴듯한 결과가 얻어진 것을 확인할 수 있습니다. 그러나 '우도함수를 최대화하는 파라미터를 결정한다'라는 기본 원리에 관해서는 아직 이해가 되지 않을 수도 있습니다.

다음 절에서는 조금 더 단순한 예를 보면서 최우추정법에 대한 감각을 익히도록 해보겠습니다.

3.2 단순한 예로 설명한다

이번 절에서는 [예제 1]을 조금 더 단순화해 보겠습니다. [예제 1]에서는 여러 관측점 $\{x_n\}_{n=1}^N$에서의 관측값을 예측하는 것이 목표였지만 이 절에서는 관측점을 하나로 고정시켜 생각해 보겠습니다. 예를 들어 $x=0.5$라는 관측점에서 반복하여 관측값 t를 얻어내면 하나의 값을 중심으로 흩어진 데이터 집합인 $\{t_n\}_{n=1}^N$를 얻을 수 있습니다(그림 3.10).

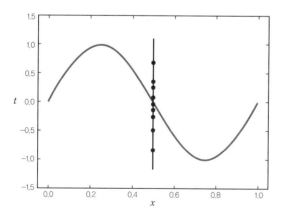

그림 3.10 특정 관측점에서 반복하여 추출한 데이터

그런 다음 이 데이터가 평균 μ와 표준편차 σ로 구성된 정규분포를 따르며 흩어져 있다고 가정하고 μ와 σ 값을 최우추정법으로 추정하겠습니다. 이전 절에서 설명한 최우추정법 계산 절차를 떠올리며 풀어가겠습니다.

3.2.1 정규분포의 파라메트릭 모델

평균 μ와 표준편차 σ로 구성된 정규분포를 따른다는 가정에 의해 어떤 특정 데이터 $t=t_n$이 얻어질 확률은 아래의 식으로 표현됩니다.

$$N(t_n \mid \mu, \sigma^2) = \frac{1}{\sqrt{2\pi\sigma^2}} \, e^{-\frac{1}{2\sigma^2}(t_n - \mu)^2} \tag{3.23}$$

모든 관측점 $\{t_n\}_{n=1}^{N}$을 한꺼번에 고려하면 데이터 집합이 얻어질 확률 P는 각각의 확률의 곱으로 나타낼 수 있습니다.

$$\begin{aligned} P &= N(t_1 \mid \mu, \sigma^2) \times \cdots \times N(t_N \mid \mu, \sigma^2) \\ &= \prod_{n=1}^{N} N(t_n \mid \mu, \sigma^2) \end{aligned} \tag{3.24}$$

이 확률은 μ와 σ 이렇게 2개의 파라미터에 의존합니다. 즉 μ와 σ가 변수인 우도함수 P가 얻어진 것입니다. 그 다음은 P를 최대로 만드는 μ와 σ 값을 구해서 그것들을 각각 평균과 표준편차의 추정값이라고 정하는 것입니다.

[수학을 배우는 작은 방]

식 (3.24)에 나온 P를 최대로 만드는 파라미터를 구하기 위해 일단 식 (3.23)을 식 (3.24)에 대입하여 정리합니다.

$$P = \prod_{n=1}^{N} \frac{1}{\sqrt{2\pi\sigma^2}} e^{-\frac{1}{2\sigma^2}(t_n-\mu)^2}$$

$$= \left(\frac{1}{2\pi\sigma^2}\right)^{\frac{N}{2}} \exp\left\{-\frac{1}{2\sigma^2}\sum_{n=1}^{N}(t_n-\mu)^2\right\} \tag{3.25}$$

식 (3.25)에는 파라미터 σ가 $1/\sigma^2$이라는 형태로 포함되어 있으므로

$$\beta = \frac{1}{\sigma^2} \tag{3.26}$$

식 (3.26)과 같이 정의해 놓고 σ 대신 β를 파라미터로 사용하여 계산을 진행합니다. 그리고 더욱 간단히 계산할 수 있도록 대수우도함수 $\ln P$를 최대화합니다.

$$\ln P = \frac{N}{2}\ln\beta - \frac{N}{2}\ln 2\pi - \frac{\beta}{2}\sum_{n=1}^{N}(t_n-\mu)^2 \tag{3.27}$$

로그함수는 단조증가함수이므로 $\ln P$를 최대로 만드는 파라미터값은 P를 최대로 만드는 파라미터값과 동일합니다.

$$\frac{\partial(\ln P)}{\partial\mu} = 0 \tag{3.28}$$

$$\frac{\partial(\ln P)}{\partial\beta} = 0 \tag{3.29}$$

식 (3.28)의 좌변은 식 (3.27)을 사용하여 다음과 같이 계산됩니다.

$$\frac{\partial(\ln P)}{\partial\mu} = \beta\sum_{n=1}^{N}(t_n-\mu) = \beta\left(\sum_{n=1}^{N}t_n - N\mu\right) \tag{3.30}$$

따라서 식 (3.28)에서 μ 값은 아래와 같이 결정됩니다.

$$\mu = \frac{1}{N}\sum_{n=1}^{N}t_n \tag{3.31}$$

식 (3.31)의 우변은 관측 데이터 $\{t_n\}_{n=1}^N$의 평균값(표본평균)입니다. 즉 데이터가 따르는 정규분포의 평균의 추정값으로써 관측 데이터의 표본평균을 사용한다는 것을 의미합니다.

이번에는 식 (3.27)을 사용하여 식 (3.29)의 좌변을 아래와 같이 계산합니다.

$$\frac{\partial (\ln P)}{\partial \beta} = \frac{N}{2\beta} - \frac{1}{2}\sum_{n=1}^N (t_n - \mu)^2 \tag{3.32}$$

이렇게 하여 식 (3.29)로부터 $1/\beta$(즉 σ^2)이 아래와 같이 구해진 것입니다. 이 식의 μ에는 식 (3.31)에서 계산한 값을 대입할 것입니다.

$$\sigma^2 = \frac{1}{\beta} = \frac{1}{N}\sum_{n=1}^N (t_n - \mu)^2 \tag{3.33}$$

식 (3.33)의 우변은 관측 데이터 $\{t_n\}_{n=1}^N$의 분산(표본분산)이 됩니다. 따라서 분산 σ^2의 추정값으로써 관측 데이터의 표본분산을 사용한다는 것을 의미합니다.

3.2.2 예제 코드로 확인한다

이렇게 하여 최우추정법을 통해 μ와 σ의 추정값이 정해졌습니다. 이들에 관한 식을 공식으로 정리하면 아래와 같습니다.

$$\mu = \frac{1}{N}\sum_{n=1}^N t_n \tag{3.34}$$

$$\sigma^2 = \frac{1}{N}\sum_{n=1}^N (t_n - \mu)^2 \tag{3.35}$$

여기서는 이후의 설명을 이해하기 쉽게 하기 위해 계산식을 표준편차 σ 대신 분산 σ^2으로 나타냈습니다. 식 (3.34)와 식 (3.35)의 우변은 각각 관측 데이터 $\{t_n\}_{n=1}^N$로부터 계산된 평균과 분산값, 다시 말하면 표본평균과 표본분산을 나타냅니다. 이에 대해 풀어서 설명하자면 데이터가 따르는 정규분포의 평균과 분산을 표본평균과 표본분산으로 대체한 것입니다. 그리고 이 표본평균과 표본분산은 관측 데이터들의 평균과 분산입니다. 그래서 물론 이러한 추정값이 반드시 '정답'을 줄 것이라는 보장은 없습니다. 이제 이들 표본평균과 표본분산이 어느 정도로 정확하게 추정된 값들인지 예제 코드를 실행하여 확인해 봅시다.

여기서 조금 세세한 이야기를 하자면 여기서 '정답'이라는 단어는 그 의미가 조금 애매합니다. 정답이라고 판단할 기준이 변할 수 있기 때문입니다. 지금 우리는 '데이터를 생성하기 위해 이용한 분포에서와 동일한 값'이 얻어지는지에 대해 이야기하고 있습니다. 통계학의 세계에서는 이 동일한 값을 '진짜 모수'라고 부릅니다[3]. 그러나 더욱 엄밀함을 추구하는 통계학자라면 이 값에 대해 '표본평균과 표본분산을 가지고 계산한 추정값은 진짜 모수와 반드시 일치하지는 않는다'라고 이야기할 것입니다.

이제 예제 코드로 돌아옵니다. 예제 코드 '03-ml_gauss.py'는 먼저 평균 0과 표준편차 1인 정규분포를 따르는 난수를 가지고 관측값의 집합 $\{t_n\}_{n=1}^{N}$을 생성합니다. 그 다음 식 (3.34)와 식 (3.35)를 사용하여 평균 μ와 표준편차 σ의 추정값을 계산합니다. 마지막으로 정답이 될 '평균 0과 표준편차 1'로 구성된 정규분포 그래프를 표시하고 추정값 '평균 μ와 표준편차 σ'로 구성된 정규분포 그래프도 함께 표시합니다.

예제 코드를 실행하는 절차는 아래와 같습니다.

```
$ ipython Enter
In [1]: cd ~/ml4se/scripts Enter
In [2]: %run 03-ml_gauss.py Enter
```

---

3 우리나라 통계학에서 진짜 모수라는 단어는 사용하지 않습니다. 그대신 불편추정량이라는 단어를 동일한 의미로 사용합니다. 그러나 혼란을 막기 위해 진짜 모수라는 단어를 계속 사용할 것이므로 이 점 양해하기 바랍니다.

이 예제 코드를 실행하면 그림 3.11과 같은 그래프가 표시됩니다.

데이터 개수 N을 각각 $N=2, 4, 10, 100$ 이렇게 4종류로 지정하여 각각의 결과를 그래프로 나타냈습니다. 점선 그래프가 정답인 '평균 0과 표준편차 1'로 구성된 정규분포 그래프이고 실선 그래프가 추정값 '평균 μ와 표준편차 σ'로 구성된 정규분포 그래프입니다. 그래프상의 검은 점은 얻어진 관측값을 나타냅니다.

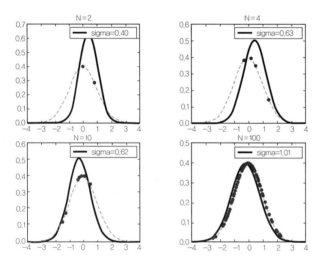

그림 3.11 최우추정법으로 추정한 결과로 나타난 정규분포

이 그래프들을 보면 데이터 개수 N이 증가함에 따라 추정 결과가 더욱 정답(진짜 모수)에 가까워진다는 것을 알 수 있습니다. 데이터 개수가 적을 경우에는 그 데이터가 따르는 정규분포를 정확하게 구할 수 없습니다. 따라서 주어진 데이터를 가지고 계산하여 정규분포의 전체 모습을 복원하기는 어렵다는 것을 알 수 있습니다.

그림 3.11에 나온 각각의 그래프에 있는 'sigma' 값은 표준편차 σ의 추정값을 나타냅니다. $\sigma=1$인 정규분포에서 추출한 데이터임에도 불구하고 데이터 개수 N이 작을 경우에는 σ값은 그보다 작게 추정됩니다. 이것은 정규분포의 완만한 양쪽 끝 부분에 있는 값은 발생 확률이 낮으므로 이 부근의 데이터는 얻기 힘들기 때문이라고 말할 수 있습니다. 데이터 개수가 적을 경우에는 표준편차가 작게 추정되는 것입니다.

3.2.3 추정량을 평가하는 방법(일치성과 불편성)

이전 절에서 확인한 결과로부터 최우추정법은 반드시 정답(진짜 모수)을 제공하는 것은 아니라는 것을 알게 됐습니다. 물론 이것은 최우추정법에 국한된 이야기는 아닙니다. 이제까지 데이터 과학의 목적이란 '과거의 데이터를 이용하여 미래를 예측하는 것'이라는 이야기를 해왔습니다. 이 말은 '유한 개수의 데이터로부터 그 데이터의 배경에 존재하는 일반적인 사실을 추측하는 것'이라고 바꾸어 말할 수 있을 것입니다. 어디까지나 이 작업은 추측을 하는 것이므로 다양한 추측 방법이 있을 것이고 각각의 추측 방법에는 장점과 단점이 있습니다. 머신러닝으로 얻어진 결과를 무조건 믿을 것이 아니라 테스트 셋으로 검증도 하고 교차검증(cross validation)으로 모델의 일반화 능력을 평가하는 작업도 할 필요가 있습니다.

단, 그림 3.11에 나온 결과는 조금 다른 관점에서 볼 수도 있습니다. 물론 최우추정법, 즉 식 (3.34)와 식 (3.35)로 계산된 결과를 테스트 셋으로 검증하는 것은 가능합니다. 그러나 이번 예의 경우 '표준편차 σ(분산 σ^2)의 추정값은 실제 값보다 작아지는 경향이 있다'라는 사실을 처음부터 알고 있었습니다. 그렇다면 식 (3.35)로 계산되는 값은 그대로 채용할 것이 아니라 이것을 조금 증가시킨 값을 분산의 추정값으로 채용할 수도 있을 것입니다.

그러나 이것을 얼마나 증가시켜야 할지를 판단할 지표가 필요할 것입니다. 이때 등장하는 것이 '추정량의 평가 방법'입니다. 어떤 이론에 근거하여 추정값을 계산할 방법이 얻어졌을 경우 그 계산 방법을 '추정량'이라고 부릅니다. 이 추정량과 구체적인 데이터로부터 계산된 값(추정값)을 구별하기 위해 추정량이라고 부르는 것입니다. 그리고 다양한 추정량 중에서도 '일치성'과 '불편성'을 가지는 것은 바람직한 추정량이라고 여깁니다.

추정량의 일치성과 불편성은 머신러닝에서만 사용하는 것이 아니라 순수한 통계학의 세계에서 다루는 개념인데 여기서는 앞에서 본 예를 사용하여 설명하겠습니다. 그림 3.11을 보면 알 수 있듯이 관측하는 데이터 개수 N을 증가시켜가면 μ와 σ^2의 추정값은 진짜 모수인 0과 1에 가까워져 갑니다. 이처럼 데이터 개수를 증가시킴으로써 진짜 모수에 가까워지는 것을 '일치성'이라고 부릅니다.

이후 '3.3 부록-표본평균·포본분산의 일치성과 불편성'에서 설명하겠지만 식 (3.34)와 식 (3.35)의 추정량은 일치성을 가진다는 것이 수학적으로도 증명됩니다. 일반적으로 일치성을 가지는 추정량을 '일치추정량'이라고 부릅니다.

이제 '불편성'에 관해서 설명하겠습니다. 예를 들어 그림 3.11에서 $N{=}4$인 경우의 예에서는 4개의 관측값을 얻어서 이들을 식 (3.34)와 식 (3.35)에 대입하여 μ와 σ^2의 추정량을 계산했습니다. 여기서 다시 한 번 새로운 4개의 관측값을 얻어서 새로운 추정값을 계산합니다. 이렇게 '4개의 관측값을 얻어서 이들로부터 추정값을 계산하는' 작업을 반복하면 각각 다른 추정값이 얻어질 것입니다. 이렇게 여러 번의 계산으로 얻어진 추정값 모두를 합하여 평균값을 계산하면 어떻게 될까요?

결론부터 이야기하자면 추정값의 개수를 늘려가면 'μ'의 추정값의 평균'은 진짜 모수인 0에 가까워져갑니다. 이것은 불편성을 보여주는 예라고 할 수 있습니다. 그러나 'σ^2의 추정값의 평균'은 진짜 모수 1보다 작은 값에 가까워져 갑니다. 이것은 불편성을 가지지 않는 것을 보여주는 예입니다. 일반적으로 불편성이 있는 추정량이라는 것은 '여러 번 추정을 반복했을 때 추정값의 평균이 진짜 모수에 가까워져 간다'는 성질을 가지는 것을 말합니다. 불편성을 갖는 추정량을 '불편추정량'이라고 부릅니다.

불편성이 있는 추정량과 없는 추정량의 차이를 그림 3.12에 나타냈습니다. 식 (3.35)로 계산된 σ^2은 데이터의 개수가 충분히 많으면 진짜 모수에 가까운 값이 얻어지는데 전체적으로는 진짜 모수보다 작아지는 경향이 있고 불편성이 성립하지 않습니다. 불편성을 가지는 추정량이라는 것은 데이터의 개수가 적을 경우 진짜 모수에서 벗어날 가능성도 있기는 하지만 '(대략적으로 이야기하면) 큰 쪽 방향으로 벗어나는 경우와 작은 쪽 방향으로 벗어나는 경우가 균일하게 발생한다'는 것을 의미합니다.

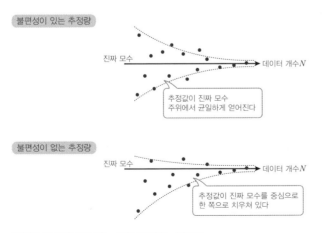

그림 3.12 불편성이 있는 추정량과 없는 추정량

사실은 (3.35)를 수정하여 분산 σ^2을 불편성이 있는 추정량으로 만들 방법이 있습니다. 이후에 나올 '3.3 부록–표본평균·표본분산의 일치성과 불편성'에서 설명하겠지만 식 (3.35)의 분모에 있는 N을 $N-1$로 바꾸고 계산하면 불편추정량이 얻어집니다. 이후 예제 코드로 수치 계산을 하여 그림 3.12의 내용을 그래프로 나타내 보겠습니다. 이 결과를 보면 사실 그림 3.12는 너무 단순하게 나타낸 것이라는 것을 알게 될 것입니다. 이 점에 대해서는 나중에 설명하겠습니다.

3.3 부록–표본평균·표본분산의 일치성과 불편성

이번 절에서는 식 (3.34)와 식 (3.35)로 계산되는 추정량의 일치성과 불편성을 수학적으로 확인해 보겠습니다. 그리고 예제 코드로 수치 계산을 하고 그래프로 나타내어 불편성이 어떻게 실현되는지도 확인해 보겠습니다.

3.3.1 표본평균·표본분산의 일치성과 불편성 증명

[수학을 배우는 작은 방]

식 (3.34)와 식 (3.35)의 추정량에 대해 일치성과 불편성을 확인하겠습니다. 수학적으로 엄밀하게 설명하기 위해 먼저 기호들을 정의하겠습니다. 평균이 μ이고 분산이 σ^2인 정규분포로부터 독립적으로 얻어진 N개의 데이터를 $\{x_n\}_{n=1}^{N}$라고 정의하고 이 데이터 집합의 표본평균과 표본분산을 아래와 같은 식으로 나타냅니다[4].

$$\overline{x}_N = \frac{1}{N}\sum_{n=1}^{N} x_n \tag{3.36}$$

$$S_N^2 = \frac{1}{N}\sum_{n=1}^{N}(x_n - \overline{x}_N)^2 \tag{3.37}$$

---

[4] 이전 절에서는 관측 데이터를 t_n으로 나타냈지만 일반적인 설명을 진행하기 위해 여기서는 더 일반적인 기호인 x_n을 사용하겠습니다.

이 값들이 μ와 σ^2에 대한 일치추정량이라는 사실을 수학적으로 표현한 식은 아래와 같습니다.

$$\forall \epsilon > 0 \; ; \; \lim_{N \to \infty} P(|\overline{x}_N - \mu| < \epsilon) = 1 \tag{3.38}$$

$$\forall \epsilon > 0 \; ; \; \lim_{N \to \infty} P(|S_N^2 - \sigma^2| < \epsilon) = 1 \tag{3.39}$$

위의 식들은 $\overline{x}_N$과 S_N^2이 각각 μ와 σ^2에 무한정 가까워질 확률이 1에 수렴한다는 사실을 보여줍니다. 특히 (3.38)은 표본평균이 모평균(모수 평균)에 수렴한다는 법칙을 나타냅니다.

그리고 불편성은 $\overline{x}_N$과 S_N^2의 기대값으로 표현됩니다.

$$E[\overline{x}_N] = \mu \tag{3.40}$$

$$E[S_N^2] = \frac{N-1}{N} \sigma^2 \tag{3.41}$$

식 (3.40)은 N개의 데이터를 모아서 $\overline{x}_N$을 계산하는 작업을 반복하면 그 평균이 μ에 가까워진다는 것을 나타냅니다. 즉 $\overline{x}_N$은 불편추정량이라고 말할 수 있습니다. 한편 식 (3.41)은 S_N^2은 불편추정량이 되지 않는다는 사실을 보여줍니다. 그 대신 아래와 같이 정의되는 추정량이 불편추정량이 됩니다.

$$U_N^2 = \frac{N}{N-1} S_N^2 = \frac{1}{N-1} \sum_{n=1}^{N} (x_n - \overline{x}_N)^2 \tag{3.42}$$

이것은 아래에 나오는 계산을 통해 쉽게 알 수 있습니다. 이제부터는 식 (3.42)로 정의되는 U_N^2를 불편분산이라고 부르겠습니다.

$$E[U_N^2] = \frac{N}{N-1} E[S_N^2] = \sigma^2 \tag{3.43}$$

이제 식 (3.38)에서 식 (3.41)까지를 제대로 계산해 보겠습니다. 각각의 x_n은 평균이 μ이고 분산이 σ^2인 정규분포로부터 얻어진 데이터이므로 아래의 식이 성립한다는 점에 주의하기 바랍니다.

$$E[x_n] = \mu \tag{3.44}$$

$$V[x_n] = E[(x_n - \mu)^2] = \sigma^2 \tag{3.45}$$

일단 불편성에 관한 식 (3.40)과 식 (3.41)은 식 (3.36)과 식 (3.37)을 사용하여 직접 계산할 수 있습니다. 식 (3.40)은 아래와 같이 계산됩니다.

$$E[\overline{x}_N] = \frac{1}{N}\sum_{n=1}^{N}E[x_n] = \frac{1}{N} \times N\mu = \mu \tag{3.46}$$

(3.41)은 아래와 같이 계산됩니다.

$$
\begin{aligned}
E[S_N^2] &= \frac{1}{N}\,E\left[\sum_{n=1}^{N}(x_n - \overline{x}_N)^2\right] \\
&= \frac{1}{N}E\left[\sum_{n=1}^{N}\{(x_n - \mu) - (\overline{x}_N - \mu)\}^2\right] \\
&= \frac{1}{N}E\left[\sum_{n=1}^{N}(x_n - \mu)^2\right] \\
&\quad - \frac{2}{N}E\left[\sum_{n=1}^{N}(x_n - \mu)(\overline{x}_N - \mu)\right] \\
&\quad + \frac{1}{N}E\left[\sum_{n=1}^{N}(\overline{x}_N - \mu)^2\right]
\end{aligned}
\tag{3.47}
$$

식 (3.47)의 첫째항과 둘째항은 아래와 같이 계산됩니다.

$$(\text{첫째 항}) = \frac{1}{N}\sum_{n=1}^{N}E[(x_n - \mu)^2] = \frac{1}{N}\times N\sigma^2 = \sigma^2 \tag{3.48}$$

$$
\begin{aligned}
(\text{둘째 항}) &= -\frac{2}{N}\,E\left[\sum_{n=1}^{N}(x_n - \mu)\left(\sum_{n'=1}^{N}\frac{x_{n'}}{N} - \mu\right)\right] \\
&= -\frac{2}{N}\,E\left[\sum_{n=1}^{N}(x_n - \mu)\sum_{n'=1}^{N}\frac{1}{N}(x_{n'} - \mu)\right] \\
&= -\frac{2}{N^2}\sum_{n=1}^{N}\sum_{n'=1}^{N}E[(x_n - \mu)(x_{n'} - \mu)] \\
&= -\frac{2}{N^2}\sum_{n=1}^{N}E[(x_n - \mu)^2] \\
&= -\frac{2}{N^2}\,N\sigma^2 = -\frac{2}{N}\sigma^2
\end{aligned}
\tag{3.49}
$$

이때 3번째 행과 4번째 행에서는 아래에 있는 식을 이용하여 변형한 것입니다.

각각의 데이터 x_n은 독립적으로 얻어진 것이므로 $n \neq n'$일 경우에 아래와 같은 관계가 성립합니다.

$$E[(x_n - \mu)(x_{n'} - \mu)] = E[x_n - \mu]\,E[x_{n'} - \mu] = 0 \tag{3.50}$$

셋째 항도 아래와 값이 계산할 수 있습니다.

$$
\begin{aligned}
(\text{셋째 항}) &= \frac{1}{N} \times NE\left[(\overline{x}_N - \mu)^2\right] \\
&= E\left[\left(\sum_{n=1}^{N}\frac{x_n}{N} - \mu\right)^2\right] \\
&= E\left[\sum_{n=1}^{N}\frac{1}{N}(x_n - \mu)\sum_{n'=1}^{N}\frac{1}{N}(x_{n'} - \mu)\right] \\
&= \frac{1}{N^2}\sum_{n=1}^{N}\sum_{n'=1}^{N}E[(x_n - \mu)(x_{n'} - \mu)] \\
&= \frac{1}{N^2}\sum_{n=1}^{N}E[(x_n - \mu)^2] \\
&= \frac{1}{N^2} \times N\sigma^2 = \frac{1}{N}\sigma^2
\end{aligned}
\tag{3.51}
$$

식 (3.48), 식 (3.49), 식 (3.51)을 식 (3.47)에 대입하면 식 (3.41)이 얻어집니다.

이어서 일치성을 나타내는 식 (3.38), 식 (3.39)를 증명할 차례입니다. 이들은 체비셰프의 부등식과 카이제곱 분포의 성질을 필요로 하므로 조금 어려운 내용이 될 것 같습니다.

따라서 대략적으로만 증명하겠습니다.

먼저 체비셰프의 부등식은 아래와 같이 나타낼 수 있습니다. 이 체비셰프 부등식은 기대값 $E[X]$와 분산 $V[X]$가 존재하는 임의의 확률변수 X에 관해 성립되는 관계식입니다.

$$
\forall \epsilon > 0 \; ; \; P(\,|X - E[X]| \geq \epsilon) \leq \frac{V[X]}{\epsilon^2}
\tag{3.52}
$$

여기에 나온 X에는 식 (3.36)에서 주어진 $\overline{x}_N$을 적용합니다. 이때 앞서 증명한 식 (3.40)과 함께 아래의 관계식을 이용합니다.

$$
\begin{aligned}
V[\overline{x}_N] &= V\left[\frac{1}{N}\sum_{n=1}^{N}x_n\right] = \frac{1}{N^2}V\left[\sum_{n=1}^{N}x_n\right] \\
&= \frac{1}{N^2}E\left[\left(\sum_{n=1}^{N}x_n - N\mu\right)^2\right] \\
&= \frac{1}{N^2}E\left[\sum_{n=1}^{N}(x_n - \mu)\sum_{n'=1}^{N}(x_{n'} - \mu)\right] \\
&= \frac{1}{N^2}\sum_{n=1}^{N}E[(x_n - \mu)^2] = \frac{1}{N^2} \times N\sigma^2 = \frac{\sigma^2}{N}
\end{aligned}
\tag{3.53}
$$

그러면 아래의 관계식이 얻어집니다.

$$\forall\,\epsilon > 0\,;\,P(|\,\overline{x}_N - \mu\,| \geq \epsilon) \leq \frac{\sigma^2}{N\epsilon^2} \tag{3.54}$$

이때 $N \to \infty$라는 극한을 적용하면 아래와 같은 식이 성립합니다. 이제 식 (3.38)과 비슷한 형태를 갖추게 됐습니다.

$$\forall\,\epsilon > 0\,;\,\lim_{N \to \infty} P(|\,\overline{x}_N - \mu\,| \geq \epsilon) = 0 \tag{3.55}$$

식 (3.39)는 식 (3.37)에서 주어진 S_N^2에 대해 NS_N^2/σ^2가 '자유도 $N-1$인 카이제곱 분포'를 따른다는 사실을 이용합니다. 이 사실로부터 S_N^2의 분산이 아래의 식을 통해 얻어집니다.

$$V[S_N^2] = \frac{2\sigma^4(N-1)}{N^2} \tag{3.56}$$

체비셰프의 부등식에 포함된 X에 S_N^2를 적용시키고 식 (3.41)과 식 (3.56)을 이용하면 다음 식을 얻을 수 있습니다.

$$\forall\,\epsilon > 0\,;\,P\left(\left|\,S_N^2 - \frac{N-1}{N}\sigma^2\,\right| \geq \epsilon\right) \leq \frac{2\sigma^4(N-1)}{\epsilon^2 N^2} \tag{3.57}$$

처음에 주어진 $\epsilon > 0$에 대하여 충분히 큰 N값을 취하면 아래의 식을 만족시키는 δ를 얻을 수 있습니다.

$$\delta = \sigma^2 - \frac{N-1}{N}\sigma^2 = \frac{1}{N}\sigma^2 < \epsilon \tag{3.58}$$

그림 3.13에 나온 2개의 영역의 포함관계를 고려하면서 이 δ를 사용하면 아래와 같은 관계가 성립한다는 것을 알 수 있습니다.

$$P(|\,S_N^2 - \sigma^2\,| \geq \epsilon) \leq P\left(\left|\,S_N^2 - \frac{N-1}{N}\sigma^2\,\right| \geq \epsilon - \delta\right)$$
$$\leq \frac{2\sigma^4(N-1)}{(\epsilon-\delta)^2 N^2} = \frac{2\sigma^4(N-1)}{\left(\epsilon - \frac{1}{N}\sigma^2\right)^2 N^2} \tag{3.59}$$

이때 $N \to \infty$라는 극한을 취하면 아래의 식이 성립합니다. 이렇게 하여 식 (3.39)가 도출됩니다.

$$\forall\,\epsilon > 0\,;\,\lim_{N \to \infty} P(|\,S_N^2 - \sigma^2\,| \geq \epsilon) = 0 \tag{3.60}$$

χ^2 분포에 관해서는 나중에 '3.3.2 예제 코드로 확인한다'에서도 조금 더 설명하겠습니다.

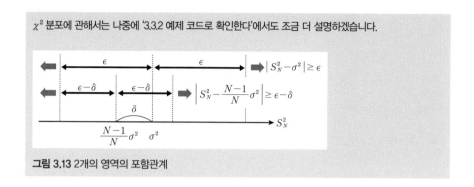

그림 3.13 2개의 영역의 포함관계

3.3.2 예제 코드로 확인한다

이제까지 3종류의 추정량이 등장했습니다. 이들 추정량은 정규분포를 따라 발생하는 관측 데이터 $\{x_n\}_{n=1}^{N}$를 계산하는 데에 사용됩니다.

- 표본평균: $\overline{x}_N = \dfrac{1}{N}\sum_{n=1}^{N} x_n$ (3.61)

- 표본분산: $S_N^2 = \dfrac{1}{N}\sum_{n=1}^{N} (x_n - \overline{x}_N)^2$ (3.62)

- 불편분산: $U_N^2 = \dfrac{1}{N-1}\sum_{n=1}^{N} (x_n - \overline{x}_N)^2$ (3.63)

여기서는 관측점을 한 곳에 고정하고 설명하겠으므로 관측 데이터를 나타낼 기호는 t_n이 아니라 더욱 일반적인 x_n을 사용하겠습니다. 이 x_n은 관측점을 나타내는 기호가 아니므로 주의하기 바랍니다.

표본평균과 표본분산은 일치추정량이며 관측 데이터 개수 N이 커지면 진짜 모수(관측 데이터를 생성하는 데에 사용된 정규분포의 평균 μ와 분산 σ^2)에 가까워지게 됩니다. 한편 표본평균은 불편추정량이지만 표본분산은 불편추정량이 아닙니다.

이는 'N개의 관측 데이터를 얻어서 이것을 가지고 표본분산을 계산하는' 작업을 여러 번 반복하고 그 과정에서 얻어진 표본분산들의 평균을 낸 값이 진짜 모수(분산 σ^2)에 가까워지지 않는다는 것을 의미합니다. 그 이유는 앞서 그림 3.12에서도 봤습니다. 그러나 실제로 수치 계산을 하여 그림 3.12에 해당하는 그래프를 그리면 조금 다른 모습이 나타납니다.

예제 코드 '03-estimator_bias.py'에서는 평균이 0이고 분산이 1인 정규분포에 따라 데이터를 무작위로 생성하여 식 (3.61)~(3.63)으로 표현된 추정값을 계산합니다. 이때 데이터 개수 N을 변화시키면서 다음과 같은 처리를 실시하여 그림 3.12에 해당하는 그래프를 작성합니다.

- 'N개의 데이터를 생성하여 추정값을 계산하는' 처리를 2,000번 반복한 후에 얻어진 2,000개의 추정값의 평균을 구한다
- 2,000개의 추정값에서 40개를 추출해서 그래프에 표시한다
- '추정값의 평균'을 그래프로 표시한다

일단 예제 코드를 실제로 실행하고 그 결과를 보기로 하겠습니다. 예제 코드를 실행하는 절차는 아래와 같습니다.

```
$ ipython Enter
In [1]: cd ~/ml4se/scripts Enter
In [2]: %run 03-estimator_bias.py Enter
```

이 예제 코드를 실행하면 창이 3개 열리고 그
림 3.14와 그림 3.15와 같은 그래프가 표시됩
니다.

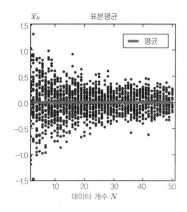

그림 3.14 관측을 반복했을 때 표본평균이 흩어져 나타나는
정도

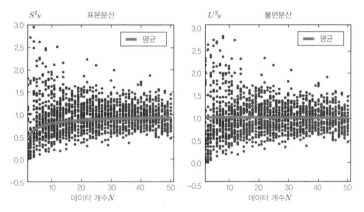

그림 3.15 관측을 반복했을 때 표본분산과 불편분산이 흩어져 나타나는 정도

먼저 그림 3.14는 표본평균 $\bar{x}_N$을 계산한 결과입니다. 데이터 개수 N이 작을 경우
40개의 추정값은 0을 중심으로 하여 위아래로 넓게 흩어져 있습니다. 데이터 개수
N이 커짐에 따라 흩어지는 넓이가 좁아진다는 것을 알 수 있습니다. 그러나 데이
터 개수 N이 크든 작든 관계없이 흩어짐의 중심은 0이므로 '추정값의 평균'을 나타
내는 직선은 항상 0을 나타내고 있습니다. 이것이 '표본평균은 불편추정량이다'라
는 것을 의미합니다.

한편 표본분산 S_N^2에 대한 결과인 그림 3.15의 왼쪽 그래프는 그 모양이 조금 달라 보입니다. 데이터 개수 N이 작은 부분을 보면 아래쪽은 밀집되어 있고 위쪽으로 갈수록 많이 흩어진다는 것을 알 수 있습니다. '데이터가 흩어지는 정도'가 그래프의 위쪽으로 갈수록 커지는 것입니다. 또한 대부분의 데이터는 그래프 아래쪽에 더 많이 존재하고 이들 데이터의 평균을 구하면 진짜 모수인 $\sigma^2=1$보다 작은 값을 얻게 됩니다. 데이터가 위쪽으로 많이 퍼지면서 평균값은 아래쪽 방향으로 벗어난다는 점에 주목하기 바랍니다.

사실 이것은 '3.3.1 표본평균 · 표본분산의 일치성과 불편성 증명'에서 NS_N^2/σ^2가 '자유도 $N-1$인 카이제곱 분포를 따른다'라고 이야기했던 것에 관련이 있습니다. 본래 표본분산 S_N^2은 양의 값만을 가지므로 데이터가 흩어지는 정도를 그래프로 나타내면 대칭 형태를 보이지 않습니다. 그림 3.16처럼 양의 방향으로 갈수록 평평해지는 분포가 카이제곱 분포입니다.

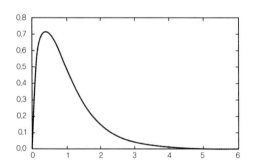

그림 3.16 카이제곱 분포의 확률밀도함수

그리고 표본분산 S_N^2 값을 $N/(N-1)$배하여 값이 커지는 방향으로 보정한 것이 불편분산 U_N^2입니다. 그림 3.15의 오른쪽 그래프에서 보여주는 결과인 불편분산 U_N^2을 보면 추정값의 평균을 나타내는 직선이 거의 일정하게 1을 지나가고 있는데 이는 U_N^2가 불편추정량이라는 사실을 의미하는 것입니다. 그러나 데이터가 흩어지는 정도는 대칭을 이루지 않습니다. 그림 3.16에 나타난 분포를 오른쪽으로 갈수록 확대한 것이므로 양의 방향으로 갈수록 분포의 오른쪽 방향에 있는 평평한 부분이 커지게 됩니다. 그림 3.12를 통해 대략적으로 알아봤을 때와는 상황이 조금 다르다는 것을 알 수 있습니다.

불편추정량이라는 것은 어디까지나 '추정을 여러 번 반복해서 얻어지는 평균값'의 성질이지 한 번의 관측으로 얻어진 데이터로 추정한 값의 정확성을 나타내는 것은 아닙니다. 머신러닝으로 얻어진 결과를 이용할 때에는 그 결과가 가지는 통계학적인 성질을 이해하는 것이 중요합니다.

04

퍼셉트론:
분류 알고리즘 기초

4.1 확률적 기울기 하강법 알고리즘
4.2 퍼셉트론을 기하학적으로 해석한다

이번 장에서는 분류 알고리즘의 기초인 퍼셉트론에 관해 알아보겠습니다. 사용할 예제는 '1.3.2 선형판별에 의한 신규 데이터 분류'에 나왔던 [예제 2]입니다. 이것은 그림 4.1에서 보는 것과 같이 $t=\pm1$인 2종류의 속성을 가진 데이터를 분류하는 직선을 발견하는 문제입니다. 예제의 '해설'에서 이야기했던 것처럼 처음에 주어진 데이터를 완전하게 분류하는 것은 불가능하므로 그 대신 어떤 기준을 세워서 최적이라고 생각되는 분할 방법을 결정해야 합니다.

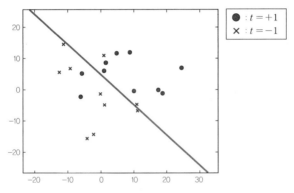

그림 4.1 속성값 $t=\pm1$을 가지는 데이터 집합

이때 어떤 기준을 세우는가에 따라 직선을 결정하는 알고리즘이 달라집니다. 여기서는 최소제곱법과 닮은 '오차함수'를 적용시키겠습니다. 그러나 최소제곱법과는 달리 '종이와 연필로 하는 손계산'만으로는 오차를 최소화하는 파라미터를 찾아낼 수 없습니다. 이때 등장하는 것이 수치계산을 사용하여 파라미터를 반복해서 수정해가는 '확률 기울기 하강법'[1]이란 계산법입니다. 드디어 머신러닝다운 알고리즘의 세계가 시작되는 것입니다.

---

1 영어로는 Stochastic gradient descent(SGD)라고 부릅니다.

4.1 확률적 기울기 하강법 알고리즘

퍼셉트론은 오차함수를 사용한 계산법인데 이것도 파라메트릭 모델의 3단계를 떠올리면 이해하기 쉽습니다. 조금 지겨운 내용이지만 3단계를 다시 한 번 보겠습니다.

(1) 파라미터를 포함한 모델(수식)을 설정한다.

(2) 파라미터를 평가할 기준을 정한다.

(3) 가장 적합하다고 평가할 수 있는 파라미터를 결정한다.

확률적 기울기 하강법도 이러한 3단계를 거쳐 구현됩니다.

4.1.1 평면을 분할하는 직선의 방정식

먼저 단계1로서 파라미터를 포함한 모델(수식)을 준비하겠습니다. 이번에는 (x, y) 평면상에 있는 데이터를 분류하는 직선을 구하는 것이 목적이므로 이 직선을 수식으로 표현합니다. 직선의 식이라고 하면 $y=ax+b$라는 형식을 떠올릴지도 모르겠지만 여기서는 x와 y를 대등하게 다루기 위해 아래와 같은 1차함수 $f(x, y)$를 준비합니다.

$$f(x, y) = w_0 + w_1 x + w_2 y \qquad (4.1)$$

이때 (x, y)평면을 분할하는 직선은 아래와 같은 식으로 표현됩니다.

$$f(x, y) = 0 \qquad (4.2)$$

그리고 그림 4.2에서 보는 바와 같이 분할된 2개의 영역은 함수 $f(x, y)$의 부호로 각각을 판별할 수 있습니다. 이 그림에서는 구체적인 예로 함수가 $f(x, y) = -10 + 3x + 2y$인 경우를 보여주고 있는데 경계선으로부터 멀어질수록 $f(x, y)$의 절댓값이 커진다는 것을 알 수 있습니다.

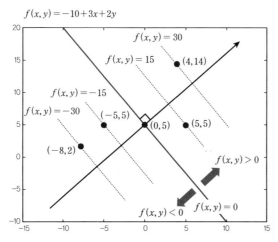

그림 4.2 함수 $f(x, y)$로 분할되는 영역

(x, y)평면을 이렇게 분할하는 목적은 $t = \pm 1$이라는 2종류의 속성을 가지는 데이터를 분류하기 위해서입니다. 여기서는 데이터를 분류하는 데에 아래와 같은 규칙을 적용하기로 하겠습니다.

$$f(x, y) > 0 \Rightarrow t = +1 \tag{4.3}$$
$$f(x, y) < 0 \Rightarrow t = -1 \tag{4.4}$$

이때 트레이닝 셋으로 주어진 데이터 $\{(x_n, y_n, t_n)\}_{n=1}^{N}$가 각각 제대로 분류됐는지는 아래의 규칙으로 판정할 수 있습니다.

$f(x_n, y_n) \times t_n > 0$: 정답   (4.5)

$f(x_n, y_n) \times t_n \leq 0$: 오답   (4.6)

$t_n = \pm 1$ 중에서 어느 쪽 데이터라도 동일한 규칙으로 정답/오답을 판정할 수 있다는 것이 장점입니다. 모든 (x_n, y_n, t_n)에 관해 (4.5)가 성립하도록 하는 직선을 찾는 것, 다시 말하면 식 (4.1)의 계수 (w_0, w_1, w_2)를 찾는 것이 목표라고 할 수 있습니다. 이러한 일을 하기 위해서 파라미터 (w_0, w_1, w_2)를 평가하는 기준을 마련하겠습니다. 이 작업은 단계(2)에 해당합니다.

4.1.2 오차함수를 사용하여 분류 결과를 평가한다

파라미터를 평가하는 기준입니다. 식 (4.6)이 성립하는 데이터가 존재할 때 그것을 오차로 여기고 계산하겠습니다. 오차라고 하기보다는 잘못 판정한 것에 대한 벌칙이라고 생각하는 편이 이해하기 쉬울 것입니다. 이 벌칙의 합계가 작을수록 분류를 알맞게 잘한 것이 됩니다.

구체적인 오차값으로 아래와 같은 값을 채용합니다. 이 값은 '경계선으로부터 멀어질수록 $f(x, y)$의 절댓값이 커진다'는 특징을 이용한 것입니다.

$E_n = |f(x_n, y_n)|$ (4.7)

이 값은 제대로 분류되지 않은 데이터에 대해서만 계산할 것이므로 주의하기 바랍니다. 그림 4.3에 나온 것과 같이 잘못 분류된 데이터라도 경계선에 가까운 경우에는 오차가 작고 경계선에서 멀어질수록 오차가 커집니다. 잘못 분류된 데이터의 오차를 합계한 것이 분류오차 E입니다.

$$E = \sum_n E_n = \sum_n | f(x_n, y_n) | \tag{4.8}$$

식 (4.8)에 있는 총합을 나타내는 기호 Σ는 잘못 분류된 데이터들의 합계를 의미합니다. 그리고 그런 데이터는 식 (4.6)을 만족하므로 아래와 같은 관계식이 성립합니다.

$$| f(x_n, y_n) | = -f(x_n, y_n) \times t_n \tag{4.9}$$

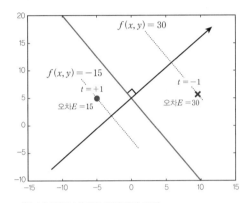

그림 4.3 잘못 분류된 데이터의 오차

식 (4.9)와 $f(x, y)$의 정의인 식 (4.1)을 이용하면 식 (4.8)은 아래와 같이 표현할 수 있습니다.

$$E = -\sum_n (w_0 + w_1 x_n + w_2 y_n) t_n \tag{4.10}$$

혹은 벡터를 이용해서 아래와 같이 표현할 수도 있습니다.

$$E = -\sum_n t_n \mathbf{w}^\mathsf{T} \boldsymbol{\phi}_n \tag{4.11}$$

이때 $\mathbf{w}$와 $\boldsymbol{\phi}_n$은 벡터를 나타내며 이들 벡터의 원소들을 나타내면 아래와 같습니다.

$$\mathbf{w} = \begin{pmatrix} w_0 \\ w_1 \\ w_2 \end{pmatrix} \tag{4.12}$$

$$\boldsymbol{\phi}_n = \begin{pmatrix} 1 \\ x_n \\ y_n \end{pmatrix} \quad \longleftarrow \text{바이어스 항} \tag{4.13}$$

$\mathbf{w}$는 우리가 이제부터 구해야 할 계수들을 나열한 벡터이며 이 책에서 이제까지 여러 번 등장했습니다. 또 하나의 벡터인 $\boldsymbol{\phi}_n$은 트레이닝 셋에 포함된 데이터의 좌표 (x_n, y_n)를 나열한 것인데 계수 w_0에 곱해지는 성분인 제1성분에 정수 1이 들어가 있습니다. 이것은 식 (4.10)을 벡터 형식으로 바꾸는 과정에서 나온 것입니다. 이러한 형태로 추가되는 정수항을 '바이어스 항'이라고 부릅니다.

이렇게 하여 모델(수식)을 구성하는 파라미터 $\mathbf{w}$를 평가할 기준이 마련됐습니다. 식 (4.11)로 계산되는 오차 E가 작을수록 트레이닝 셋이 적절히 분류된 것이라고 생각하면 됩니다. 모든 데이터가 제대로 분류됐을 경우에는 $E=0$이 됩니다.

마지막 단계(3)은 식 (4.11)에 해당하는 값인 오차 E를 최소로 만드는 파라미터 $\mathbf{w}$를 구하는 작업인데 이것을 지금 바로 구할 수는 없습니다. 그래서 이 절에서 '확률적 기울기 하강법'을 먼저 배우는 것입니다.

4.1.3 기울기 벡터로 파라미터를 수정한다

최소제곱법에서는 파라미터에 대한 편미분계수가 0이 된다는 조건하에 오차의 제곱 E_D를 최소로 만드는 계수 $\mathbf{w}$를 찾았습니다. 이와 마찬가지로 식 (4.10)으로 표현된 오차 E의 편미분계수를 0이라고 가정하겠습니다.

$$\frac{\partial E}{\partial w_m} = 0 \qquad (m = 0, 1, 2) \tag{4.14}$$

또는 벡터형식으로 나타내어 기울기 벡터가 0이 되도록 표현해도 괜찮습니다.

$$\nabla E(\mathbf{w}) = -\sum_n t_n \boldsymbol{\phi}_n = 0 \tag{4.15}$$

일반적으로 기울기 벡터는 다음과 같이 정의되는 벡터를 말합니다[2].

$$\nabla E(\mathbf{w}) = \begin{pmatrix} \dfrac{\partial E}{\partial w_0} \\ \dfrac{\partial E}{\partial w_1} \\ \dfrac{\partial E}{\partial w_2} \end{pmatrix} \tag{4.16}$$

그러나 식 (4.14)나 식 (4.15)를 아무리 변형해도 계수 $\mathbf{w}$를 나타내는 식을 얻을 수는 없습니다. 식 (4.15)를 보면 알 수 있듯이 이 식 안에는 일단 $\mathbf{w}$가 포함되어 있지 않습니다.

그래서 식을 순수하게 변형해서 $\mathbf{w}$를 구하는 일은 포기하고 수치계산을 사용하여 $\mathbf{w}$값을 수정해 가면서 가능한 범위에서 가장 작은 오차 E를 구하도록 해보겠습니다. 이때 기울기 벡터의 기하학적인 성질이 힌트가 됩니다. 예를 들어 (x, y) 평면

---

2 (역자주) 그래디언트 벡터라고도 부릅니다.

상에 그림 4.4와 같은 모양의 2변수 함수 $h(x,y)$가 있다고 가정해 보겠습니다. 원점 $(0,0)$을 바닥으로 하는 그릇 모양의 함수입니다. 구체적으로 아래와 같은 함수를 생각해 보겠습니다.

$$h(x, y) = \frac{3}{4}(x^2 + y^2) \qquad (4.17)$$

이 경우 기울기 벡터는 아래와 같이 계산됩니다.

$$\nabla h = \begin{pmatrix} \dfrac{\partial h}{\partial x} \\ \dfrac{\partial h}{\partial y} \end{pmatrix} = \begin{pmatrix} \dfrac{3}{2}x \\ \dfrac{3}{2}y \end{pmatrix} \qquad (4.18)$$

이때 임의의 점 (x,y)를 x와 y 중에서 어느 방향으로 이동시키든지 h값은 증가하는데 기울기 벡터 ∇h는 h값이 가장 많이 증가하는 방향, 다시 말하면 '경사면을 직선으로 타고 올라가는 방향'을 나타냅니다. 그리고 이 기울기 벡터의 크기는 해당 점에서의 접평면의 기울기를 나타냅니다. 즉 각 점에서 출발하여 기울기 벡터가 가리키는 방향으로 이동해가면 $h(x,y)$값은 점점 커지게 됩니다.

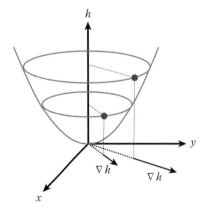

그림 4.4 그래프로 나타낸 기울기 벡터

역으로 말하면 기울기 벡터의 반대 방향으로 이동하면 $h(x, y)$값은 작아진다는 이 야기가 됩니다. 그림 4.4를 보면 기울기 벡터 ∇h는 원점으로부터 멀어지는 방향을 가리키고 있으므로 ∇h의 반대 방향, 즉 $-\nabla h$ 방향으로 이동하면 원점 $(0,0)$에 가까워진다는 이야기입니다. 이 내용은 현재 위치가 $\mathbf{x}_{old}$라고 했을 때 이동한 위치 $\mathbf{x}_{new}$를 수식으로 결정하는 알고리즘을 아래와 같이 나타낼 수 있습니다.

$$\mathbf{x}_{new} = \mathbf{x}_{old} - \nabla h \tag{4.19}$$

좌표 $\mathbf{x}$를 식 (4.19)에 계속 대입하면서 변경해 나가면 점이 어떤 모양으로 원점에 가까워질지 상상해보기 바랍니다. ∇h의 크기가 너무 커서 원점을 지나쳐버리지 않을까 걱정될 수도 있지만 원점에 가까워질수록 ∇h의 크기는 점점 작아지기 때문에 괜찮습니다. 그림 4.5에서 보는 바와 같이 원점 위를 이쪽 저쪽으로 지나쳐가면서 점점 원점에 가까워지게 됩니다[3]. 원점에서는 기울기 벡터가 0이 되므로 마지막으로 원점에 도착하면 거기서 정지하게 됩니다.

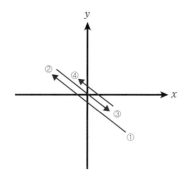

그림 4.5 식 (4.19)가 반복되면서 원점에 가까워지는 모습

---

3 ∇h의 크기가 클 때에는 원점으로부터 멀어지는 경우도 있지만 지금은 엄밀하게 따지며 이야기할 필요가 없기 때문에 신경 쓰지 않아도 됩니다. 나중에 설명할 퍼셉트론의 경우에는 이런 문제가 발생하지 않으면서 수렴한다는 것이 수학적으로 증명됐습니다.

우리가 다뤄야 하는 오차 $E(\mathbf{w})$는 3변수 (w_0, w_1, w_2) 함수이지만 본질적으로는 2변수 함수와 동일한 방법으로 계산할 수 있습니다. $\mathbf{w}$값을 임의로 정하고 그 점에서 계산되는 기울기 벡터 $\nabla E(\mathbf{w})$의 반대 방향, 그러니까 아래의 식으로 표현되는 방향으로 $\mathbf{w}$를 수정하여 오차 $E(\mathbf{w})$값을 작게 만들 수 있습니다.

$$-\nabla E(\mathbf{w}) = \sum_n t_n \boldsymbol{\phi}_n \tag{4.20}$$

'확률적 기울기 하강법'이란 단어에서 '기울기 하강'의 의미는 기울기 벡터의 반대 방향으로 파라미터를 수정하여 '오차의 계곡'을 내려간다는 것입니다.

그럼 '확률적'의 의미는 무엇일까요? 식 (4.20)을 보면 우변은 '제대로 분류되지 않은 데이터'의 합입니다. 이런 데이터가 100개 있을 경우에는 100개만큼의 $t_n \boldsymbol{\phi}_n$을 모두 합하여 그 값을 $\mathbf{w}$에 더해야 할 것입니다. 그러나 데이터 개수가 엄청나게 많을 경우 미리 $t_n \boldsymbol{\phi}_n$의 합계를 내려면 시간이 많이 걸리기 때문에 샘플링을 실시합니다.

다시 말하면 제대로 분류되지 않은 데이터 (x_n, y_n)중에서 하나를 골라서 일단 이 데이터에 해당하는 것만 파라미터를 수정합니다.

$$\mathbf{w}_{\text{new}} = \mathbf{w}_{\text{old}} + t_n \boldsymbol{\phi}_n \tag{4.21}$$

그리고 또다시 제대로 분류되지 않은 데이터를 하나 골라 다시 식 (4.21)을 수정합니다. 이처럼 '제대로 분류되지 않은 데이터'를 무작위로 골라가며 파라미터를 수정해가는 기술이 바로 '확률적 기울기 하강법'입니다.

그러나 이 예제에서는 '무작위로 골라가는' 작업이 오히려 귀찮은 일이므로 'n을 1에서 N까지 변경하면서 (x_n, y_n)가 제대로 분류되지 않았다면 파라미터 $\mathbf{w}$를 식 (4.21)으로 변경'합니다. 무작위로 고르는 대신 '끝에서부터 순서대로 고른다'는 작전입니다. n=1~N에 대해 이러한 처리가 모두 끝났다면 다시 한 번 n=1~N에 대해 동일한 처리를 반복합니다.

이 처리를 몇 번이고 반복한 결과 마침내 모든 데이터를 제대로 분류하는 직선을 찾아냈다고 가정합시다. 그러면 '(x_n, y_n)가 제대로 분류되지 않았다면'이라는 조건은 어느 데이터에 대해서도 성립하지 않으므로 더 이상 이 처리를 반복해도 파라미터 $\mathbf{w}$는 변하지 않을 것입니다. 이때 이 알고리즘은 동작을 마치게 됩니다.

그런 직선이 존재할지 존재하지 않을지는 트레이닝 셋으로 주어진 데이터에 달려 있지만 모든 데이터를 제대로 분류하는 직선이 존재할 경우 이 처리를 계속 반복하면 언젠가는 그런 직선에 도달한다는 것이 수학적으로 증명됐습니다[4]. 이것이 바로 퍼셉트론 알고리즘입니다.

한편 그런 직선이 존재하지 않을 경우에는 거기서 처리를 마치고 그 시점까지 합산으로 얻어진 $\mathbf{w}$값을 채용합니다.

---

4 그 구체적인 증명 방법은 이 책에서는 생략하겠습니다. 이 증명은 일반적으로 'Novikov의 정리'라고 알려져 있습니다.

4.1.4 예제 코드로 확인한다

예제 코드 '04-perceptron.py'를 사용하여 퍼셉트론 알고리즘을 실행해 보겠습니다. 이 예제 코드에서는 트레이닝 셋으로 사용할 데이터를 무작위로 생성하고 앞서 이야기한 알고리즘을 사용하여 이들 데이터를 분류할 직선을 결정합니다. 실행 절차는 아래와 같습니다.

```
$ ipython Enter
In [1]: cd ~/ml4se/scripts Enter
In [2]: %run 04-perceptron.py Enter
```

이 예제 코드를 실행하면 그림 4.6과 같은 그래프가 표시됩니다. 이것은 2종류의 트레이닝 셋을 사용한 2종류의 실행 결과입니다. 최종적인 분류 결과와 함께 알고리즘 실행 중에 파라미터가 어떻게 변화했는지도 그래프로 보여줍니다.

파라미터 $\mathbf{w}$값은 처음에 $\mathbf{w}=0(w_0=w_1=w_2=0)$으로 지정합니다. 그리고 나서 '$n$을 1부터 N까지 변경시키면서 (x_n, y_n)이 제대로 분류되지 않았다면 파라미터 $\mathbf{w}$를 식 (4.21)로 변경'하는 처리를 수행하여 이 시점에서의 $\mathbf{w}$를 기록합니다. 이러한 처리를 총 30번 반복합니다.

2종류의 트레이닝 셋은 2종류의 데이터 군(群)이 떨어져 있어서 분류하기 편한 상황과 2종류의 데이터 군이 가까운 곳에 섞여 있어 분류하기 어려운 상황을 마련해두고 있습니다. 무작위로 데이터를 생성하는 것이므로 실행할 때마다 결과가 변하겠지만 그림 4.6과 같이 완전히 분류할 수 있는 경우와 분류할 수 없는 경우의 결과를 얻을 수 있습니다. 각각의 그래프에 표시되는 'ERR' 값은 제대로 분류되지 않은 데이터의 비율을 나타냅니다.

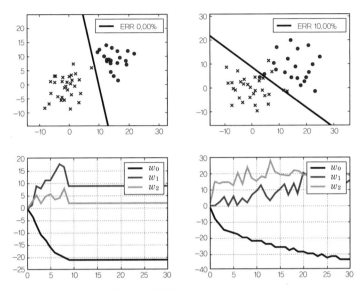

그림 4.6 퍼셉트론으로 데이터를 분류한 결과

그림 4.6의 아랫부분에 있는 파라미터가 변화하는 그래프를 보면 완전히 분류된 경우에는 파라미터의 변화가 도중에 멈춘다는 것을 알 수 있습니다. 앞서 설명한 것처럼 '제대로 분류되지 않은 데이터'를 찾아내서 파라미터를 수정해가는 것이므로 일단 완전히 분류된 상태가 되면 처리를 더 이상 반복해도 파라미터는 변화하지 않습니다. 한편 완전히 분류하지 못한 경우에는 파라미터는 한없이 변화하게 된다는 것도 알 수 있습니다.

4.2 퍼셉트론을 기하학적으로 해석한다

예제 코드를 실행한 결과를 보면 퍼셉트론 알고리즘을 사용하여 트레이닝 셋 데이터를 확실하게 분류할 수 있다는 것을 알 수 있습니다. 그러나 이제까지 이야기한 내용 중에 한 가지 중요한 사실이 빠져 있습니다. 그것은 확률적 기울기 하강법의 '수렴 속도'입니다.

데이터를 완전히 분할하는 직선이 존재할 경우 식 (4.21)에 따라 파라미터 **w**를 변경해 가다보면 언젠가는 그 직선에 도달하게 된다고 설명했습니다. 그러나 구체적으로 몇 번을 변경해야 되는지는 알 수 없습니다. 앞서 예제 코드에서는 'n=1~N에 대해 식(4.21)을 적용하는' 처리를 30번 반복했지만 어쩌면 30번으로는 충분하지 않고 300번 혹은 3만 번 반복하지 않으면 도달하지 못할 가능성도 있습니다. 이처럼 파라미터를 반복하여 변경하는 알고리즘이 어느 정도 빠르게 정답에 도달하는지를 나타내는 속도를 '알고리즘의 수렴 속도'라고 말합니다.

사실은 앞서 예제 코드 '04-perceptron.py'에서는 수렴 속도를 향상시키기 위해 알고리즘을 조금 수정해 놨습니다. 그림 4.6을 다시 보면 제대로 분류된 경우는 조금만 반복해도 **w**가 일정한 값에 도달합니다. 알고리즘을 수정하지 않았다면 이렇게 빠르게 수렴하지 않았을 것입니다. 이 코드를 수정한 내용에 대해 이제 설명하겠습니다. 그리고 퍼셉트론 알고리즘을 '도식적으로 이해하는 방법'을 소개하겠습니다.

4.2.1 바이어스 항의 임의성과 알고리즘 수렴 속도

이전 절에서 이야기했던 내용을 다시 떠올려 보면 퍼셉트론 알고리즘을 구축하는 출발점으로서 (x, y) 평면을 직선으로 분할하기 위한 함수 $f(x, y)$를 다음과 같이 정의했습니다.

$$f(x, y) = w_0 + w_1 x + w_2 y \tag{4.22}$$

그러나 $f(x, y)$를 다음과 같이 정의할 수도 있습니다.

$$f(x, y) = 2w_0 + w_1 x + w_2 y \tag{4.23}$$

정수항에 2가 곱해져 있는 모습에서 조금 조작된 것 같은 느낌이 들지만 w_0의 정의를 1/2배만큼 변경했을 뿐이며 이후 설명을 진행하는 데에 지장이 없으므로 신경 쓰지 않아도 됩니다. 이때 오차함수는 아래와 같이 나타낼 수 있습니다.

$$E = -\sum_n t_n \mathbf{w}^\mathsf{T} \boldsymbol{\phi}_n \tag{4.24}$$

$$\mathbf{w} = \begin{pmatrix} w_0 \\ w_1 \\ w_2 \end{pmatrix} \tag{4.25}$$

$$\boldsymbol{\phi}_n = \begin{pmatrix} 2 \\ x_n \\ y_n \end{pmatrix} \tag{4.26}$$

벡터 $\boldsymbol{\phi}_n$의 바이어스 항이 2로 지정되어 있다는 점이 이전과 다릅니다.

그러나 오차함수 식 (4.24)의 형태는 이전에 봤던 식 (4.11)과 같습니다. 따라서 이전에 했던 것과 같은 절차로 작업을 수행하면 됩니다.

$$\mathbf{w}_{\mathrm{new}} = \mathbf{w}_{\mathrm{old}} + t_n \boldsymbol{\phi}_n \tag{4.27}$$

그러나 벡터 $\boldsymbol{\phi}_n$는 (4.26)과 같이 바이어스 항을 2로 지정한 것을 사용합니다. 식 (4.27)에서 t_n은 ± 1의 값을 가지므로 식 (4.27)에 따라 $\mathbf{w}$를 변경시키면 w_0는 ± 2 만큼의 폭으로 변화하게 됩니다.

이 절차를 일반화해 보겠습니다. c를 임의의 정수라고 정해 놓으면 $f(x, y)$와 $\boldsymbol{\phi}_n$을 다음과 같이 정의할 수 있습니다.

$$f(x, y) = w_0 c + w_1 x + w_2 y \tag{4.28}$$

$$\phi_n = \begin{pmatrix} c \\ x_n \\ y_n \end{pmatrix} \tag{4.29}$$

이때 식 (4.27)에 따라 $\mathbf{w}$를 변경해가면 w_0는 $\pm c$ 만큼씩 변화합니다. 또한 c 값을 적절하게 바꾸면 알고리즘의 수렴 속도를 빠르게 변화시킬 수 있습니다. 앞서 예제 코드에서는 c 값으로 트레이닝 셋에 포함된 모든 x_n과 y_n의 평균값을 사용했습니다.

$$c = \frac{1}{2N} \sum_{n=1}^{N} (x_n + y_n) \tag{4.30}$$

이에 대해 직관적으로 다음과 같이 이해하면 될 것입니다. 예를 들어 트레이닝 셋으로 주어진 데이터 (x_n, y_n)의 값이 평균적으로 10,000 정도로 굉장히 큰 값을 가진다고 생각해 보겠습니다. 이 경우 식 (4.27)에 따라 $\mathbf{w}$를 변경해가면 w_1과 w_2 값은 한 번에 10,000 정도의 크기로 증가합니다. 그러나 바이어스 항이 1이라고 하면 w_0의 값은 ± 1 만큼씩밖에 변화하지 않을 것입니다. 즉 w_0의 변화가 w_1, w_2가 변화하는 속도를 따라가지 못하고 적절한 $\mathbf{w}$값에 도달할 수 없게 되어버릴 것입니다. 이때 바이어스 항을 (x_n, y_n)으로 평균적인 값과 동일하게 지정하면 w_0가 변하는 속도에 맞춰가며 알고리즘 수렴 속도도 빨라지게 됩니다.

그러나 바이어스 항이 1인 상태에서도 빠르게 수렴하는 특별한 경우가 있습니다. 그것은 데이터를 제대로 분류하는 직선이 원점(혹은 원점 부근)을 지날 경우입니다. 이 경우에는 최종적인 w_0 값은 0(혹은 0에 가까운 값)이 되므로 w_0의 초깃값을 0으로 지정해 두면 w_0이 느리게 변화하더라도 문제될 것이 없습니다. 퍼셉트론을 설명하는 웹사이트상의 글 중에 바이어스 항이 1로 지정된 예제 코드도 있습니다. 이러한 예제 코드를 사용하여 분류한 결과를 보면 원점 부근을 지나는 직선으로 분류되는 트레이닝 셋을 반드시 사용하고 있다는 것을 알 수 있습니다.

4.2.2 퍼셉트론의 기하학적 해석

이제부터는 퍼셉트론 알고리즘을 기하학적으로 해석하여 앞서 이야기했던 내용을 다른 관점에서 보고 이해하겠습니다.

먼저 조금 특별한 경우로서 (x, y) 평면에서 원점을 지나는 직선으로 데이터를 분류하는 예에 대해 생각해 보겠습니다. 트레이닝 셋으로 주어진 데이터가 원점을 지나는 직선으로 완전히 분류된다는 사실을 처음부터 알고 있는 상태라고 정하고 생각해 보겠습니다.

이 경우 $f(x, y)$는 아래와 같은 모양으로 가정할 수 있습니다.

$$f(x, y) = w_1 x + w_2 y \tag{4.31}$$

따라서 오차함수 E는 바이어스 항을 사용하지 않고 표현할 수 있습니다.

$$E = -\sum_n t_n \mathbf{w}^\mathsf{T} \boldsymbol{\phi}_n \tag{4.32}$$

$$\mathbf{w} = \begin{pmatrix} w_1 \\ w_2 \end{pmatrix} \tag{4.33}$$

$$\boldsymbol{\phi}_n = \begin{pmatrix} x_n \\ y_n \end{pmatrix} \tag{4.34}$$

이들 기호를 사용하여 확률적 기울기 하강법을 수행하는 절차를 아래에 나타냈습니다.

$$\mathbf{w}_{\text{new}} = \mathbf{w}_{\text{old}} + t_n \boldsymbol{\phi}_n \qquad (4.35)$$

이전에 했던 것과 비슷하지만 $\mathbf{w}$와 $\boldsymbol{\phi}_n$이 2차원 벡터라는 점이 다릅니다. 그리고 이들 기호를 사용하면 직선 $f(x,y)=0$은 아래와 같이 나타낼 수 있습니다.

$$\mathbf{w}^{\text{T}} \mathbf{x} = 0 \qquad (4.36)$$

이 식 (4.36)은 원점에서 출발하여 직선 위에 있는 점 (x,y)를 향하는 벡터 $\mathbf{x}$와 벡터 $\mathbf{w}$가 직교한다는 것을 나타냅니다. 다시 말하면 $\mathbf{w}$는 직선 $f(x,y)=0$과 직교하는 법선 벡터라는 이야기입니다. 조금 더 자세히 이야기하면 함수 $f(x,y)$의 값이 증가하는 방향을 나타내는 법선 벡터라고 할 수 있습니다.

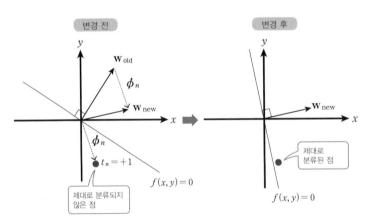

그림 4.7 파라미터 변경에 의한 분할선의 변화

그렇다면 그림 4.7이 보여주는 상황에 대해 생각해 보겠습니다. 현재 $f(x,y)\langle 0$인 영역에 $t_n=+1$인 데이터, 즉 제대로 분류되지 않은 점 (x_n,y_n)이 존재합니다. 식 (4.34)에서 $\boldsymbol{\phi}_n$은 원점에서부터 점 (x_n,y_n)을 향하는 벡터입니다. 이 상황에서 식 (4.35)와 같이 $\mathbf{w}$를 변경한다는 것은 그림 4.7이 보여주는 바와 같이 법선 벡터 $\mathbf{w}$가 $\boldsymbol{\phi}_n$ 방향을 향하도록 수정한다는 의미가 됩니다. 이러한 작업의 결과로 이제

까지는 제대로 분류되지 않았던 데이터가 이제 제대로 분류될 수 있게 직선이 변경됐습니다.

이처럼 퍼셉트론 알고리즘은 평면을 분할하는 직선의 법선 벡터를 수정하여 직선의 방향을 바꾸는 작업이라고 말할 수 있습니다.

4.2.3 바이어스 항의 기하학적인 의미

데이터를 분류하는 직선이 원점을 지나지 않는 일반적인 경우에서도 이전 절에서와 같이 도형적인 해석을 할 수는 없을까요? 이는 앞 절에서 이야기했던 내용을 3차원으로 확장하면 가능하게 됩니다.

즉, 3차원인 (x, y, z) 공간에 흩어진 $t_n = \pm 1$의 2종류의 데이터 집합이 있고 원점을 지나는 평면으로 이들을 분류하는 작업을 상상해보기 바랍니다. 원점을 지나는 평면은 일반적으로 아래에 나타난 함수 $f(x, y, z)$를 사용하여 $f(x, y, z) = 0$이라고 표현할 수 있습니다.

$$f(x, y, z) = w_0 z + w_1 x + w_2 y \tag{4.37}$$

그리고 오차함수를 다음과 같이 정의합니다.

$$E = -\sum_n t_n \mathbf{w}^{\mathsf{T}} \boldsymbol{\phi}_n \tag{4.38}$$

$$\mathbf{w} = \begin{pmatrix} w_0 \\ w_1 \\ w_2 \end{pmatrix} \tag{4.39}$$

$$\boldsymbol{\phi}_n = \begin{pmatrix} z_n \\ x_n \\ y_n \end{pmatrix} \tag{4.40}$$

그럼 이제까지 해왔던 것처럼 파라미터를 수정하는 절차에 아래와 같은 식이 사용됩니다.

$$\mathbf{w}_{new} = \mathbf{w}_{old} + t_n \phi_n \tag{4.41}$$

이 경우 벡터 $\mathbf{w}$는 평면 $f(x,y,z)$에 직교하는 법선 벡터가 됩니다. 따라서 식 (4.41)로 작업하는 절차에 대해 이야기하면 법선 벡터의 방향을 수정하여 데이터를 분류할 평면의 방향을 바꾸는 것이라고 할 수 있습니다.

그리고 여기서 '트레이닝 셋으로 주어진 데이터는 모두 $z_n = c$로 표현된다'라는 특별한 경우를 생각해 보겠습니다.

그림 4.8과 같이 $z = c$로 정의되는 평면 위에 모든 데이터가 존재하는 상황이라고 말할 수 있습니다. 이때 식 (4.38)~(4.41)은 바이어스 항을 c로 지정한 퍼셉트론 알고리즘이 됩니다.

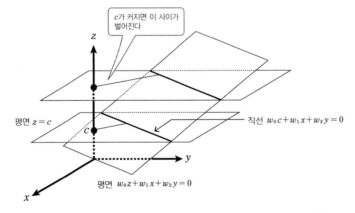

그림 4.8 평면 $z = c$와 평면 $w_0 c + w_1 x + w_2 y = 0$이 교차하면서 생기는 직선

그리고 바이어스 항이 c인 퍼셉트론에서는 데이터를 가지고 있는 평면을 분할하는 직선은 아래의 식으로 표현됩니다.

$$f(x, y) = w_0 c + w_1 x + w_2 y = 0 \tag{4.42}$$

이것은 데이터를 가지고 있는 평면 $z=c$와 $f(x,y,z)=0$에 해당하는 평면이 교차하여 생기는 직선입니다. 이처럼 이 책에서 설명한 퍼셉트론 알고리즘은 '3차원 공간에 있는 데이터 집합을 원점을 지나는 평면으로 분류하는' 문제 중에 특수한 경우라고 해석할 수 있습니다.

이때 (x,y,z) 공간을 분할하는 평면은 반드시 원점을 지난다는 것이 전제되어 있어야 하고 평면 $z=c$와 교차하는 직선은 원점을 지나지 않아도 됩니다. 그리고 데이터 집합을 배치하는 평면 $z=c$의 위치에 따라 교차하는 위치가 바뀝니다. 일반적으로 c값이 0으로부터 멀어질수록 평면 $z=c$와 교차하는 직선은 평면이 지나는 원점으로부터 멀어집니다.

다시 말하면 바이어스 항을 수정하여 c값을 크게 잡는다면 분할선이 원점으로부터 멀어지게 만들기 쉬워집니다. 즉 데이터를 제대로 분할하는 직선이 원점에서 먼 곳을 지날 경우에 수렴 속도를 빠르게 하려면 바이어스 항을 수정해야 한다는 것입니다. 반대로 이야기하면 '4.2.1 바이어스 항의 임의성과 알고리즘 수렴 속도'에서도 다루었던 내용이지만 원점 근처를 지나는 직선이 답이 되는 문제에서는 바이어스 항을 수정할 필요는 없습니다.

05

로지스틱 회귀와 ROC 곡선: 학습 모델을 평가하는 방법

5.1 분류 문제에 최우추정법을 적용한다

5.2 ROC 곡선으로 학습 모델을 평가한다

5.3 부록-IRLS법 도출

이번 장에서는 로지스틱 회귀에 관해 설명하겠습니다. 이전 장과 동일하게 '1.3.2 선형판별에 의한 신규 데이터 분류'에 나왔던 [예제 2]를 사용하겠습니다.

로지스틱 회귀는 이전 장에 나왔던 퍼셉트론과 같은 분류 알고리즘 중의 하나인데 확률을 사용한 최우추정법으로 파라미터를 결정한다는 점이 다릅니다. 확률을 이용한 결과로 미지의 데이터의 속성을 추정할 때 '이 데이터는 $t=1$이다'라는 단순한 추정이 아니고 '$t=1$일 확률이 70%이다'라는 식으로 확률적인 추정을 할 수 있습니다.

그리고 여기에 더해 'ROC 곡선'을 사용하여 머신러닝 알고리즘(학습 모델)을 평가하는 방법도 설명하겠습니다. 이것은 [예제 2]의 '설명'에서 사용했던 '바이러스 감염 판정' 예에서와 같이 현실 세계에서 발생하는 문제에 적용할 때에 도움이 되는 지식입니다.

5.1 분류 문제에 최우추정법을 적용한다

'3장 최우추정법: 확률을 사용한 추정 이론'에서도 설명했듯이 최우추정법에서는 '어떤 데이터가 얻어질 확률'을 설정해둔 다음 거기서 역으로 트레이닝 셋 데이터가 얻어질 확률(우도함수)을 계산합니다. 그리고 우도함수를 최대로 만드는 조건으로부터 처음에 설정한 확률식에 포함된 파라미터를 결정하는 것입니다.

이번 장에서는 이러한 절차를 [예제 2]에 적용하여 새로운 데이터가 어느 쪽에 분류될지를 확률로 추측하는 모델을 만듭니다. 그리고 [예제 2]에서는 2종류의 데이터 속성을 $t=\pm1$로 표현했지만 여기서는 계산상의 이유로 $t=0,1$로 표현하겠습니다. ●인 데이터가 $t=1$로 지정되고 ×인 데이터가 $t=0$으로 지정됩니다.

5.1.1 데이터 발생 확률 설정

일단 퍼셉트론에서와 마찬가지로 2종류의 데이터를 분류하는 직선을 나타내는 1차함수 $f(x,y)$를 아래의 식으로 정의합니다.

$$f(x, y) = w_0 + w_1 x + w_2 y \tag{5.1}$$

그림 5.1과 같이 분할선이 $f(x,y)=0$의 형태로 정해지고 분할선에 직교하는 방향으로 이동하면 $-\infty \langle f(x, y) \langle \infty$ 범위로 함수 $f(x,y)$의 값이 변화합니다.

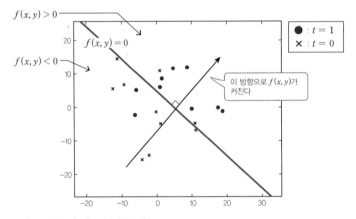

그림 5.1 함수 $f(x,y)$로 평면을 분할

다음으로 (x,y) 평면 위에 있는 임의의 위치에서 얻어진 데이터의 속성이 $t=1$일 확률을 생각해 보겠습니다. 그림 5.1에서 분할선으로부터 오른쪽 윗방향으로 진행할 수록 $t=1$일 확률은 높아집니다. 반대로 분할선으로부터 왼쪽 아랫방향으로 진행할 수록 확률은 낮아집니다. 그리고 분할선상에서는 $t=1$일 확률과 $t=0$일 확률이 같으므로 $t=1$일 확률은 정확히 1/2이 됩니다. 데이터의 속성값은 $t=1$일 때와 $t=0$일 때의 2가지 경우밖에 없으므로 $t=1$일 확률을 P라고 하면 $t=0$일 확률은 $1-P$가 된다는 점에 주의하기 바랍니다.

그리고 그림 5.1에서 말풍선으로 표시한 부분을 보면 알 수 있듯이 분할선에서 어느 정도 떨어져 있는지는 $f(x,y)$ 값으로 판단할 수 있습니다. 그래서 그림 5.2처럼 $f(x,y)$ 값에 대해 데이터가 $t=1$일 확률을 대응시켰습니다. 그림 5.2의 아래쪽 그래프에서 볼 수 있듯이 $f(x,y)$ 값이 $-\infty$부터 ∞까지 커짐에 따라 대응하는 확률은 0에서 1을 향해 부드럽게 변화해 갑니다.

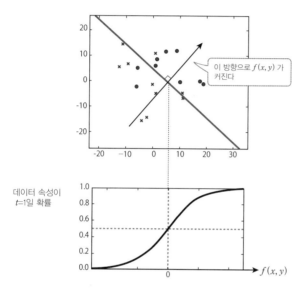

그림 5.2 $f(x,y)$값을 통한 확률 설정

이처럼 0에서 1로 부드럽게 변화하는 그래프를 수학적으로 나타낸 것이 아래의 로지스틱 함수입니다(그림5.3).

$$\sigma(a) = \frac{1}{1+e^{-a}}$$

(5.2)

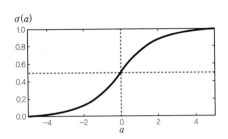

$\sigma(a)$

그림 5.3 로지스틱 함수 그래프

이 식에서 a값을 $-\infty$에서 ∞까지 변화시키면 값은 0에서 1을 향해 부드럽게 변화합니다. 그리고 $a=0$ 부분에서는 정확히 $1/2$이 됩니다. 이 함수의 인수 a에 $f(x,y)$값을 대입하면 그림 5.2에서 본 대응 관계를 얻을 수 있습니다.

위의 내용을 정리하면 점(x,y)에서 얻어진 데이터의 속성이 $t=1$일 확률은 아래의 식으로 표현된다고 말할 수 있습니다.

$$P(x,y) = \sigma(w_0 + w_1 x + w_2 y) \tag{5.3}$$

반대로 속성이 $t=0$일 확률은 $1-P(x,y)$가 됩니다. 그럼 이 확률을 기반으로 하여 트레이닝 셋으로 주어진 데이터 $\{(x_n, y_n, t_n)\}_{n=1}^{N}$가 얻어질 확률을 생각해 봅시다.

일단 1개의 특정 데이터 (x_n, y_n, t_n)에 관해 생각해 보면 이 데이터가 얻어질 확률은 다음과 같이 $t_n=1$일 경우와 $t_n=0$일 경우로 나눌 수 있습니다.

$$t_n=1\text{인 경우: } P(x_n, y_n) \tag{5.4}$$

$$t_n=0\text{인 경우: } 1 - P(x_n, y_n) \tag{5.5}$$

그리고 식 (5.4)와 식 (5.5)를 다음과 같이 수학적으로 나타낼 수 있습니다.

$$P_n = P(x_n, y_n)^{t_n}\{1 - P(x_n, y_n)\}^{1-t_n} \tag{5.6}$$

이것은 임의의 x에 관해 $x^0 = 1$, $x^1 = x$가 성립한다는 사실을 이용해서 나타낸 것입니다. $t_n = 1$과 $t_n = 0$ 각각의 경우를 계산하면 식 (5.6)은 다음과 같이 변형된다는 것을 알 수 있습니다.

$t_n=1$인 경우: $P_n = P(x_n, y_n)^1\{1 - P(x_n, y_n)\}^0 = P(x_n, y_n)$ (5.7)

$t_n=0$인 경우: $P_n = P(x_n, y_n)^0\{1 - P(x_n, y_n)\}^1 = 1 - P(x_n, y_n)$ (5.8)

여기서 식 (5.6)에 식 (5.3)을 대입하면 P_n은 다음과 같이 나타낼 수 있습니다.

$$P_n = z_n^{t_n}(1 - z_n)^{1-t_n} \tag{5.9}$$

이때 Z_n은 다음의 식으로 정의된 것으로 'n번째 데이터의 속성이 $t=1$일 확률'을 나타냅니다.

$$z_n = \sigma(\mathbf{w}^{\mathsf{T}} \boldsymbol{\phi}_n) \tag{5.10}$$

$\mathbf{w}$와 $\boldsymbol{\phi}_n$은 퍼셉트론 계산에서 사용했던 식 (4.12), 식 (4.13)과 동일한 것입니다. $\mathbf{w}$는 함수 $f(x,y)$의 계수들로 구성된 벡터이며 $\boldsymbol{\phi}_n$은 트레이닝 셋에서 n번째 데이터 좌표에 바이어스 항을 첨가한 벡터입니다.

$$\mathbf{w} = \begin{pmatrix} w_0 \\ w_1 \\ w_2 \end{pmatrix} \tag{5.11}$$

$$\phi_n = \begin{pmatrix} 1 \\ x_n \\ y_n \end{pmatrix} \tag{5.12}$$

마지막으로 트레이닝 셋에 포함되는 모든 데이터에 대해 생각하면 이들 데이터가
얻어질 확률은 각각의 데이터가 얻어질 확률인 식 (5.9)를 모두 곱한 식이 됩니다.

$$P = \prod_{n=1}^{N} P_n = \prod_{n=1}^{N} z_n^{t_n} (1-z_n)^{1-t_n} \tag{5.13}$$

확률 P는 식 (5.10)과 함께 놓고 보면 이제부터 구해야 할 계수인 $\mathbf{w}$의 함수라고
할 수 있습니다. 그리고 이미 알고 있듯이 이 $\mathbf{w}$는 우리가 이제부터 결정해야 할 계
수입니다. 트레이닝 셋이 얻어질 확률 P를 파라미터 $\mathbf{w}$의 함수로 본 것이 우도함
수였습니다. 최우추정법은 우도함수를 최대로 만드는 파라미터 $\mathbf{w}$를 결정하는 기
법이었습니다. 그래서 이제 이 장에서 계수 $\mathbf{w}$를 어떻게 결정해야 할지 알게 됐습
니다.

5.1.2 최우추정법으로 파라미터를 결정한다

이제 식 (5.13)에 있는 확률 P를 최대로 만드는 파라미터 $\mathbf{w}$를 구해보도록 하겠습
니다. 그러나 수식이 복잡하여 식을 변형하는 것만으로 $\mathbf{w}$를 직접 구할 수는 없습
니다. 이 문제를 해결하기 위해서는 퍼셉트론에서와 마찬가지로 확률 P값을 크게
하는 방향으로 $\mathbf{w}$를 수정하는 절차를 반복하는 알고리즘이 필요합니다.

퍼셉트론을 설명할 때 나온 '확률적 기울기 하강법'에서는 단순히 기울기 벡터의
반대 방향으로 파라미터를 수정한다는 간단한 방법을 사용했습니다. 그러나 이번
문제에서는 조금 더 정교한 방법이 필요합니다. 1변수 방정식의 수치계산에 사용

하는 '뉴튼법'을 다차원으로 확장한 '뉴튼 랩슨법'을 적용하여 아래의 알고리즘을 얻을 수 있습니다.

$$\mathbf{w}_{\text{new}} = \mathbf{w}_{\text{old}} - (\mathbf{\Phi}^{\mathrm{T}} \mathbf{R} \mathbf{\Phi})^{-1} \mathbf{\Phi}^{\mathrm{T}} (\mathbf{z} - \mathbf{t}) \tag{5.14}$$

이때 $\mathbf{t}$는 트레이닝 셋의 각 데이터의 속성값 t_n을 나열한 벡터이며 $\mathbf{\Phi}$는 각 데이터의 좌표를 나타내는 벡터 ϕ_n을 가로 벡터로 눕혀서 나열한 $N \times 3$ 행렬입니다. 그리고 $\mathbf{z}$는 식 (5.10)의 z_n을 나열할 벡터이며 마지막으로 $\mathbf{R}$은 $z_n(1-z_n)$을 대각성분으로 하는 대각행렬입니다.

$$\mathbf{t} = \begin{pmatrix} t_1 \\ \vdots \\ t_N \end{pmatrix} \tag{5.15}$$

$$\mathbf{\Phi} = \begin{pmatrix} 1 & x_1 & y_1 \\ 1 & x_2 & y_2 \\ \vdots & \vdots & \vdots \\ 1 & x_N & y_N \end{pmatrix} \tag{5.16}$$

$$\mathbf{z} = \begin{pmatrix} z_1 \\ \vdots \\ z_N \end{pmatrix} \tag{5.17}$$

$$\mathbf{R} = \text{diag}[z_1(1-z_1), \cdots, z_N(1-z_N)] \tag{5.18}$$

이때 $\mathbf{t}$와 $\mathbf{\Phi}$는 트레이닝 셋 데이터로 정해지는 '정수'로 구성된 벡터/행렬입니다. 그러나 $\mathbf{z}$와 $\mathbf{R}$에 포함되는 z_n은 식 (5.10)과 관련이 있으므로 파라미터 $\mathbf{w}$에 의존한다고 볼 수 있습니다.

즉, 파라미터 $\mathbf{w}_{\text{old}}$가 주어졌을 때 이것을 사용하여 $\mathbf{z}$와 $\mathbf{R}$을 계산해두고 이 계산해 둔 값을 식 (5.14)에 대입함으로써 수정된 새로운 파라미터인 $\mathbf{w}_{\text{new}}$가 정해집니다.

이 $\mathbf{w}_{new}$를 다시 $\mathbf{w}_{old}$로 넣고 또 다시 $\mathbf{w}_{new}$를 계산하는 작업을 반복합니다. 이 작업을 반복하면 식 (5.13)의 확률 P값이 커지면서 마지막에는 최댓값에 도달한다는 사실을 증명할 수 있습니다.

구체적인 도출 방법에 관해서는 '5.3 부록-IRLS법 도출'에 기재했으므로 흥미가 있는 독자는 참고하기 바랍니다. IRLS를 풀어쓰면 Iteratively Reweighted Least Squares입니다. 한글로는 '반복 가중치 최소제곱법'이라고 쓸 수 있습니다.

그리고 나중에 나올 도출(뉴튼법과의 유사성)에서 알 수 있듯이 식 (5.14)를 반복해서 계산하면 P값이 최댓값에 가까워지며 파라미터 $\mathbf{w}$가 변화하는 비율은 작아지게 됩니다. 나중에 볼 예제 코드는 아래의 식이 성립한 시점에서 계산을 멈추도록 작성되어 있습니다.

$$\frac{\|\mathbf{w}_{new} - \mathbf{w}_{old}\|^2}{\|\mathbf{w}_{old}\|^2} < 0.001 \tag{5.19}$$

식 (5.19)는 그림 5.4를 보면 알 수 있듯이 $\mathbf{w}$를 벡터로 간주했을 때 변화할 것을 감안하여 '변화한 양을 나타내는 벡터의 크기의 제곱'이 '수정하기 전 벡터의 크기의 제곱'의 0.1% 미만이 된다는 조건을 나타냅니다.

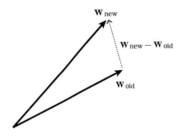

그림 5.4 벡터의 형태로 변화하는 파라미터

5.1.3 예제 코드로 확인한다

예제 코드 '05-logistic_vs_perceptron.py'를 사용하여 로지스틱 회귀 계산을 실시해 보겠습니다. 이 예제 코드에서는 트레이닝 셋으로 사용할 데이터를 무작위로 생성하여 이들을 분류하는 직선을 IRLS법으로 결정합니다. 그리고 동일한 데이터를 퍼셉트론 알고리즘으로도 계산하여 로지스틱 회귀와 퍼셉트론으로 얻어진 각각의 직선을 그래프로 표시하여 비교해 보겠습니다. 실행 절차는 아래와 같습니다.

```
$ ipython Enter
In [1]: cd ~/ml4se/scripts Enter
In [2]: %run 05-logistic_vs_perceptron.py Enter
```

이 예제를 실행하면 그림 5.5와 같은 그래프가 표시됩니다. 4종류의 트레이닝 셋을 생성하여 각각에 대한 결과를 표시한 것입니다. 실선으로 표시된 것이 로지스틱 회귀로 계산한 결과이고 점선이 퍼셉트론의 결과입니다. 그리고 4종류의 트레이닝 셋은 무작위로 생성된 것이므로 실행할 때마다 다른 결과를 얻게 될 것입니다. 2종류의 데이터를 섞었고 그 섞은 비율을 변화시키며 나타낸 것이므로 그림 5.5와 같이 깔끔하게 분할되는 경우와 그렇지 않은 경우의 결과를 얻게 됩니다. 그래프에 표시된 'ERR' 값은 제대로 분류되지 않은 데이터의 비율을 나타냅니다.

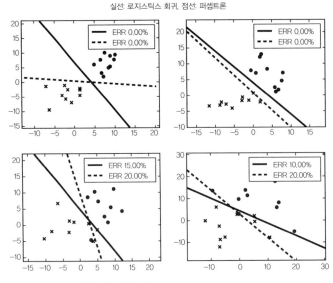

그림 5.5 로지스틱 회귀와 퍼셉트론 비교

그리고 퍼셉트론에서는 예제 코드 '04-perceptron.py'에서와 마찬가지로 '$n=1\sim N$을 제대로 분류할 수 없었다면 파라미터 **w**를 수정하는' 처리를 30번 반복한 시점에서 계산을 마쳤습니다. 그러나 로지스틱 회귀에서는 식 (5.14)로 파라미터 **w**를 수정해가다가 식 (5.19)의 조건이 성립한 시점에서 계산을 마칩니다. 식 (5.14)로 수정하는 작업을 30번 반복해도 식 (5.19)의 조건이 성립하지 않을 경우에는 그 시점에서 계산을 마칩니다.

그림 5.5의 왼쪽 윗부분 또는 오른쪽 윗부분의 그래프를 보면 로지스틱 회귀로 계산한 것이 더 낫다는 것을 알 수 있습니다. 퍼셉트론과 로지스틱 회귀 둘 다 모든 데이터를 제대로 분류해내지만 로지스틱 회귀에서는 각각의 속성을 가지는 데이터 집합의 거의 한가운데로 분할선이 지나갑니다. 그러나 퍼셉트론에서는 조금 치우친 위치에 분할선이 존재합니다.

퍼셉트론의 확률 기울기 하강법에서는 모든 데이터가 제대로 분류되면 그 시점에서 파라미터가 변화하는 것을 멈추기 때문입니다. 로지스틱 회귀의 경우에는 트레이닝 셋 데이터가 얻어질 전체 확률을 최대로 만들려고 시도하기 때문에 제대로 분류된 직선 중에서도 더욱 제대로 된 직선이 선택됩니다.

그리고 예제 코드 '05-logistic_vs_perceptron.py'를 실행하면 아주 가끔씩 'LinAlgError: Singular matrix'라는 에러가 발생할 경우가 있습니다. 이는 로지스틱 함수의 성질에 관련된 내용이며 수치계산을 할 때 계산의 정확도가 부족하기 때문에 발생하는 것입니다.

그림 5.3을 보면 알 수 있듯이 로지스틱 함수 $\sigma(a)$는 a값이 어느 정도 커지면(혹은 작아지면) 그 값이 1이나 0으로 급속하게 가까워집니다. 따라서 식 (5.10)으로 계산되는 z_n값이 1이나 0에 매우 가까워질 때가 있습니다. 이럴 때에는 수치계산의 정확도가 부족하여 소수점 이하가 제거되어 $z_n=1$이나 $z_n=0$으로 계산되면 식 (5.18)의 대각행렬 $\mathbf{R}$에 포함된 $z_n(1-z_n)$ 값이 0이 됩니다. 다시 말하면 행렬 $\mathbf{R}$의 행렬식이 0이 되므로 식 (5.14)에 포함된 역행렬 $(\mathbf{\Phi}^{\mathrm{T}}\mathbf{R}\mathbf{\Phi})^{-1}$이 존재하지 않게 되기 때문에 이러한 오류가 발생되는 것입니다.

사실은 모든 데이터가 제대로 분류됐을 경우 IRLS법으로 계산을 반복하다 보면 데이터의 속성이 $t=1$일 확률 z_n은 그림 5.6과 같은 상태가 되어 반드시 오류가 발생합니다. 왜냐하면 그림 5.6과 같은 상태에서는 $t_n=1$인 모든 데이터의 z_n값이 거의 1이 되며 $t_n=0$인 모든 데이터의 z_n값이 거의 0이 되기 때문입니다. 그래서 트레이닝 셋 데이터가 얻어질 확률인 식 (5.13)에 대해 이론상 최댓값인 1이 달성되기 때문입니다.

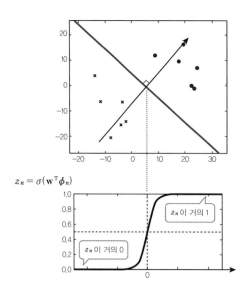

$$z_n = \sigma(\mathbf{w}^{\mathsf{T}}\boldsymbol{\phi}_n)$$

그림 5.6 로지스틱 회귀에서의 오버 피팅

확률이 트레이닝 셋에 대해 최적화되어 있어 일종의 오버 피팅이 발생한 상태라고 생각해 볼 수 있습니다. 이 문제를 피하기 위해 예제 코드를 식 (5.19)의 조건을 만족한 시점에서 계산을 멈추도록 작성했습니다.

5.2 ROC 곡선으로 학습 모델을 평가한다

로지스틱 회귀에서는 평면 위에 있는 각 점에 대해 '그 점에서 얻어지는 데이터가 $t=1$일 확률'을 계산하여 분할선을 결정했습니다.

마지막에 $f(x,y)=0$으로 얻어진 분할선은 이 확률이 정확히 1/2이 되는 점에 대응합니다.

그러나 로지스틱 회귀 계산 결과로 얻어진 확률 1/2 경계선이 현실에서 발생하는 문제에 적용하는 데에 반드시 적절하다고는 할 수 없습니다. 이 절에서는 ROC 곡선을 사용하여 어떤 확률을 경계로 정해야 좋을지 판단하는 방법에 대해 설명하겠습니다. 그리고 ROC 곡선은 머신러닝에 사용된 알고리즘(학습모델) 그 자체가 좋은 것인지 아닌지를 판단하는 데에도 사용됩니다.

5.2.1 로지스틱 회귀를 현실 문제에 적용한다

'1.3.2 선형판별에 의한 신규 데이터 분류'의 [예제 2]에 관해 설명했을 때 사용했던 '현실에서의 문제'를 떠올려 보겠습니다. 트레이닝 셋 데이터 중 (x_n, y_n)은 바이러스 감염의 1차 검사 수치였고 t_n은 실제로 감염됐는지를 나타내는 것이었습니다.

이것을 사용하여 로지스틱 회귀를 실시하면 그림 5.7과 같이 2종류의 데이터를 분할하는 직선을 얻게 됩니다. 이 직선은 새로운 검사 결과가 얻어졌을 때 그 검사 대상인 사람이 바이러스에 감염됐을 확률이 50%일 것이라고 추정되는 직선입니다.

그러나 로지스틱 회귀의 경우에는 평면상에 있는 모든 점에서의 확률이 식 (5.3)으로 계산됩니다.

따라서 그림 5.7에서 보는 바와 같이 확률이 20%인 직선이나 80%인 직선도 생각해 볼 수 있습니다.

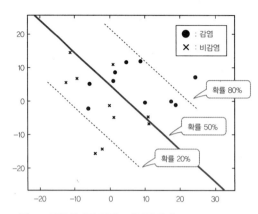

그림 5.7 검사 결과와 감염 · 비감염 관계

그리고 '새로 1차 검사를 받은 사람 중에 검사 결과가 직선보다 오른쪽 위에 있는 사람에게는 정밀 검사를 받도록 권한다'라고도 설명했습니다. 이 경우 이것은 감염 확률이 50% 이상이라고 추정되는 사람에게는 정밀검사를 받도록 권한다'라는 의미가 됩니다.

그러나 이것이 정말로 올바른 판단 방법일까요? 만일 심각한 병을 유발하는 바이러스라고 한다면 확률 50%가 아니라 더 낮은 확률, 예를 들어 20% 이상인 사람에게 정밀 검사를 권해야 할지도 모릅니다. 그렇지만 판단 기준이 되는 확률이 너무 낮으면 거의 대부분의 사람에게 정밀 검사를 권해야 하게 되고 1차 검사라는 것이 의미가 없게 될 것입니다. 이런 경우 적절한 판단 기준을 마련하기 위해서는 '진양성율'과 '위양성율'에 대해서도 생각해야 할 것입니다. 이러한 내용을 설명하기 위해 먼저 몇 가지 용어를 정의해 두겠습니다.

첫 번째로 일반적인 분류 문제에 있어서 검사자가 발견하려고 하는 속성을 가진 데이터를 '양성(Positive)'이라 하고 그렇지 않은 데이터를 '음성(Negative)'이라고 부릅니다. 발견하려는 속성이 무엇인지는 현실 세계에서 다루려는 문제가 무엇인지에 따라 달라지지만 앞서 본 예에서는 $t=1$인 속성을 가진 데이터, 즉 바이러스에 감염된 사람을 발견하는 것이 목적이라고 할 수 있습니다. 따라서 $t=1$인 데이터가 '양성'이 됩니다. 이제까지 '$t=1$일 확률'이라고 했던 것은 '양성일 확률'이라고 말할 수 있습니다.

그리고 지금 로지스틱 회귀로 계산되는 확률에 근거하여 새로운 데이터가 양성인지 아닌지를 판정하려고 하는 것인데 이 판정이 반드시 맞다고 할 수는 없습니다. 양성이라고 판단한 데이터가 정말로 양성인 것을 '진양성(TP: True Positive)'이라고 하고, 음성인 것을 '위양성(FP: False Positive)'이라고 부릅니다. 그림 5.7을 보면 판정 기준으로 선택한 직선보다 오른쪽 위에 있는 데이터 중에서 ●인 것이 진양성이고 ×인 것이 위양성이라고 할 수 있습니다. 그리고 실제로 '양성'이었던 모든 데이터 중에서 '진양성'인 데이터의 비율을 '진양성율(TP율)'이라고 하고 실제로 음성이었던 데이터 중에서 '위양성'이 되는 데이터의 비율을 '위양성율(FP율)'이라고 부릅니다.

말로 설명하기에는 복잡한 내용이므로 그림 5.8을 보면 이들의 의미를 금방 알 수 있을 것입니다[1]. '진양성율'은 바이러스에 감염된 사람들 중에서 몇 %를 제대로 판단할 수 있는지를 나타냅니다. '위양성율'은 바이러스에 감염되지 않은 사람들 중에서 몇 %를 감염됐다고 잘못 판단했는지를 나타냅니다. 그림 5.8에는 '위음성(FN: False Negative)'과 '진음성(TN: True Negative)'도 기재되어 있는데 이들의 의미는 금방 알 수 있을 것입니다.

---

[1] 현실 세계에서 발생하는 문제에서는 대부분의 경우 양성인 데이터는 음성인 데이터에 비해서 개수가 적을 것이라고 여겨집니다. 그림 5.8은 이 점을 강조하여 표현한 것입니다.

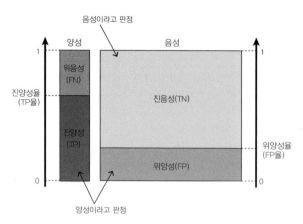

그림 5.8 진양성율과 위양성율의 정의

그리고 의사의 입장에서는 진양성율을 가능한 한 높게 잡아서 모든 감염자를 치료하고 싶을 것입니다. 그와 동시에 위양성율은 가능한 한 낮게 잡아서 감염되지 않은 사람에게 감염됐다고 통보하는 일이 발생하지 않게 하고 싶을 것입니다. 이처럼 현실 세계에서 발생하는 분류 문제에서는 진양성율과 위양성율을 잘 조율하여 '판정 라인'을 설정해야 합니다.

이후 설명할 ROC 곡선은 이러한 진양성율과 위양성율의 관계를 분석하기 위한 도구가 됩니다.

5.2.2 ROC 곡선으로 성능 평가

앞서 이야기한 '진양성율과 위양성율을 잘 조율하는 것'에 대한 이해를 돕기 위해 다음과 같은 작업을 시행해 보겠습니다. 일단 그림 5.7에 나온 트레이닝 셋에 로지스틱 회귀를 적용하여 함수 $f(x,y)$의 파라미터 (w_0, w_1, w_2)를 구체적으로 결정합니다. 이 계수들을 식 (5.3)에 대입하면 좌표 (x,y)에 있고 속성 $t=1$을 가지는 데이터에 관한 확률 계산식 $P(x,y)$가 정해집니다. 그리고 이 계산식으로부터 트레이닝 셋에 포함된 각각의 데이터에 대해 확률 $P(x_n, y_n)$을 계산한 다음, 확률이 큰 순서로 데이터를 나열합니다.

그림 5.7과 같은 그래프를 그리는 데에 사용됐던 실제 데이터를 사용하여 이 작업을 시행하면 표 5.1과 같은 결과가 나옵니다. 이 데이터는 양성(t=1)과 음성(t=0)이 각각 10개씩 존재하고, 'No.'는 확률이 큰 것부터 순서대로 번호를 매긴 것입니다. 이 결과를 보면서 판단 기준을 어디에 둘 것인가에 따라 진양성율과 위양성율이 어떻게 변화하는가에 대해 생각해 보겠습니다.

표 5.1 트레이닝 셋 데이터를 확률이 큰 순서로 나열

No.	x	y	t	P
1	24.43	6.95	1	0.98
2	8.84	11.92	1	0.91
3	18.69	−1.17	1	0.86
4	17.37	−0.07	1	0.86
5	4.77	11.66	1	0.85
6	0.83	10.74	0	0.73
7	1.57	8.51	1	0.69
8	10.07	−0.53	1	0.66
9	0.99	6.04	1	0.58
10	10.73	−4.88	0	0.53
11	11.16	−6.77	0	0.47
12	−11.21	14.64	0	0.46
13	−5.67	5.05	1	0.31
14	−0.06	−1.47	0	0.28
15	−9.25	6.74	0	0.26
16	1.05	−4.86	0	0.21

No.	x	y	t	P
17	−12.35	5.61	0	0.16
18	−6.12	−2.41	1	0.12
19	−2.17	−14.40	0	0.04
20	−4.06	−15.70	0	0.02

조금 극단적인 예를 들어 보겠습니다. '양성'이라고 판정하는 기준을 $P > 1$이라고 정하겠습니다. 이때 확률 P가 1을 넘는 데이터는 존재하지 않을 것이므로 표 5.1에 있는 모든 데이터는 '음성'이라고 판정될 것입니다. 양성이라고 제대로 판단한 데이터는 없으므로 진양성율은 0이 됩니다. 한편 음성 데이터를 실수로 양성이라고 판단할 일도 없으므로 위양성율도 0이 됩니다.

그리고 No.1과 No.2 데이터 사이에 판단 기준을 두어 보겠습니다. 예를 들어 '양성'이라고 판단하는 기준을 $P > 0.95$라고 놓겠습니다. 이때 No.1 데이터는 양성이라고 제대로 판정될 것입니다. 실제로 양성 데이터는 모두 10개가 있으므로 진양성율은 1/10입니다. 한편 위양성율은 여기서도 0인 채로 있습니다.

그 다음 No.2와 No.3 데이터 사이에 판단 기준을 둡니다. '양성'이라고 판정하는 기준을 $P > 0.90$이라고 설정한 것입니다. 이때 진양성율은 2/10이고 위양성율은 0인 채로 있습니다.

이렇게 하여 판단 기준을 둘 곳을 한 칸씩 내리면서 각각의 경우에서 진양성율과 위양성율을 계산해가는 것입니다. 이 예에서는 모두 21쌍의 '진양성율과 위양성율'이 얻어지게 됩니다. 이때 쉽게 상상할 수 있겠지만 판단 기준을 내림에 따라 진양성율은 조금씩 증가하고, 그와 동시에 위양성율도 조금씩 증가해 갈 것입니다.

이들의 변화를 쉽게 볼 수 있도록 그림 5.9에 그래프로 나타냈습니다. 세로축이 '진양성율'을 나타내고 가로축이 '위양성율'을 나타냅니다. 그리고 각각의 '진양성율과 위양성율의 쌍'을 그래프상에 표현했습니다.

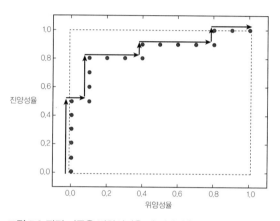

그림 5.9 판정 기준을 변화시켰을 때 진양성율과 위양성율이 변화하는 모습

그 다음 실제 문제에서 그림 5.9에 나타난 후보 중에 어느 점이 판단 기준으로 선택될지를 생각해 보겠습니다. 예를 들어 위양성율의 허용범위 안에서 진양성율이 가장 높은 점을 선택하여 그 점의 확률 P를 판단 기준으로 삼는 방법을 생각해 볼 수 있습니다.

1장에서도 강조했다시피 머신러닝으로 얻어지는 결과와 현실 세계에서의 판단에 도움이 되는 판단 지표는 전혀 다른 것입니다. 머신러닝으로 얻어진 결과의 '의미'를 이해하지 않으면 현실에서의 문제에 적용시켜 유익한 결과를 얻어내기는 힘들다는 사실을 이 예에서도 알 수 있습니다.

5.2.3 예제 코드로 확인한다

진양성율과 위양성율의 관계를 그림 5.9와 같이 그래프로 나타낸 것을 일반적으로 'ROC(Receiver Operating Characteristic) 곡선'이라고 부릅니다. 그림 5.9로 본 예에서는 트레이닝 셋에 포함된 데이터 개수가 그다지 많지 않았기 때문에 그래프가 계단 모양으로 생성된 것이었습니다. 데이터 개수가 늘어나면 그래프는 완만한 곡선에 가까운 모양으로 생성됩니다.

이 절에서는 예제 코드 '05-roc_curve.py'를 사용하여 많은 수의 데이터를 포함한 트레이닝 셋으로 ROC 곡선을 그려보겠습니다. 실행 절차는 아래와 같습니다.

```
ipython Enter
In 1 : cd ~/ml4se/scripts Enter
In 2 : %run 05-roc_curve.py Enter
```

예제 코드를 실행하면 그림 5.10과 같은 그래프가 나타납니다. 2종류의 트레이닝 셋을 무작위로 생성하여 각각을 로지스틱 회귀로 분류한 결과를 나타내고 그에 대한 ROC 곡선을 표시합니다. 각각의 트레이닝 셋에 ●와 ×로 표시되는 2종류의 속성 데이터가 섞여서 포함돼 있고 이 2종류의 혼합률이 다르기 때문에 잘 분류되는 경우와 잘 분류되지 않는 경우가 발생합니다. 그림 5.10에서는 잘 분류되지 않은 데이터의 비율이 각각 14%와 22%로 나타났습니다.

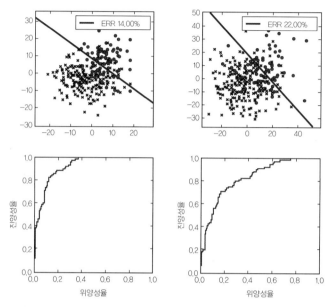

그림 5.10 2종류의 ROC 곡선 비교

이때 각각의 ROC 곡선을 비교해 보면 데이터가 잘 분류된 경우에 ROC 곡선이 왼쪽 위로 올라간다는 것을 알 수 있습니다. 이것은 ROC 곡선이 그려지는 사각형 테두리 중 왼쪽 위에 있는 끝각이 '이상적인 판단법'을 나타내기 때문입니다. 이 끝각은 '진양성율=1(모든 양성 데이터를 양성이라고 제대로 판별했다)'이고 '위양성율=0(음성 데이터를 양성이라고 판단하는 실수가 없었다)'임을 나타내는 것이므로 정말로 이상적인 판단법이라고 말할 수 있습니다. 현실에서 발생하는 데이터로는 이러한 판정 기준을 얻을 수 없겠지만 일반적으로는 왼쪽 위에 있는 각에 가까운 곳을 지나는 ROC 곡선이 더욱 유용성이 있다고 할 수 있습니다.

이처럼 여러 가지의 분류 결과가 존재할 때 각각의 ROC 곡선을 비교하면 분류 결과가 좋았는지 나빴는지를 알 수 있습니다. 여기서는 서로 다른 트레이닝 셋에 로지스틱 회귀를 적용시켰지만 예를 들어 동일한 트레이닝 셋에 여러 가지 분류 알고리즘을 적용시키는 경우를 생각해 보겠습니다. 각각의 알고리즘으로 얻어진 분류 결과를 ROC 곡선을 그려서 비교하여 어느 알고리즘이 더 좋은지 판단할 수 있습니다. 예를 들어 ROC 곡선으로 둘러싸인 오른쪽 아래 부분의 면적(AUC: Area Under the Curve)을 계산하여 이것이 더 클수록 좋은 알고리즘이라고 판단할 수도 있을 것입니다.

그리고 ROC 곡선이 그려지는 사각형 테두리의 왼쪽 위에 있는 각은 이상적인 판단법이라는 것을 나타낸다고 설명했는데 이 사각형에는 그 외에도 특별한 판정에 사용되는 부분이 있습니다(그림 5.11). 예를 들어 왼쪽 아래에 있는 각은 모든 데이터를 무조건 음성이라고 판정할 경우에 해당됩니다. 모든 데이터를 음성이라고 판정하는 것이므로 위양성은 발생하지 않겠지만 그 대신 양성 데이터를 전혀 발견할 수 없게 됩니다. 이와 정반대되는 것이 오른쪽 위에 있는 각입니다. 이것은 모든 데이터가 무조건 양성이라고 판정하는 경우에 해당됩니다. 이때 모든 양성 데이터를 제대로 판정할 수 있기 때문에 진양성율은 1이 됩니다. 그러나 모든 음성 데이터도 양성이라고 판단해버리기 때문에 위양성율도 1이 됩니다. 이 2가지 경우는 트레이닝 셋으로부터 아무것도 학습할 수 없는 '무지'한 판정법이라고 말할 수 있을 것입니다.

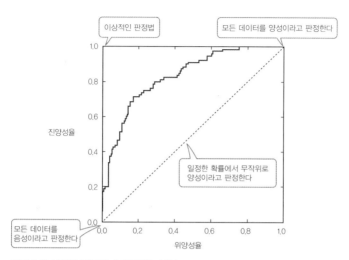

그림 5.11 특별한 판정법에 해당하는 부분

이들 외에도 '무지'한 판정법이 있습니다. 예를 들어 새로운 데이터가 주어졌을 때 주사위를 던져서 1/2의 확률로 '양성'이라고 판정한다면 어떤 일이 벌어질까요? 이 경우 진양성율과 위양성율은 둘 다 0.5가 됩니다. 일반적으로 ROC 곡선이 그려지는 사각형에서 왼쪽 아래에 있는 각과 오른쪽 위에 있는 각을 잇는 직선상의 점은 이러한 1/2 확률에 해당합니다. 일정 확률 p를 기준으로 '양성'이라고 판정할 경우 진양성율과 위양성율은 둘 다 p가 됩니다.

왜 이런 현상이 발생하는지는 그림 5.8을 보면 이해할 수 있을 것입니다. 일정한 확률 p로 모든 데이터가 양성이라고 판단한다는 것은 양성 데이터와 음성 데이터 각각에 대해 확률 p로 양성이라고 판단한 것입니다. 그 결과로 진양성율과 위양성율은 둘 다 p가 되는 것입니다.

즉 조금이라도 '학습'을 하고 있는 알고리즘에 관한 ROC 곡선은 반드시 그림 5.11 에 나온 점선보다 왼쪽 위에 나타나게 됩니다. 만일 점선보다 오른쪽 아래 부분을 지나는 알고리즘이 있다면 '무지'한 알고리즘보다도 훨씬 나쁜 결과가 나올 것이며 의도적으로 잘못된 판단을 하는 알고리즘이라고 말할 수 있습니다.

그래서 진양성율과 위양성율 중 한쪽만 봐서는 해당 알고리즘이 좋은지 나쁜지 알 수 없다는 것을 알 수 있습니다. 복권 당첨 번호를 예로 들어서 모든 번호가 당첨 번호라고 예상하면 진양성율이 1이 되는 예상을 할 수 있겠지만 이런 예상은 전혀 쓸모없는 것이라는 것을 알 수 있습니다. '모든 당첨 번호가 적중됩니다'라고 선전하는 것은 말도 안 되는 이야기일 것입니다.

5.3 부록–IRLS법 도출

이 절에서는 뉴튼 랩슨법을 사용하여 트레이닝 셋 데이터 $\{(x_n, y_n, t_n)\}_{n=1}^{N}$가 얻어질 확률 P를 최대로 만드는 파라미터 $\mathbf{w}$를 결정하는 알고리즘(IRLS법)을 도출해 보겠습니다.

[수학을 배우는 작은 방]

이야기를 조금 더 명확하게 진행하기 위해 각종 기호들을 새로 정의하겠습니다. 먼저 로지스틱 함수는 아래 식의 형태로 주어집니다. 그림 5.3과 같이 0~1에서 부드럽게 변화하는 함수입니다.

$$\sigma(a) = \frac{1}{1+e^{-a}} \tag{5.20}$$

정의한 것을 기초로 하여 계산하면 로지스틱 함수는 아래의 성질을 만족한다는 것을 알 수 있습니다. $\sigma'(a)$는 1계 미분계수를 나타냅니다.

$$\sigma(-a) = 1 - \sigma(a) \tag{5.21}$$

$$\sigma'(a) = \sigma(a)\{1 - \sigma(a)\} \tag{5.22}$$

로지스틱 함수를 사용하여 점 (x, y)에서 얻어진 데이터의 속성이 $t=1$일 확률을 아래와 같이 정의합니다.

$$P(x, y) = \sigma(w_0 + w_1 x + w_2 y) \tag{5.23}$$

이 식에 포함되는 파라미터 (w_0, w_1, w_2)를 결정하는 것이 우리의 목표입니다. 그리고 속성이 $t=0$일 확률은 $1-P(x,y)$가 됩니다.

이 확률을 바탕으로 하여 트레이닝 셋으로 주어진 데이터 $\{(x_n, y_n, t_n)\}_{n=1}^{N}$가 얻어질 확률을 계산합니다. 하나의 데이터 (x_n, y_n, t_n)에 관해 생각해 보면 이 데이터가 주어질 확률은 $t_n=0$인 경우와 $t_n=1$인 경우가 함께 아래와 같이 표현됩니다.

$$P_n = P(x_n, y_n)^{t_n}\{1-P(x_n, y_n)\}^{1-t_n}$$
$$= z_n^{t_n}(1-z_n)^{1-t_n} \tag{5.24}$$

여기서 z_n은 다음과 같이 정의됩니다.

$$z_n = \sigma(\mathbf{w}^{\mathrm{T}} \boldsymbol{\phi}_n) \tag{5.25}$$

$\mathbf{w}$는 파라미터를 나열한 벡터이며 $\boldsymbol{\phi}_n$은 트레이닝 셋에서 n번째 데이터의 좌표에 바이어스 항을 추가한 벡터입니다.

$$\mathbf{w} = \begin{pmatrix} w_0 \\ w_1 \\ w_2 \end{pmatrix} \tag{5.26}$$

$$\boldsymbol{\phi}_n = \begin{pmatrix} 1 \\ x_n \\ y_n \end{pmatrix} \tag{5.27}$$

트레이닝 셋 데이터 전체가 얻어질 확률 P는 각각의 데이터가 얻어질 확률의 곱입니다.

$$P = \prod_{n=1}^{N} P_n = \prod_{n=1}^{N} z_n^{t_n}(1-z_n)^{1-t_n} \tag{5.28}$$

P를 파라미터 w에 관한 함수라고 간주한 것이 우도함수입니다. 이 우도함수를 최대로 만드는 w를 구하는 것이 우리의 목적입니다. 계산하기 조금 편하도록 오차함수 $E(\mathbf{w})$를 최소화하는 w를 아래와 같이 구해 놓겠습니다.

$$E(\mathbf{w}) = -\ln P$$
$$= -\sum_{n=1}^{N} \{t_n \ln z_n + (1-t_n)\ln(1-z_n)\} \tag{5.29}$$

로그함수는 단조증가함수이므로 우도함수 P를 최대로 만든 결과와 오차함수 $E(\mathbf{w})$를 최소로 만든 결과는 동일합니다. 그리고 $E(\mathbf{w})$는 식 (5.25)에 있는 z_n을 통해 w에 의존합니다. $E(\mathbf{w})$를 최소로 만드는 w는 $E(\mathbf{w})$에서 기울기 벡터가 0이 된다는 조건에 의해 결정됩니다.

$$\nabla E(\mathbf{w}) = \mathbf{0} \tag{5.30}$$

여기서 뉴튼 랩슨법을 이용하여 w를 반복하여 수정해가면 식 (5.30)을 만족시키는 w를 계산하는 알고리즘이 도출됩니다. 뉴튼 랩슨법은 뉴튼법을 확장한 것이므로 일단 뉴튼법부터 간단히 복습하고 나서 다시 진행하겠습니다.

뉴튼법이란 1변수함수 $f(x)$에서 $f(x)=0$을 만족시키는 x를 계산하는 기법을 말합니다. 그림 5.12와 같이 $x=x_0$인 곳에서 $y=f(x)$의 접선을 생각해 보면 접선의 방정식은 아래의 식으로 주어지게 됩니다.

$$f(x_0) = 0$$
$$y = f'(x_0)(x-x_0) + f(x_0) \tag{5.31}$$

여기서 $f(x)$ 대신 (5.31)이 0이 되는 점을 $x=x_1$이라고 가정해 보겠습니다.

$$f'(x_0)(x_1 - x_0) + f(x_0) = 0 \tag{5.32}$$

이렇게 하여 x_1이 아래와 같이 정해집니다.

$$x_1 = x_0 - \frac{f(x_0)}{f'(x_0)} \tag{5.33}$$

x_0에서 출발하여 식 (5.33)을 통해 결정되는 x_1을 다시 x_0이라고 정하고 식 (5.33)을 적용시킵니다. 이 작업을 계속 반복하면 $f(x)=0$을 만족시키는 x를 구할 수 있게 됩니다.

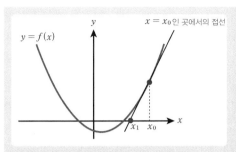

그림 5.12 뉴튼법으로 구하는 근사값

이 뉴튼법으로 x_0을 통해서 x_1을 구하는 절차는 비선형변환 $x{\rightarrow}f(x)$를 x_0에 가까운 곳에서 선형변환으로 근사하여 접선 값이 0이 되는 점을 x_1으로 정하는 것입니다.

이 방법을 다변수 함수를 비선형변환하는 데에 적용한 것이 뉴튼 랩슨법입니다. 이 예에서는 (5.30)의 해를 구하는 것이 목적이므로 식을

$$\mathbf{f(w)} = \nabla E(\mathbf{w}) \tag{5.34}$$

라고 해두고 벡터에서 벡터로의 비선형변환 $\mathbf{w}{\rightarrow}\mathbf{f(w)}$를 생각해 봅시다. 이 비선형변환을 $\mathbf{w}_0$에 가까운 곳에서 선형변환으로 근사한 것이 아래의 식입니다.

$$\mathbf{y} = \{\nabla \mathbf{f(w}_0)\}^\top (\mathbf{w}-\mathbf{w}_0)+\mathbf{f(w}_0) \tag{5.35}$$

식 (5.34)와 식 (5.35)의 성분을 각각 표시한 것은 아래와 같습니다.

$$f_m(\mathbf{w}) = \frac{\partial E(\mathbf{w})}{\partial w_m} \qquad (m=0,1,2) \tag{5.36}$$

$$y_m = \sum_{m'=0}^{2} \frac{\partial f_m(\mathbf{w}_0)}{\partial w_{m'}}(w_{m'}-w_{0m'})+f_m(\mathbf{w}_0) \qquad (m=0,1,2) \tag{5.37}$$

식 (5.36)을 식 (5.37)에 대입하면 아래와 같은 식이 됩니다.

$$y_m = \sum_{m'=0}^{2} \frac{\partial^2 E(\mathbf{w}_0)}{\partial w_{m'}\partial w_m}(w_{m'}-w_{0m'})+\frac{\partial E(\mathbf{w}_0)}{\partial w_m} \tag{5.38}$$

위의 식에서 첫 번째 항에는 '2.3 부록—헤세 행렬의 성질'에서 설명한 헤세 행렬이 포함돼 있습니다. 헤세 행렬 $\mathbf{H}$는 아래의 2계 편미분계수를 성분으로 갖는 행렬입니다.

$$H_{mm'} = \frac{\partial^2 E}{\partial w_m \, \partial w_{m'}} \tag{5.39}$$

따라서 식 (5.38)은 헤세 행렬을 사용하여 행렬의 형태로 바꿀 수 있습니다.

$$\mathbf{y} = \mathbf{H}(\mathbf{w}_0)(\mathbf{w} - \mathbf{w}_0) + \nabla E(\mathbf{w}_0) \tag{5.40}$$

뉴턴법에 따라 선형변환이 0이 되는 점을 $\mathbf{w}_1$으로 정합니다.

$$\mathbf{H}(\mathbf{w}_0)(\mathbf{w}_1 - \mathbf{w}_0) + \nabla E(\mathbf{w}_0) = \mathbf{0} \tag{5.41}$$

이렇게 하여 $\mathbf{w}_1$은 아래와 같이 정해집니다.

$$\mathbf{w}_1 = \mathbf{w}_0 - \mathbf{H}^{-1}(\mathbf{w}_0) \, \nabla E(\mathbf{w}_0) \tag{5.42}$$

이것은 '뉴턴 랩슨 갱신법'이라고 불리는 변환식입니다. 임의의 $\mathbf{w}_0$로부터 출발하여 이전에 구한 $\mathbf{w}_1$을 새로운 $\mathbf{w}_0$에 대입하는 작업을 반복하면 뉴턴법과 동일하게 식 (5.30)의 해에 수렴해 갑니다.

식 (5.42)는 오차함수 $E(\mathbf{w})$의 함수형태에 의존하지 않는 관계인데 이때 식 (5.29)로 주어지는 $E(\mathbf{w})$에 관해 기울기 벡터 $\nabla E(\mathbf{w})$와 헤세 행렬 $\mathbf{H}$를 구체적으로 계산합니다.

식 (5.29)에 나온 오차함수 $E(\mathbf{w})$는 z_n을 통해 $\mathbf{w}$에 의존하고 있으므로 z_n의 편미분계수를 계산해서 준비해 둡니다. z_n의 정의인 식 (5.25) 그리고 로지스틱 함수의 미분에 관한 공식인 식 (5.22)를 사용하여 계산하면 아래와 같은 관계가 얻어집니다. $[\boldsymbol{\phi}_n]_m$은 벡터 $\boldsymbol{\phi}_n$의 m번째 성분을 나타냅니다.

$$\frac{\partial z_n}{\partial w_m} = \sigma'(\mathbf{w}^T \boldsymbol{\phi}_n) \frac{\partial(\mathbf{w}^T \boldsymbol{\phi}_n)}{\partial w_m} = z_n(1 - z_n)[\boldsymbol{\phi}_n]_m \tag{5.43}$$

이제 식 (5.29)와 식 (5.43)을 기반으로 하여 $\nabla E(\mathbf{w})$의 성분을 계산하겠습니다.

$$\begin{aligned}
\frac{\partial E(\mathbf{w})}{\partial w_m} &= -\sum_{n=1}^{N}\left(\frac{t_n}{z_n} - \frac{1 - t_n}{1 - z_n}\right)\frac{\partial z_n}{\partial w_m} \\
&= -\sum_{n=1}^{N}\{t_n(1 - z_n) - (1 - t_n)z_n\}[\boldsymbol{\phi}_n]_m \\
&= \sum_{n=1}^{N}(z_n - t_n)[\boldsymbol{\phi}_n]_m
\end{aligned} \tag{5.44}$$

여기서 $[\phi_n]_m$을 (n, m)번째 성분으로 가지는 행렬을 Φ라고 하면 식 (5.44)는 다음과 같이 행렬의 형태로 쓸 수 있습니다.

$$\nabla E(\mathbf{w}) = \Phi^{\mathrm{T}}(\mathbf{z} - \mathbf{t}) \tag{5.45}$$

이 Φ는 앞서 식 (5.16)에서 정의한 Φ와 동일한 것입니다.

$$\Phi = \begin{pmatrix} 1 & x_1 & y_1 \\ 1 & x_2 & y_2 \\ \vdots & \vdots & \vdots \\ 1 & x_N & y_N \end{pmatrix} \tag{5.46}$$

$\mathbf{t}$와 $\mathbf{z}$는 앞서 식 (5.15)와 식 (5.17)로 정의된 것과 동일한 것입니다.

$$\mathbf{t} = \begin{pmatrix} t_1 \\ \vdots \\ t_N \end{pmatrix} \tag{5.47}$$

$$\mathbf{z} = \begin{pmatrix} z_1 \\ \vdots \\ z_N \end{pmatrix} \tag{5.48}$$

이어서 식 (5.44)를 한 번 더 편미분하여 헤세 행렬의 성분을 계산합니다.

$$
\begin{aligned}
H_{mm'} &= \frac{\partial^2 E}{\partial w_m \, \partial w'_m} \\
&= \frac{\partial}{\partial w_m} \sum_{n=1}^{N} (z_n - t_n)[\phi_n]_{m'} = \sum_{n=1}^{N} \frac{\partial z_n}{\partial w_m}[\phi_n]_{m'} \\
&= \sum_{n=1}^{N} z_n(1 - z_n)[\phi_n]_m[\phi_n]_{m'}
\end{aligned}
\tag{5.49}
$$

마지막으로 변형하는 데에는 식 (5.43)을 사용했습니다. 식 (5.49)에서 마지막에 나온 형식은 $z_n(1-z_n)$을 대각성분으로 가지는 대각행렬 $\mathbf{R}$을 중간에 넣은 행렬의 곱의 형태로 표현된 것입니다. 즉 헤세 행렬은 아래와 같이 표현됩니다.

$$\mathbf{H} = \boldsymbol{\Phi}^{\mathrm{T}}\mathbf{R}\boldsymbol{\Phi} \tag{5.50}$$

$$\mathbf{R} = \mathrm{diag}[z_1(1-z_1), \cdots, z_N(1-z_N)] \tag{5.51}$$

크로네커 델타를 사용하여 (5.49)를 변형하면 위에 나온 식들을 이해할 수 있을 것입니다.

크로네커 델타 $\delta_{nn'}$는 아래와 같이 $n=n'$일 때에만 1이 되는 기호입니다[2].

$$\delta_{nn'} = \begin{cases} 1 \ (n = n') \\ 0 \ (n \neq n') \end{cases} \tag{5.52}$$

이것을 사용하여 식 (5.49)를 다시 써보면 $R_{nn'}=z_n(1-z_n)\delta_{nn'}$이 대각 행렬 $\mathbf{R}$의 성분에 대응한다는 것을 알 수 있습니다. 이것을 아래에 나타냈습니다.

$$
\begin{aligned}
(5.49) &= \sum_{n=1}^{N}\sum_{n'=1}^{N} z_n(1-z_n)\delta_{nn'}[\boldsymbol{\phi}_n]_m[\boldsymbol{\phi}_{n'}]_{m'} \\
&= \sum_{n=1}^{N}\sum_{n'=1}^{N}[\boldsymbol{\phi}_n]_m R_{nn'}[\boldsymbol{\phi}_{n'}]_{m'}
\end{aligned}
\tag{5.53}
$$

식 (5.45)와 식 (5.50)을 식 (5.42)에 대입하면 최종적으로 아래와 같은 관계식이 얻어집니다.

$$\mathbf{w}_1 = \mathbf{w}_0 - (\boldsymbol{\Phi}^{\mathrm{T}}\mathbf{R}\boldsymbol{\Phi})^{-1}\boldsymbol{\Phi}^{\mathrm{T}}(\mathbf{z}-\mathbf{t}) \tag{5.54}$$

이것이 바로 식 (5.14)를 보며 설명했던 것이며 이것은 IRLS법으로 파라미터를 수정하는 알고리즘입니다.

마지막으로 식 (5.49)를 사용하면 헤세 행렬 $\mathbf{H}$는 정부호행렬이라는 것을 알 수 있습니다. 왜냐하면 임의의 $\mathbf{u} \neq 0$에 대해 아래와 같은 식이 성립하기 때문입니다.

$$\mathbf{u}^{\mathrm{T}}\mathbf{H}\mathbf{u} = \sum_{n=1}^{N} z_n(1-z_n)(\boldsymbol{\phi}_n^{\mathrm{T}}\mathbf{u})^2 > 0 \tag{5.55}$$

---

2 (역자주) 델타 함수라고도 부릅니다.

여기서는 식 (5.25)를 토대로 z_n는 $0 < z_n < 1$를 만족한다는 사실을 이용한 것입니다. '2.3 부록—헤세 행렬의 성질'에서 이야기한 것과 같이 헤세 행렬이 정부호행렬이기 때문에 식 (5.42)에서 역행렬 $\mathbf{H}^{-1}$을 취할 수 있고 오차함수 E의 그래프는 아래로 볼록한 모양이라는 것을 알 수 있습니다. 즉 식 (5.30)을 만족하는 $\mathbf{w}$는 1개만 존재하며 이것은 오차함수의 최솟값을 나타냅니다.

그리고 '5.1.3 예제 코드로 확인한다'에 나온 그림 5.6에서는 수치계산을 하는 중에 자릿수 올림 오차가 발생하여 $z_n = 1$이나 $z_n = 0$이 되는 오류가 발생한다고 이야기했습니다. 이것을 지금 설명하고 있는 내용에서 이야기하자면 식 (5.55)를 계산하는 과정에서 $\mathbf{u}^\mathsf{T}\mathbf{H}\mathbf{u} = 0$이 되어 역행렬 $\mathbf{H}^{-1}$이 존재하지 않는다는 사실에 대응됩니다.

06

k-평균법:
비지도 학습모델 기초

6.1 k-평균법을 통한 클러스터링과 그 응용
6.2 게으른 학습모델로서의 k-최근접이웃

이번 장에서는 k-평균법을 설명합니다. k-평균법은 비지도 학습으로 실시하는 클러스터링의 기초가 되는 지식입니다. 이것은 비슷한 데이터들끼리 그룹화하는 간단한 알고리즘이지만 분석 대상이 되는 데이터를 어떻게 선택하느냐에 따라 다양한 응용법을 생각해 볼 수 있는 기법입니다. 이 장에서는 이미지 파일의 '색' 데이터를 그룹화하는 예제를 가지고 공부해 보겠습니다. 그 밖에는 '문서' 데이터를 그룹화하여 문서들을 여러 범주로 나누는 것도 생각해 볼 수 있을 것입니다. 예를 들어 신문 기사를 모아 놓은 웹사이트에서 비슷한 뉴스를 자동으로 그룹화할 수도 있을 것입니다.

그리고 k-평균법과 비슷한 알고리즘인 'k-최근접 이웃 알고리즘'에 대해서도 알아보겠습니다. 이것은 클러스터링이 아니고 분류 알고리즘에 속하는 것인데 '게으른 학습(Lazy Learning)'이라는 재미있는 특징을 가진 알고리즘입니다.

6.1 k-평균법을 통한 클러스터링과 그 응용

이 절에서는 k-평균법의 알고리즘에 대해 설명하고 나서 그 구체적인 응용 예로 '1.3.3 이미지 파일 감색 처리(대표색 추출)'에서 소개한 [예제 3]을 공부하겠습니다. 그리고 k-평균법의 알고리즘은 단순하여 이해하기 쉽지만 '왜 이렇게 하면 답이 나오는가'에 대해서는 수학적인 부분을 알아야 이해할 수 있습니다. 이에 관해서도 나중에 설명하겠습니다.

6.1.1 비지도 학습모델 클러스터링

k-평균법은 '비지도 학습(unsupervised learning)'이라고 불리는 기법입니다. 한편 이제까지 설명했던 알고리즘들은 모두 '지도 학습(supervised learning)'이라고 말할 수 있습니다. 여기서 지도 학습과 비지도 학습의 차이를 정리하고 넘어가겠습니다.

일단 이제까지 설명한 알고리즘에서는 트레이닝 셋으로 주어진 데이터가 t_n으로 표현된 값을 가지고 있었습니다. '2.1.1 트레이닝 세트의 특징 변수와 목적 변수'에서 설명했듯이 이것은 '목적변수'에 해당되는 것이며 새로운 데이터를 추정할 대상이 됩니다. 다시 말하면 목적변수의 값을 이미 알고 있는 데이터를 분석하여 미지의 데이터의 목적변수 값을 추측하는 규칙을 만들어내는 것입니다.

그러나 '비지도 학습'의 경우에는 분석 대상인 데이터에 목적변수가 포함되어 있지 않습니다. k-평균법이나 다음 장에서 설명할 EM 알고리즘으로 실시하는 클러스터링에서는 주어진 데이터를 명시적으로 분류할 목적변수가 없는 상태로 데이터 간의 유사성을 발견해가야 합니다.

그리고 이렇게 하기 위해서는 제대로 그룹화되었는지 판단할 기준을 설정해야 합니다. 이번 장에서 설명할 k-평균법에서는 '제곱 에러(squared error)'라는 값을 정의해두고 이 값을 가능한 한 작게 만드는 방식으로 그룹을 나누겠습니다. 이전에 했던 최소제곱법이나 퍼셉트론에서는 '오차'를 최소화하는 파라미터를 결정했는데 제곱 에러도 이 방법과 비슷한 것입니다. 그리고 다음 장에서 설명할 'EM 알고리즘'에서는 특정 그룹이 얻어질 확률을 정의하여 그 확률을 최대화하도록 그룹을 짓습니다. 이것은 최우추정법과 동일한 방식이라고 할 수 있습니다.

이제까지 회귀분석이나 분류 문제와 같이 그 목적이 다른 알고리즘에 대해 설명했는데 그 근간에는 공통된 발상이나 지침이 있다는 것을 이제 알게 됐을 것입니다. 머신러닝 알고리즘을 이해하고 제대로 사용하기 위해서는 이러한 근본적인 사항들을 알아야 합니다.

6.1.2 k-평균법을 사용한 클러스터링

이제 k-평균법의 알고리즘인 '그룹화하는 절차'에 대해 설명하겠습니다. '왜 이렇게 하는 것이 좋은가'에 대한 내용은 '6.1.5 k-평균법의 수학적 근거'에서 다시 설명하겠습니다.

예를 들어 보겠습니다. 그림 6.1(a)와 같이 (x, y) 평면 위에 여러 개의 점 $\{(x_n, y_n)\}_{n=1}^{N}$이 트레이닝 셋으로 주어졌다고 가정해 봅시다. 이전에 설명했던 대로 트레이닝 셋 데이터에는 목적변수 t_n은 포함돼 있지 않습니다. 언뜻 보기에 이들 데이터는 2개의 그룹으로 분류될 것 같기도 합니다.

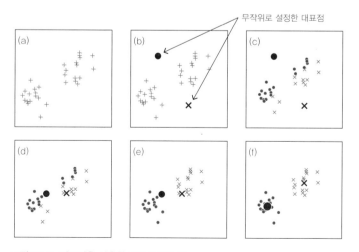

그림 6.1 k-평균법을 사용한 클러스터링 예

이제 k-평균법을 사용하여 이들 데이터를 2개의 클러스터로 분류합니다[1]. k-평균법 알고리즘에서는 분류할 클러스터의 개수를 미리 지정해야 합니다. 그리고 나중에는 (x, y) 평면 위에 있는 점을 벡터 기호로 나타내어 설명할 것입니다. 예를 들어 트레이닝 셋에 포함되는 점은 $\mathbf{x}_n = (x_n, y_n)^\mathsf{T}$라고 표기할 것입니다.

가장 먼저 각 클러스터의 '대표점'을 마련합니다. 이 예에서는 2개의 클러스터로 분류할 것이므로 그림 6.1(b)에 나타난 것처럼 (x, y) 평면상에 아무 점이나 대충 2개의 $\{\boldsymbol{\mu}_k\}_{k=1}^2$점을 대표점이라고 설정합니다. 그리고 트레이닝 셋의 각 점이 '어느 대표점에 소속될지'를 결정합니다. 여기서는 대표점과의 거리 $\|\mathbf{x}_n - \boldsymbol{\mu}_k\|$를 계산하여 거리가 가까운 쪽 대표점에 소속되는 것으로 결정하겠습니다. 이렇게 하여 그림 6.1(c)와 같이 트레이닝 셋의 점이 2개의 클러스터로 분류됐습니다. 그럼 여기서 각각의 점이 어느 대표점에 소속되는지를 나타내는 변수 r_{nk}를 정의하겠습니다.

$$r_{nk} = \begin{cases} 1 & \mathbf{x}_n \text{ 이 k번째 대표점에 속할 경우} \\ 0 & \text{그 외의 경우} \end{cases} \tag{6.1}$$

물론 이렇게 분류하는 것은 맨 처음 대표점을 어떻게 정하는지에 따라 얼마든지 달라질 수 있는 것이므로 최적의 분류법이라고는 말할 수 없습니다. 그래서 클러스터를 다시 본래대로 되돌려 놓고 대표점을 다시 정하겠습니다. 이를 구체적으로 설명하면 각각의 클러스터에 소속되는 점의 '중심'을 새로운 대표점으로 정하는 것입니다. 이는 중심의 공식을 사용하여 아래와 같이 계산됩니다.

$$\boldsymbol{\mu}_k = \frac{\sum \mathbf{x}_n}{N_k} \quad (k = 1, 2) \tag{6.2}$$

---

1 클러스터링 알고리즘에서는 분류하여 생성된 그룹을 클러스터라고 부릅니다.

이때 N_k는 k번째 대표점에 소속되는 점의 개수이며 분자에 있는 총합 기호 Σ는 k 번째 대표점에 소속된 점만을 가산하겠다는 것을 나타냅니다. 이 식은 앞서 정의한 변수 r_{nk}를 사용하여 아래와 같이 깔끔하게 다시 표현할 수 있습니다.

$$\boldsymbol{\mu}_k = \frac{\displaystyle\sum_{n=1}^{N} r_{nk}\,\mathbf{x}_n}{\displaystyle\sum_{n=1}^{N} r_{nk}} \tag{6.3}$$

그림 6.1(d)는 각 클러스터의 중심을 새로운 대표점으로 정한 모습을 나타냅니다. 그리고 트레이닝 셋의 각 점이 어느 대표점에 소속될지를 다시 정합니다. 앞서 했던 것과 마찬가지로 각 점과의 거리가 가까운 대표점에 소속되게 합니다. 이렇게 하면 그림 6.1(e)와 같이 더욱 적절하게 분류됩니다.

그리고 동일한 절차를 계속 반복합니다. 즉 그림 6.1(e)에 있는 각 클러스터의 중심을 계산해서 새로운 대표점으로 정하고 트레이닝 셋의 각 점이 어느 대표점에 소속되는지를 다시 결정하는 것입니다.

이 예에서는 그림 6.1(f)와 같은 상태가 된 이후에는 각 클러스터에 소속되는 점이 변화하지 않게 됩니다. 클러스터에 소속된 점이 변화하지 않는다는 것은 각각의 중심, 다시 말하면 대표점도 더 이상 변화하지 않는다는 것을 의미합니다. 따라서 이 작업은 여기서 끝나게 되고 마지막에 얻어진 대표점 $\{\boldsymbol{\mu}_k\}_{k=1}^{2}$가 각 클러스터를 대표하게 됩니다.

그리고 그림 6.1과 같은 예에서는 마지막에 얻어진 대표점은 처음에 대표점이 어떻게 결정됐는지에 상관없이 항상 같은 위치에 나타납니다. 그러나 이 사실은 항상 성립하지는 않습니다. 더욱 복잡한 트레이닝 셋을 사용한 경우나 더욱 많은 클

러스터로 분류할 경우에는 처음에 대표점을 어떻게 잡았는지에 따라 결과가 달라
질 수도 있습니다.

k-평균법을 현실 세계의 문제에 적용시킬 때에는 처음 대표점을 바꿔가며 계산
을 여러 번 반복하여 더욱 적절하다고 판단되는 클러스터를 발견하는 방법 등 여
러 가지 방법을 생각해봐야 합니다. 다시 강조하지만 데이터 과학은 가설과 검증
을 반복하는 과학적인 기법입니다. 한 번의 계산으로 반드시 정답이 얻어지는 것
은 아닙니다.

6.1.3 이미지 데이터에 응용

앞서 설명한 k-평균법 알고리즘을 이용하여 '1.3.3 이미지 파일 감색 처리(대표색
추출)'에서 설명한 [예제 3]에 대해 생각해 보겠습니다. 그림 6.2와 같은 컬러 이미
지 파일에서 지정된 개수의 대표색을 추출하는 문제입니다. 이 사진은 빨간색(꽃
의 색깔), 녹색(잎의 색깔), 흰색(하늘의 색깔)을 대표색으로 가지는 이미지 파일
입니다.

그림 6.2 컬러 이미지 파일

이미지 파일과 클러스터링이 무슨 관계가 있는지 의문을 가질 수도 있지만 '대표색'이라는 단어에 힌트가 있습니다. k-평균법 알고리즘은 클러스터링이라는 그룹으로 나누는 것이라고 설명했는데 실제로는 각 클러스터의 '대표점'을 결정하는 작업을 수행합니다. 따라서 이미지 파일에 포함된 각 픽셀의 '색'을 트레이닝 셋 데이터로 간주하여 k-평균법을 적용시키면 대표점에 해당하는 대표색이 얻어지는 것입니다.

각 픽셀의 색을 데이터화하는 방법은 여러 가지가 있는데 픽셀을 RGB 3색 값으로 표현하여 이것을 3차원 공간상에 있는 점이라고 간주하는 방법이 가장 단순한 방법입니다. 예를 들어 표 6.1은 각종 웹 서비스를 대표하는 브랜드 색을 RGB로 표시한 것입니다[2]. 이 값을 3차원 공간에 배치한 모습을 그림 6.3에 나타냈습니다. 이 그림을 보면 각각의 브랜드 색의 유사성이 보일 것입니다. 다시 말하면 3차원 공간상에 있는 두 개의 점 사이의 거리값이 색의 유사성을 판별하는 기준이 되는 것입니다.

표 6.1 각종 웹 서비스의 브랜드 색

웹 서비스	(R, G, B)	웹 서비스	(R, G, B)
Twitter	(0, 172, 237)	Amazon	(255, 153 ,0)
facebook	(30, 50, 97)	Dropbox	(0, 126, 229)
Google	(66, 133, 244)	GitHub	(65, 131, 96)
LINE	(90, 230, 40)	YouTube	(205, 32, 31)
Instagram	(63, 114, 155)		

---

2 BrandColors (http://brandcolors.net)

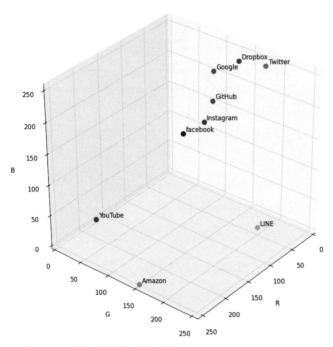

그림 6.3 RGB 공간에 배치한 브랜드 색

그렇다면 실제 처리 대상인 이미지 데이터는 어떻게 되는 것일까요? 그림 6.2의 이미지 파일에서 각 픽셀의 색을 하나씩 집어서 그 색을 RGB 공간에 배치하면 그림 6.4와 같은 결과를 얻게 됩니다[3]. 그림이 그다지 명확하게 보이지는 않지만 데이터가 3가지 대표색(꽃의 빨간색, 잎의 초록색, 하늘의 흰색)에 해당하는 위치인 3곳에 모이게 된다는 것을 알 수 있습니다. 그림 6.1에서 실시했던 방법대로 이 데이터에 대한 대표점을 선택하면 그것이 대표색이 되는 것입니다.

---

3 모든 픽셀을 표시하면 잘 보이지 않기 때문에 개수를 1/100만큼 줄였습니다.

그리고 앞서 설명한 것처럼 k-평균법에서는 분류할 클러스터의 개수 그러니까 대표점 개수 K는 임의로 지정할 수 있습니다. K=3으로 지정할 경우 그림 6.4에 나온 3개의 대표색이 얻어진다고 기대할 수 있는데 그 외의 개수를 지정하여 더 많은 대표색을 추출할 수도 있습니다.

그리고 이번 예제에서는 대표색을 추출하는 것뿐만 아니라 이미지 파일에 포함된 각각의 픽셀을 대표색으로 교체하여 이미지를 감색 처리할 것입니다. 이것은 각각의 픽셀을 해당 픽셀이 소속된 클러스터의 대표색, 다시 말하면 그림 6.4의 공간상에서 '가장 가까운 대표색'으로 교체하는 것입니다.

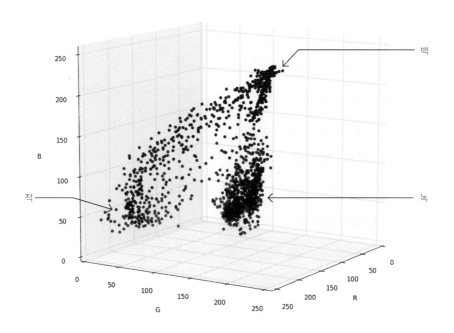

그림 6.4 이미지 파일에 포함된 각 픽셀의 색을 RGB 공간에 배치

6.1.4 예제 코드로 확인한다

예제 코드 '06-k_means.py'를 사용하여 이미지 파일로부터 대표색을 추출하고 그 대표색으로 교체하여 감색 처리를 실시하겠습니다. 처리 대상인 이미지 파일은 예제 파일이 들어 있는 디렉터리에 함께 있으며 파일 이름은 'photo.jpg'입니다. 그림 6.2에 나온 이미지 파일과 같은 것인데 JPG 형식의 파일이라면 어떤 파일이라도 이름만 바꿔서 동일한 디렉터리에 넣으면 예제에 이용할 수 있습니다. 예제 코드를 실행하는 절차는 아래와 같습니다.

```
$ ipython Enter
In [1]: cd ~/ml4se/scripts Enter
In [2]: %run 06-k_means.py Enter
```

이 예제에서는 K=2, 3, 5, 16 이렇게 4종류의 클러스터 개수를 지정하여 클러스터링 처리를 실시합니다. 예제 코드를 실행하면 그림 6.5와 같은 내용이 출력됩니다. 이 출력 결과의 앞부분은 클러스터 개수 K와 무작위로 결정한 첫 번째 대표점을 표시합니다. 그러고 나서 k-평균법 알고리즘에 따라 대표점을 다시 계산할 때마다 새로운 대표점이 표시되어 갑니다.

이때 동시에 표시되는 'Distortion : J' 값은 분류 퀄리티가 얼마나 나쁜지를 나타내는 '제곱 에러'라는 값입니다. 자세한 내용에 관해서는 '6.1.5 k-평균법의 수학적 근거'에서 설명하겠지만 화면 출력으로 알 수 있는 것은 계산을 반복할 때마다 이 값이 작아진다는 것입니다. 이 값의 변화(감소한 범위)가 0.1% 이하가 되면 계산을 멈추고 그 시점까지 계산된 대표값을 최종 결과로 정합니다. 그러고 나서 다음 클러스터 개수 K에 대한 계산을 시작합니다.

각각의 K개를 지정하여 계산한 대표색을 사용하여 이미지를 감색 처리한 결과는 비트맵 파일 'outputXX.bmp'(XX에는 K값)에 담겨 동일한 디렉터리에 출력됩니다. 그림 6.6은 실제로 얻어진 결과 이미지 예입니다. 각각의 K값에 어울리는 결과가 얻어졌는데 앞서 설명한 것처럼 k-평균법은 처음에 대표점을 어떻게 선택했는지에 따라 결과가 달라질 수 있습니다. 예제 코드를 여러 번 실행하여 결과가 얼마나 달라지는지도 확인해보기 바랍니다.

```
In [1]: %run 06-k_means.py
===============================

Number of clusters: K=2
Initial centers: [[154, 202, 42], [115, 4, 20]]  ◀──  무작위로 결정한 첫 번째 대표점
===============================

[[184, 181, 162], [106, 61, 45]]
Distortion: J=4151220153
[[219, 201, 201], [102, 88, 53]]
Distortion: J=1462417417
[[231, 212, 216], [108, 94, 60]]
Distortion: J=979689752
[[233, 217, 221], [111, 96, 62]]
Distortion: J=909854148
[[234, 218, 223], [112, 96, 63]]
... ( 이하생략 ) ...
```

그림 6.5 예제 코드를 실행하면 출력되는 결과

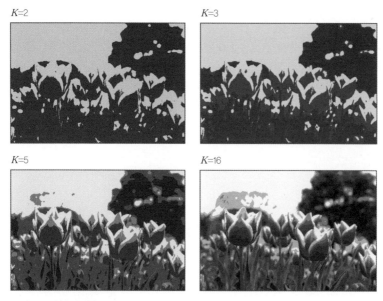

그림 6.6 감색 처리한 결과

그리고 이 예제 코드의 앞부분에는 그림 6.7과 같은 내용이 있는데 이곳에서 클러스터 개수를 나타내는 K값을 지정할 수 있습니다. 여러 개의 값을 지정하면 해당 값에 관한 내용이 차례로 처리됩니다. 그러나 K값이 커지면 계산 시간이 길어지므로 최대 K=32 정도까지만 지정하기 바랍니다.

```
#------------#
# Parameters #
#------------#
Colors = [2, 3, 5, 16]  # 감색 후 색의 개수(임의로 색의 수를 지정할 수 있습니다)
```

그림 6.7 06-k_means.py의 파라미터 설정 부분

6.1.5 k-평균법의 수학적 근거

'6.1.1 비지도 학습모델 클러스터링'의 처음 부분에서 이야기했듯이 k-평균법은 여러 가지 그룹화 방식에서 나타나는 '에러' 값을 수학적으로 계산하여 그 에러가 가장 작게 나타나는 그룹화 방식을 찾는 기법입니다.

'에러'는 여러 가지로 정의될 수 있으나 앞서 예제 코드에서는 '제곱 에러'라는 아래와 같은 값을 사용합니다.

$$J = \sum_{n=1}^{N} \sum_{k=1}^{K} r_{nk} \| \mathbf{x}_n - \boldsymbol{\mu}_k \|^2 \tag{6.4}$$

r_{nk}의 정의(식 6.1)를 생각하면 이것은 '각 데이터가 소속된 클러스터의 대표점에서 데이터 자신까지의 거리의 제곱'을 합계한 값입니다. 즉 J값이 작아지도록 한다는 것은 '데이터들이 각 클러스터의 대표점에 가까운 곳으로 모이도록 분류한다'는 이야기입니다.

여기서는 k-평균법을 실시하여 계산해감에 따라 이 '제곱 에러' 값이 작아져 가게 되고 마지막에는 극소값에 도달하게 된다는 사실을 증명해 줍니다.

[수학을 배우는 작은 방]

트레이닝 셋으로 주어진 데이터를 임의의 특정 차원 벡터의 집합 $\{\mathbf{x}_n\}_{n=1}^{N}$로 표현하겠습니다. 이들 집합을 K개의 클러스터로 분류하기로 하고 대표점을 $\{\boldsymbol{\mu}_k\}_{k=1}^{K}$로 표현합니다. 대표점은 무작위로 선택되어 있습니다.

그리고 이제 트레이닝 셋의 각 데이터가 어느 클러스터에 소속되는지를 결정해야 하는데 이 단계에서는 이 소속도 무작위로 결정되는 것으로 가정하겠습니다. 각 데이터가 소속될 클러스터를 아래와 같은 기호로 나타냅니다.

$$r_{nk} = \begin{cases} 1 & \mathbf{x}_n \text{ 이 } k\text{번째 대표점에 소속될 경우} \\ 0 & \text{그 외의 경우} \end{cases} \tag{6.5}$$

그리고 이들 기호를 사용하여 현재 분류된 상태에서 '제곱 에러'를 아래와 같은 수식으로 정의합니다.

$$J = \sum_{n=1}^{N} \sum_{k=1}^{K} r_{nk} \|\mathbf{x}_n - \boldsymbol{\mu}_k\|^2 \tag{6.6}$$

앞서 설명했듯이 이것은 '각 데이터가 소속된 클러스터의 대표점에서 데이터 자신까지의 거리의 제곱'을 합계한 값입니다. 그러고 나서 k-평균법을 실시하여 r_{nk}와 $\boldsymbol{\mu}_k$를 수정해가면 J값은 점점 감소해서 마지막에는 극소값에 도달하게 됩니다.

먼저 각 데이터가 소속될 클러스터를 다시 선택합니다. 이때 각 데이터 $\mathbf{x}_n$과 대표점 사이의 거리 $\|\mathbf{x}_n - \boldsymbol{\mu}_k\|$가 가장 작은 클러스터를 선택합니다.

위에 나온 J의 의미(데이터에서 소속된 클러스터의 대표점까지의 거리의 제곱의 합)를 생각해보면 이 계산에서 J값이 커지는 일은 있을 수 없습니다. 이 계산은 식 (6.6)의 r_{nk}값을 아래와 같은 조건으로 다시 정의한 것이 됩니다[4].

$$r_{nk} = \begin{cases} 1 & k = \underset{k'}{\mathrm{argmin}} \|\mathbf{x}_n - \boldsymbol{\mu}_{k'}\| \text{ 인 경우} \\ 0 & \text{그 외의 경우} \end{cases} \tag{6.7}$$

그러고 나서 현재 각각의 데이터가 분류된 상태에서 각 클러스터의 대표점 $\boldsymbol{\mu}_k$를 다시 정합니다. 이때 식 (6.6)을 최소로 하는 조건으로 $\boldsymbol{\mu}_k$를 선택해 보겠습니다. 식 (6.6)을 $\boldsymbol{\mu}_k$의 관점에서 보면 아래로 볼록한 2차 함수가 되므로 편미분계수는 0이 된다는 조건으로 최소화할 수 있습니다.

일단 J를 성분으로 표기하면 다음과 같이 나타낼 수 있습니다. $[\mathbf{x}_n]_i$라는 기호는 벡터 $\mathbf{x}_n$의 i번째 성분을 나타냅니다.

$$J = \sum_{n=1}^{N} \sum_{k=1}^{K} \left\{ r_{nk} \sum_i ([\mathbf{x}_n]_i - [\boldsymbol{\mu}_k]_i)^2 \right\} \tag{6.8}$$

---

4 $\underset{k}{\mathrm{argmin}} \, f_{k}$는 '$f_{k}$'를 최소화하는 k'값'을 나타내는 기호입니다.

이것을 특정 성분으로 편미분한 식은 아래와 같습니다.

$$\frac{\partial J}{\partial [\mu_k]_i} = -2 \sum_{n=1}^{N} r_{nk}([\mathbf{x}_n]_i - [\mu_k]_i) \tag{6.9}$$

식 (6.9)가 0이 된다는 조건으로부터 $[\mu_k]_i$는 아래와 같이 정해집니다.

$$[\mu_k]_i = \frac{\sum_{n=1}^{N} r_{nk}[\mathbf{x}_n]_i}{\sum_{n=1}^{N} r_{nk}} \tag{6.10}$$

성분으로 표기한 것을 벡터로 다시 표기하면 아래와 같은 결과로 나타나게 됩니다.

$$\mu_k = \frac{\sum_{n=1}^{N} r_{nk}\mathbf{x}_n}{\sum_{n=1}^{N} r_{nk}} \tag{6.11}$$

이것은 식 (6.3)에서처럼 각 클러스터의 중심을 새로운 대표점으로 정하는 작업과 동일한 것입니다. 따라서 식 (6.3)에서와 마찬가지로 J값이 커지는 일은 없습니다.

이렇게 k-평균법을 반복해서 실시하면 J값은 반드시 작아지게 되고 극소값에 도달하면 그 이상 변화하지 않습니다. 그리고 각 클러스터의 대표점은 식 (6.11)을 통한 데이터 분류법에 의해 하나의 값으로 정해지므로 J값은 데이터의 분류 방법으로 정해진다고 말할 수 있습니다. 따라서 'J가 취할 수 있는 값'의 개수는 커봤자 'N개의 데이터를 K개의 집합으로 나눌 경우의 수'라는 유한개가 됩니다. 따라서 J값이 무한히 감소해가는 일은 없을 것이며 계산을 유한 번 반복하여 반드시 극소값에 도달하게 됩니다.

이제 k-평균법에 관해 수학적인 배경에 대해서 알게 됐습니다. 그리고 앞서 제곱에러 J는 유한 번 실시하여 극소값에 도달한다고 설명했는데 값이 전혀 변하지 않게 될 때까지 계산하는 데에는 어느 정도 시간이 필요합니다. 그래서 예제 코드는 J의 감소폭이 J 그 자체의 크기의 0.1% 미만이 된 시점에서 계산을 멈추도록 작성했습니다.

그리고 앞서 설명한 내용에서는 '데이터 x_n과 대표점 μ_k 사이의 거리'가 중요하다는 사실을 알 수 있습니다. 각 데이터가 소속될 클러스터를 결정할 때에는 대표점과의 거리를 최소인 것을 선택했습니다. 또는 클러스터 안에 대표점을 정할 때에는 '제곱 에러'를 최소로 한다는 조건으로 결정했는데 이 제곱 에러는 '각각의 데이터와 대표점 사이의 거리 제곱의 총합'이라고 정의됩니다.

이번 예제에서는 트레이닝 셋 데이터가 3차원 공간의 점 이었으므로 유클리드 거리 $\|x_n - \mu_k\|$로 계산했습니다. 그러나 다른 거리 표현 방식을 사용할 경우에도 k-평균법을 적용할 수 있습니다. 예를 들어 이 책의 처음 부분에서는 '문서' 데이터를 그룹화하여 문서를 카테고리별로 분류하는 예를 소개했습니다. 이 경우에는 '2개의 문서 사이의 거리'를 정의합니다.

다시 말하면 문서의 유사성을 계산하여 유사도가 높을수록 거리가 작아지는 형태로 정의하는 것입니다. 문서 사이의 거리에 관해서는 문서에 포함되는 단어가 문서에서 나타나는 빈도를 판단하는 'TF(Term Frequency)'나 특정 장르의 문서에만 나타나는 희귀한 단어가 나타나는 빈도를 판단하는 'TF-IDF(Term Frequency-Inverse Document Frequency)' 등과 같은 정의가 자주 사용됩니다.

6.2 게으른 학습모델로서의 k-최근접이웃

이 절에서는 k-평균법과 마찬가지로 데이터 사이의 거리에 기반을 두고 계산하는 k-최근접이웃(K-Nearest Neighbor)을 소개하겠습니다. 그러나 '비지도학습을 통한 클러스터링 알고리즘'인 k-평균법과는 달리 k-최근접이웃은 '지도학습에 의한 분류 알고리즘'입니다. 복습한다는 의미로 이 2가지 기법 간의 차이를 강조해가면서 설명하겠습니다.

6.2.1 k-최근접이웃으로 분류

k-최근접이웃은 '지도학습'이므로 트레이닝 셋 데이터에는 목적변수 t_n 값이 부여되어 있습니다. 하나의 예로써 퍼셉트론과 로지스틱 회귀를 설명할 때 사용했던 '1.3.2 선형판별에 의한 신규 데이터 분류'의 [예제 2]와 동일한 트레이닝 셋 $\{(x_n, y_n, t_n)\}_{n=1}^{N}$을 생각해 보겠습니다.

퍼셉트론과 로지스틱 회귀에서는 목적변수 값이 2종류가 있었고 이들 2종류의 속성 데이터를 (x, y) 평면상에 있는 직선을 사용하여 분류하는 것이었습니다. 미지의 파라미터인 $\mathbf{w}$를 포함한 형태로 직선의 방정식을 마련해두고 머신러닝을 통해 파라미터 값을 결정했습니다.

그러나 k-최근접이웃의 경우에는 이러한 파라미터는 등장하지 않고 머신러닝으로 파라미터를 결정할 일도 없습니다. 그렇다면 도대체 무엇을 하는 것인가 하면 새로운 데이터 (x, y)가 주어졌을 때 그 주위에 있는 데이터를 찾은 후에 자신과 가까운 곳에 있는 이들 데이터가 가진 목적변수값을 보고 자기 자신의 목적변수를 추정하는 일을 합니다.

가장 간단한 예로써 가장 가까운 곳에 있는 데이터와 같은 속성, 즉 '목적변수값'을 가지고 있다고 추정합니다. 조금 더 일반적으로 이야기하자면 자신의 주변에 있는 K개의 데이터(가까운 곳으로부터 K개 데이터를 세어서)를 보고 그들이 가진 목적변수값 중에서 가장 개수가 많은 목적변수값을 채용하는 것입니다. 다시 말하면 자신의 주변에 있는 K개의 데이터들을 '다수결'에 부치는 것입니다.

이는 실제 실행 결과를 보면 내용을 금방 알 수 있습니다. 그림 6.8은 평면상에 무작위로 생성한 2종류의 속성값(●와 ×) 데이터 집합을 K=1과 K=3으로 지정하여 k-최근접이웃으로 분류한 결과입니다. 평면상의 각 점이 어느 쪽에 분류될지를 색의 차이로 나타냈습니다.

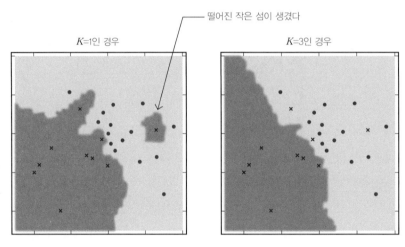

그림 6.8 k-최근접이웃으로 분류한 결과

K=1인 경우에는 그림에 나타난 것처럼 단독으로 존재하는 데이터 주위에 떨어진 작은 섬이 생겼다는 것을 알 수 있습니다. 한편 K=3인 경우에는 3개의 데이터를 가지고 판단하기 때문에 단독으로 존재하는 데이터는 다수결에서 패배하게 되기 때문에 작은 섬은 생기지 않습니다.

이 2가지 결과를 비교하면 K=1인 경우에는 트레이닝 셋으로 주어진 데이터에 특화된 분류 작업이 수행되어 일종의 오버 피팅이 발생했다는 것을 알 수 있습니다. K=3인 경우에는 단독으로 존재하는 데이터로부터 영향을 받지 않기 때문에 조금 더 자연스럽게 분류됩니다.

6.2.2 k-최근접이웃의 문제점

이제까지 설명한 퍼셉트론, 로지스틱 회귀와 k-최근접이웃을 비교하면 k-최근접이웃은 그 발상이 단순하고 다루기 쉬운 알고리즘인 것처럼 보이기도 합니다. 그러나 k-최근접이웃에는 2가지 문제점이 있습니다.

하나는, 새로운 데이터 분류를 판정하는 데에 걸리는 시간입니다. 퍼셉트론과 로지스틱 회귀의 경우에는 직선을 나타내는 함수 $f(x, y)$가 미지의 파라미터 w를 포함하고 있고, 이 w를 결정하려면 트레이닝 셋을 사용한 머신러닝 처리가 필요했었습니다. 트레이닝 셋에 포함된 데이터 개수가 많을 경우에는 그만큼 계산 시간이 많이 소요됩니다. 그러나 한번 머신러닝 처리가 끝나서 파라미터 w값이 정해지면 그 다음에는 계산할 필요가 없습니다. 새로운 데이터는 이전에 결정된 함수 $f(x, y)$를 사용하여 금방 판정할 수 있습니다.

그러나 k-최근접이웃의 경우는 어떨까요? 잘 생각해보면 k-최근접이웃의 경우에는 미리 해 둘 머신러닝 처리가 없습니다. 새로운 데이터가 주어지면 그때마다 트레이닝 셋에 포함된 모든 데이터를 참조하여 자신과 가까운 데이터를 찾아내야 합니다. 분류해야 할 데이터가 주어진 다음에서야 허둥지둥 데이터 셋을 참조하는 모습이 마치 게으른 사람처럼 보이기 때문에 '게으른 학습'이라고 불리기도 합니다. 그러나 엄밀한 의미로는 이것을 머신러닝이라고 부를 수 없습니다. 새로운 데이터가 주어질 때마다 계산이 실행되는 것이므로 특히 대량의 데이터를 고속으로 분류해야 할 경우에는 이것이 실용적인 방법이라고는 말할 수 없습니다[4].

---

4 트레이닝 셋 데이터에 검색용 인덱스를 미리 생성하여 k-최근접이웃 분류 작업을 빠르게 처리하는 알고리즘은 존재합니다.

또 한 가지 문제점은 분석의 기준 '모델'이 명확하지 않다는 점입니다. 예를 들어 퍼셉트론과 로지스틱 회귀는 '트레이닝 셋으로 주어진 데이터를 직선을 사용하여 분류할 수 있다'라는 가설에 기반을 둔 알고리즘입니다. 다시 말하면 분석 대상인 데이터의 배경에는 직선으로 분류할 수 있다는 근거를 보여줄 수 있는 어떤 구조가 숨겨져 있다고 생각하는 것입니다. 그리고 그런 가설이 타당하다는 것을 검증해가는 방식이야말로 데이터 과학이라고 이야기할 수 있는 것입니다. 기본적으로 '과학'이란, 관측된 데이터의 배경에 있는 '법칙'을 발견하는 것을 목적으로 하는 활동이기 때문입니다.

한편 k-최근접이웃에는 위에서 말한 가설이라는 것이 없습니다. 주어진 데이터를 보고 알게 된 사실을 바탕으로 단순하게 판단할 뿐입니다. 물론 k-최근접이웃을 통해 얻어진 결과를 사업적인 업무에 적용하여 유익한 결과가 얻어질 가능성도 있겠지만 '왜 그렇게 유익한 결과가 나왔는가'에 대해 설명할 수는 없습니다. '과거의 데이터를 믿고 그대로 판단했더니 그렇게 됐다'고밖에는 할 말이 없는 것입니다.

'사업적인 판단에 도움을 줬으니 그걸로 된 것 아닌가'라고 생각할 수도 있겠지만 왜 이렇게 유익한 결과가 얻어졌는지에 대한 근거를 제시할 수 있는 가설이 없다면 나중에 같은 방법을 통해 유익한 결과가 나오지 않았을 때 고민에 빠지게 될 것입니다. 잘 되는 이유를 모르는 상태에서는 '잘 되지 않는 이유'를 좇아 알고리즘을 개선한다는 작업을 할 수 없을 것입니다.

그리고 현실 세계에서 발생하는 문제에 대해서는 1개의 알고리즘을 시험하는 것만으로 좋은 결과가 얻어질 리가 없습니다. 다양한 가설을 세우고 각각의 알고리즘에 관해 '잘 되는 이유/잘 되지 않는 이유'를 찾아야 합니다. 그래서 어떤 알고리즘을 적용하기 전에 해야 할 일은 분석의 기준이 되는 '모델'을 명확하게 정의하는 일입니다.

EM 알고리즘:
최우추정법에 의한 비지도 학습

7.1 베르누이 분포를 사용한 최우추정법

7.2 혼합분포를 사용한 최우추정법

7.3 부록 손글씨 문자 데이터를 다운로드한다

이번 장에서는 비지도 학습을 통해 클러스터링 작업을 하는 알고리즘으로서, 최우추정법(Maximum Likelihood Estimation)을 이용하는 EM 알고리즘에 대해 설명하겠습니다. 구체적인 응용 예로는 손글씨 문자를 분류하는 방법에 대해 다룹니다. 조금 복잡한 내용이므로 2단계에 걸쳐 설명하겠습니다.

첫 번째 단계는 특정 문자만을 나타내는 손글씨 문자 표본 집합에서 이들 표본을 대표하는 '대표문자'를 생성하는 방법입니다. 수학적으로 말하면 '베르누이 분포'라고 불리는 확률분포를 사용하여 최우추정법을 실시하는 작업입니다. 그리고 두 번째 단계로는 여러 문자가 혼재하는 손글씨 문자 표본 집합을 분류하는 방법에 대해 설명합니다. 수학적으로 말하면 '혼합 베르누이 분포'를 사용한 최우추정법이라고 할 수 있습니다. 이 처리를 실시할 때 바로 EM 알고리즘이 필요합니다.

왠지 어려울 것 같지만 이제까지 등장했던 최우추정법과 그다지 차이가 없습니다. 이제부터 차근차근 설명해 보겠습니다.

7.1 베르누이 분포를 사용한 최우추정법

이 장에서 다룰 예제는 '1.3.4 손글씨 문자 인식'에서 설명한 [예제 4]입니다. 그림 7.1에서 보는 것과 같이 손으로 쓴 숫자 이미지 데이터가 대량으로 주어졌을 때 이들을 분류하는 것이 목적입니다. 그리고 분류한 손글씨 숫자를 평균화한 '대표문자'를 만드는 것도 목표로 하겠습니다.

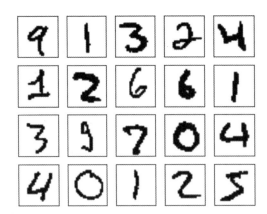

그림 7.1 손글씨 숫자 이미지 데이터

이미지 데이터를 분류하는 일은 잠시 놓아두고 일단은 특정 숫자를 쓴 손글씨 이미지 데이터 집합을 평균화하여 '대표문자'를 생성하는 방법에 대해 설명하겠습니다. 여러 개의 얼굴 사진을 합성해서 '평균적인 얼굴' 사진을 만드는 작업과 같은 것이라고 생각하면 됩니다.

7.1.1 손글씨 문자 합성 방법

여러 개의 이미지 데이터를 합성하기 위한 방법에는 어떤 것이 있을까요? 모든 이미지를 겹쳐서 그 평균을 구하면 될 것 같기도 합니다. 이것을 구체적으로 말하자면 다음과 같은 작업이 될 것입니다.

일단 손글씨 문자 이미지에 포함된 픽셀을 가로 방향으로 일렬로 늘어놓고 각 픽셀의 색(흑이나 백)을 1과 0으로 나타낸 벡터를 준비합니다. 트레이닝 셋으로 주어진 이미지 파일은 흑백인 2색으로 구성되어 있다는 사실에 주의하기 바랍니다. n번째 이미지에 대응하는 벡터를 $\mathbf{x}_n$이라고 하겠습니다. i번째 성분 $[\mathbf{x}_n]_i$를 보면 i번째 픽셀 색을 알 수 있는 것입니다.

그리고 특정 숫자를 쓴 손글씨 이미지 데이터가 N개 있다고 가정하고 이들의 평균을 나타내는 벡터 μ를 준비합니다.

$$\boldsymbol{\mu} = \frac{1}{N}\sum_{n=1}^{N} \mathbf{x}_n \tag{7.1}$$

μ의 각 성분은 0에서 1까지 범위의 실수값을 가지므로 이것을 픽셀 색의 농도라고 생각하겠습니다. 그림 7.2는 실제로 이 방법을 통해서 100장의 손글씨 문자 이미지를 합성한 결과입니다. 어느 정도 그럴 듯한 결과가 얻어졌다는 것을 알 수 있습니다.

그림 7.2 손글씨 문자 이미지를 평균화한 모습

그러나 이 정도 설명으로는 아직 이론적인 근거가 부족합니다. '6.2.2 k-최근접이웃의 문제점'에서도 이야기했듯이 머신러닝을 활용할 때에는 '왜 좋은 결과가 나왔는가'를 설명하는 모델을 구축해야 합니다.

그래서 이제까지 학습한 최우추정법을 사용한 모델을 구축해 보겠습니다. 결론부터 말하자면 식 (7.1)과 동일한 결과가 얻어질 것이고, 어떤 이유로 식 (7.1)이 얻어졌는지를 알게 될 것이므로 다음 절에서 설명할 복잡한 문제에 응용할 수 있게 됩니다.

7.1.2 이미지 생성기와 최우추정법

최우추정법을 적용하기 위해서는 '트레이닝 셋이 얻어질 확률'을 계산해야 합니다. 그래서 무작위로 손글씨 문자를 생성하는 '이미지 생성기'를 준비하겠습니다. 이것은 그림 7.2에서 합성한 이미지처럼 농도가 존재하는 이미지 파일입니다. 각각의 픽셀을 가로 방향으로 일렬로 늘어 놓았고 각각의 픽셀의 농도를 $0 \sim 1$ 범위 안에 있는 실수값으로 나타낸 벡터 μ가 있다고 생각하기 바랍니다.

그리고 이 벡터 μ의 각 성분값은 '해당 픽셀이 검은색이 될 확률'이라고 생각하겠습니다. 다시 말하면 벡터 μ의 i번째 성분값을 μ_i라고 하고 '확률 μ로 i번째 픽셀을 검은색으로 만든다'라는 규칙으로 새롭게 무작위로 이미지를 생성하는 것입니다. 이 작업을 반복하면 이 '이미지 생성기'로 생성한 것과 비슷한 '손글씨 문자처럼 보이는' 이미지를 얼마든지 생성할 수 있습니다. 그림 7.3은 그림 7.2를 토대로 작성한 평균화 문자를 '이미지 생성기'를 사용하여 무작위로 생성한 이미지의 예를 보여줍니다.

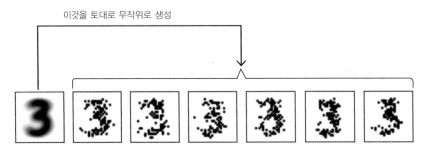

그림 7.3 이미지 생성기로 생성한 이미지 예

그리고 지금 트레이닝 셋이 될 특정 숫자를 쓴 손글씨 이미지 데이터가 N개 있다고 가정하겠습니다. 그리고 어떤 이미지 생성기를 준비하여 이제 N개의 이미지를 생성합니다. 이때 '트레이닝 셋과 완전히 동일한 데이터 집합이 생성될 확률'에 대해 생각해 보겠습니다. 직관적으로 생각해 보면 그럴 확률은 매우 낮을 것 같지만 어쨌든 확률이 계산되기는 됩니다. 이 확률을 최대로 만드는 이미지 생성기를 찾아내면 트레이닝 셋을 대표하는 이미지가 될 것이라고 기대할 수 있을 것입니다.

그리고 벡터 μ로 표현되는 이미지 생성기로부터 트레이닝 셋 데이터 집합이 생성될 확률을 실제로 계산해 보겠습니다. 일단 트레이닝 셋에 포함된 특정 이미지 데이터를 x라고 하겠습니다. x는 i번째 성분값 x_i가 i번째 픽셀의 색(1=검은색, 0=흰색)임을 나타내는 벡터입니다. 픽셀 수는 모두 D개가 있다고 가정하겠습니다. 그리고 그중에서도 특히 i번째 픽셀에 주목하면 그 픽셀의 색이 얻어질 확률 p_i는 아래와 같이 나타낼 수 있습니다.

$x_i = 1$인 경우: $p_i = \mu_i$ (7.2)

$x_i = 0$인 경우: $p_i = 1 - \mu_i$ (7.3)

이 2개의 식을 합쳐서 아래와 같이 표현할 수 있습니다. 이것은 '5.1.1 데이터 발생 확률 설정'에서 설명한 로지스틱 회귀 계산식 (5.6)과 동일한 방법으로 만든 식입니다.

$$p_i = \mu_i^{x_i}(1-\mu_i)^{1-x_i} \tag{7.4}$$

따라서 모든 픽셀이 같은 색이 될 확률은 아래의 식으로 주어집니다.

$$p(\mathbf{x}) = \prod_{i=1}^{D} p_i = \prod_{i=1}^{D} \mu_i^{x_i}(1-\mu_i)^{1-x_i} \tag{7.5}$$

그리고 트레이닝 셋에 포함된 모든 데이터 $\{\mathbf{x}_n\}_{n=1}^{N}$을 생각해 보면 이들 모두와 일치하는 이미지가 얻어질 확률은 아래와 같습니다.

$$P = \prod_{n=1}^{N} p(\mathbf{x}_n) = \prod_{n=1}^{N} \prod_{i=1}^{D} \mu_i^{[\mathbf{x}_n]_i} (1-\mu_i)^{1-[\mathbf{x}_n]_i} \tag{7.6}$$

이것이 이 모델에 관한 우도함수입니다. 그리고 이것을 최대로 만드는 μ를 계산하면 식 (7.1)이 얻어집니다. 다시 말하면 식 (7.1)은 우도함수인 식 (7.6)을 최대로 만드는 '이미지 생성기'인 것입니다.

[수학을 배우는 작은 방]

식 (7.6)을 최대로 만드는 μ를 실제로 구해 보겠습니다. 계산하기 편하도록 식 (7.6)으로부터 로그우도함수 $\ln P$를 계산하고 이것을 최대로 만드는 μ를 구하겠습니다. 이전에도 설명했던 대로 우도함수를 최대로 만드는 것과 로그우도함수를 최대로 만드는 것은 동일한 의미를 가집니다.

일단 로그우도함수는 아래와 같이 구할 수 있습니다.

$$\ln P = \sum_{n=1}^{N} \sum_{i=1}^{D} \{[\mathbf{x}_n]_i \ln \mu_i + (1-[\mathbf{x}_n]_i) \ln(1-\mu_i)\} \tag{7.7}$$

이것을 μ_i로 편미분하면 아래와 같은 식이 얻어집니다.

$$\frac{\partial (\ln P)}{\partial \mu_i} = \sum_{n=1}^{N} \left(\frac{[\mathbf{x}_n]_i}{\mu_i} - \frac{1-[\mathbf{x}_n]_i}{1-\mu_i} \right) \tag{7.8}$$

이것이 0이 되도록 하는 조건으로부터 μ_i는 아래와 같이 결정됩니다.

$$\mu_i = \frac{1}{N} \sum_{n=1}^{N} [\mathbf{x}_n]_i \tag{7.9}$$

이것은 식 (7.1)을 성분으로 표기한 것과 동일합니다.

참고로 이전에 계산했던 '어떤 픽셀의 색이 얻어질 확률'을 나타내는 식 (7.4)는 로지스틱 회귀에서 속성이 t_n인 데이터가 얻어질 확률인 식 (5.6)과 비슷하다고 이야기했습니다. 식 (7.4) 또는 식 (5.6)은 수학적으로는 '베르누이 분포'라고 불리는 확률분포입니다. 동전을 던졌을 때 앞 또는 뒷면이 나올 확률처럼 얻을 수 있는 값은 2종류밖에 없는 사상(事象, event)의 확률을 나타냅니다. 따라서 위에 나온 모델은 '베르누이 분포를 사용한 최우추정법'인 것입니다.

7.2 혼합분포를 사용한 최우추정법

이전 절에서는 특정 숫자를 쓴 손글씨 이미지 데이터 집합을 평균화하여 대표문자를 만드는 방법에 대해 설명했습니다. 그다음 단계로서 여러 가지 숫자를 쓴 손글씨 이미지 데이터가 섞여 있을 때 문자의 종류별로 이미지 데이터를 분류하는 방법에 대해 생각해 보겠습니다. 이전과 마찬가지로 이 문제에도 최우추정법을 적용할 수 있습니다.

7.2.1 혼합분포로 확률계산

총 K종류의 숫자를 포함하는 손글씨 문자 이미지 트레이닝 셋이 있다고 가정해 보겠습니다. 이전 절에서 했던 것처럼 이미지 생성기를 준비하고 이제 트레이닝 셋과 동일한 이미지가 얻어질 확률을 생각해 보겠습니다. 그러나 이번에는 각각의 숫자에 해당하는 이미지 생성기를 준비해야 합니다. 총 K개의 생성기를 $\{\mu_k\}_{k=1}^{K}$로 표현합니다.

이때 특정 이미지 생성기 μ_k에서 이미지 $\mathbf{x}$가 얻어질 확률은 식 (7.5)와 마찬가지로 아래의 식으로 표현할 수 있습니다.

$$p_{\mu_k}(\mathbf{x}) = \prod_{i=1}^{D} [\mu_k]_i^{x_i} (1-[\mu_k]_i)^{1-x_i} \tag{7.10}$$

어느 이미지 생성기를 사용하는가에 따라 이 확률은 달라지겠지만 여기서는 사용할 이미지 생성기를 선택하는 데에도 확률을 적용하겠습니다. 다시 말하면 '이미지 생성기 중 하나를 무작위로 선택하여 새로운 이미지를 생성하는' 작업을 진행하는 것입니다. 이때 k번째 이미지 생성기를 선택할 확률을 π_k로 표현합니다. $\{\mu_k\}_{k=1}^{K}$은 아래의 조건을 만족시킵니다.

$$\sum_{k=1}^{K} \pi_k = 1 \tag{7.11}$$

이 작업을 통해 특정 이미지 $\mathbf{x}$가 얻어질 확률은 아래의 식으로 나타낼 수 있습니다.

$$p(\mathbf{x}) = \sum_{k=1}^{K} \pi_k p_{\mu_k}(\mathbf{x}) \tag{7.12}$$

'이미지 생성기 μ_k가 선택되고 거기서 이미지 $\mathbf{x}$가 얻어질' 확률은 $\pi_k p_{\mu_k}(\mathbf{x})$이므로 이것을 모든 k의 경우에 적용한 것이 위에 나온 식 (7.12)입니다.

그리고 마지막으로 트레이닝 셋에 포함된 데이터 개수를 N이라고 하고 위와 같은 작업을 N번 반복했다고 생각해 보겠습니다. 이렇게 생성되는 N개의 이미지가 트레이닝 셋 데이터 집합과 일치할 확률은 아래의 식으로 나타낼 수 있습니다.

$$P = \prod_{n=1}^{N} p(\mathbf{x}_n) = \prod_{n=1}^{N} \sum_{k=1}^{K} \pi_k \, p_{\mu_k}(\mathbf{x}_n) \tag{7.13}$$

식 (7.13)이 바로 이 모델의 우도함수가 됩니다. 우도함수에 포함된 파라미터는 각각의 이미지 생성기를 나타내는 벡터 $\{\boldsymbol{\mu}_k\}_{k=1}^{K}$와 각각의 이미지 생성기를 선택할 확률 $\{\pi_k\}_{k=1}^{K}$입니다.

이 우도함수를 최대로 만드는 파라미터를 결정하면 트레이닝 셋 이미지 데이터를 분류할 수 있게 됩니다. 왜 이렇게 하면 이미지 데이터를 분류할 수 있는지 아직 알기 힘들지도 모르겠지만 일단은 이렇게 파라미터를 결정한다라는 것만 생각하기 바랍니다.

참고로 이전에 얻어진 특정 이미지 $\mathbf{x}$가 얻어질 확률인 식 (7.12)는 특정 이미지 생성기에서 얻어질 확률 $p_{\mu_k}(\mathbf{x})$를 여러 개의 이미지 생성기에 적용하기 위해 혼합시킨 형태라고 할 수 있습니다. 각각의 이미지 생성기의 확률이 베르누이 분포를 따르기 때문에 이것을 수학적으로 이야기하자면 '혼합 베르누이 분포'라는 모델이라고 할 수 있습니다.

7.2.2 EM 알고리즘 절차

이제 우도함수 (7.13)을 최대로 만드는 파라미터를 결정해야 하는데 사실은 이 계산의 난이도가 만만치 않습니다. 이전 절에서 계산한 우도함수 (7.6)에서는 로그 우도함수로 변환해서 곱 계산 Π가 합 계산 Σ로 변환됐기 때문에 편미분 계수를 쉽게 계산해 낼 수 있었습니다. 그러나 식 (7.13)의 경우에는 곱 계산 Π와 합 계산 Σ가 함께 포함되어 있기 때문에 로그우도함수로 변환하더라도 간단히 계산될 리가 없습니다.

EM 알고리즘이란 이러한 형식의 우도함수값을 최대로 만드는 파라미터를 구하는 기법입니다. 흥미로운 것은 이 기법은 이전 장에서 설명한 k-평균법과 비슷한 형태를 갖추고 있다는 것입니다. 구체적인 설명은 생략하겠지만 결론만 이야기하자면 다음과 같습니다. k-평균법과 비교해가며 설명하겠습니다.

먼저 K개의 이미지 생성기 $\{\mu_k\}_{k=1}^K$를 준비합니다. 이것은 k-평균법에서 처음에 '대표점'을 적당한 곳에 지정하는 것과 비슷합니다. 그와 동시에 각각의 이미지 생성기를 선택할 $\{\pi_k\}_{k=1}^K$도 식 (7.11)을 만족시키는 조건하에 적당한 값으로 설정해 놓는 것입니다.

이때 식 (7.12)를 보면서 설명했던 내용을 떠올려 보면 '어떤 하나의 이미지 생성기를 (확률 $\{\pi_k\}_{k=1}^K$에 따라) 무작위로 선택하여 새로운 이미지를 생성하는' 작업을 할 때 이미지 $\mathbf{x}_n$이 얻어질 확률은 아래의 식으로 주어집니다.

$$p(\mathbf{x}_n) = \sum_{k=1}^K \pi_k \, p_{\mu_k}(\mathbf{x}_n) \tag{7.14}$$

이는 'k번째 이미지 생성기가 선택되고 $\mathbf{x}_n$이 생성될 확률'인 $\pi_k p_{\mu_k}(\mathbf{x}_n)$을 모든 k에 대해 합계를 낸 형태입니다. 어떤 이미지 생성기가 선택되든지 $\mathbf{x}_n$과 동일한 이미지가 생성될 가능성이 있다는 점에 주의하기 바랍니다. 이때 특정 k번째 이미지 생성기로부터 이미지 $\mathbf{x}_n$이 얻어질 가능성을 다음과 같이 비율로 구합니다.

$$\gamma_{nk} = \frac{\pi_k \, p_{\mu_k}(\mathbf{x}_n)}{\sum_{k'=1}^K \pi_{k'} \, p_{\mu_{k'}}(\mathbf{x}_n)} \tag{7.15}$$

이것은 k-평균법에서 트레이닝 셋에 포함된 데이터 $\mathbf{x}_n$이 소속될 대표점을 구하는 작업에 해당됩니다. k-평균법에서는 가장 거리가 가까운 대표점에 소속된다는 조건을 토대로 어느 대표점에 소속될지를 나타내는 변수 r_{nk}값을 설정했습니다. 위에 나온 γ_{nk}는 이에 해당되는 변수입니다.

여기서 $\mathbf{x}_n$은 어느 1개의 이미지 생성기에만 소속되는 것이 아니라 각각의 이미지 생성기에 대해 γ_{nk}의 비율로 소속된다고 생각하면 됩니다.

이렇게 하여 각각의 이미지 생성기에 소속될 비율이 정해졌다면 이 비율을 가지고 새로운 이미지 생성기 $\{\boldsymbol{\mu}_k\}_{k=1}^K$을 새로 만듭니다. 그리고 각각의 이미지 생성기를 선택할 확률 $\{\pi_k\}_{k=1}^K$도 다시 계산합니다. 구체적으로 나타내면 아래의 식과 같습니다.

$$\boldsymbol{\mu}_k = \frac{\sum_{n=1}^{N} \gamma_{nk} \mathbf{x}_n}{\sum_{n=1}^{N} \gamma_{nk}} \tag{7.16}$$

$$\pi_k = \frac{\sum_{n=1}^{N} \gamma_{nk}}{N} \tag{7.17}$$

이것은 k-평균법에서 각 클러스터의 새로운 중심 대표점을 지정하는 작업에 해당됩니다. 특히 식 (7.16)은 k-평균법에서 식 (6.3)과 동일한 형태의 계산식이라는 것을 알게 됩니다.

혹은 식 (7.16)은 한 종류의 문자에 대한 대표문자를 작성하는 식 (7.1)을 K종류의 문자를 위한 형태로 확장한 것이라고 생각할 수 있습니다. 식 (7.16)은 트레이닝 셋에 포함된 각각의 이미지 $\mathbf{x}_n$을 'k번째 이미지 생성기에 소속될 비율'로 합성하는 계산이기 때문입니다. 마찬가지로 식 (7.17)은 '각각의 이미지 생성기에 소속될 이미지의 양에 비례하도록 각각의 이미지 생성기를 사용할 비율을 다시 설정합니다.

이렇게 하여 EM 알고리즘이 완성됐습니다. 이후에는 식 (7.16), 식 (7.17)로 정해진 $\{\mu_k\}_{k=1}^{K}$과 $\{\pi_k\}_{k=1}^{K}$을 사용하여 다시 식 (7.15)로 γ_{nk}를 계산하고 식 (7.16), 식 (7.17)을 계산합니다. 그리고 이 작업을 계속 반복하는 것입니다. 이 작업을 반복할 때마다 식 (7.13)에 나온 우도함수값이 점점 커지고 마지막에는 극댓값에 도달하게 된다는 사실이 증명되어 있습니다.

이때 최댓값이 아니라 극댓값이라고 말하는 이유는 처음에 준비한 $\{\mu_k\}_{k=1}^{K}$와 $\{\pi_k\}_{k=1}^{K}$에 의해 결과가 달라질 가능성이 있기 때문입니다. 이것도 k-평균법에서와 동일한 성질이라고 말할 수 있습니다.

7.2.3 예제 코드로 확인한다

예제 코드 '07-mix_em.py'를 사용하여 EM 알고리즘을 실행해 보겠습니다. 이것은 실제 손글씨 문자 이미지를 사용하여 식 (7.15) ~ 식 (7.17)의 과정을 반복하는 것입니다. 이 예제를 통해 각각의 이미지 생성자가 어떻게 변화하는지를 확인할 수 있습니다.

손글씨 문자의 표본 이미지 데이터는 예제 코드가 들어 있는 디렉터리에 'train-images.txt, train-labels.txt'라는 이름으로 준비되어 있습니다. 이 데이터에는 0에서 9까지의 숫자를 쓴 손글씨 문자 이미지가 60,000개 들어 있습니다. 각각은 실제 이미지 데이터와 각각의 이미지가 어느 숫자를 나타내는지를 알려주는 레이블이 함께 포함된 파일입니다.

단, 모든 데이터를 사용한다면 계산 시간이 길어질 것이므로 이번 예제에서는 0, 3, 6 이렇게 3종류의 숫자만을 사용할 것이며 이들은 총 600개의 데이터로 구성 되어 있습니다. 아래와 같이 '07-prep_data.py' 스크립트를 실행하면 'sample-images.txt'와 'sample-labels.txt'라는 파일이 생성됩니다.

```
$ ipython Enter
In [1]: cd ~/ml4se/scripts Enter
In [2]: %run 07-prep_data.py Enter
```

이 2개의 파일에는 각각 추출한 이미지와 그에 대응하는 레이블이 포함되어 있습니다. 한 행에 한 개의 데이터를 포함한 텍스트 파일입니다. 참고로 첫 10개의 문자는 아스키 아트 형식으로 변환한 파일이 'samples.txt'라는 이름으로 생성됩니다. 이 파일을 에디터로 열어 보면 그림 7.4와 같은 모양을 볼 수 있습니다. 그리고 '07-prep_data.py' 스크립트 내부의 그림 7.5에 나타난 부분에서 추출할 문자 개수와 추출 대상이 될 숫자의 종류를 지정할 수 있습니다.

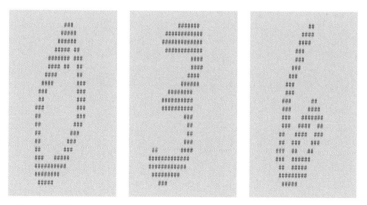

그림7.4 추출한 손글씨 문자 표본

```
#————————#
# Parameters #
#————————#
Num = 600              # 추출할 문자 개수
Chars = '[036]'        # 추출할 숫자(임의의 개수의 숫자를 지정할 수 있다)
```

그림 7.5 07-prep_data.py에서 파라미터 설정 부분

이렇게 하여 트레이닝 셋 이미지 데이터가 준비됐고 이것을 사용하여 EM 알고리즘을 실행해 보겠습니다. 아래와 같이 예제 코드 '07-mix_em.py'를 실행합니다.

```
$ ipython Enter
In [1]: cd ~/ml4se/scripts Enter
In [2]: %run 07-mix_em.py Enter
```

이 예제 코드는 'sample-images.txt' 파일에서 읽어들인 손글씨 이미지 데이터를 트레이닝 셋으로 사용합니다. 각각의 이미지가 어느 문자인지를 나타내는 레이블 'sample-labels.txt'는 사용하지 않습니다. EM 알고리즘은 '비지도 학습' 알고리즘이므로 각각의 문자가 무슨 문자인지 모르는 상태에서 분류 처리를 수행합니다.

예제 코드를 실행하면 그림 7.6과 같은 이미지가 순서대로 표시되고 마지막에 그림 7.7과 같은 이미지가 추가로 표시됩니다. 그림 7.6의 왼쪽 끝에 있는 모자이크 형식의 그림은 무작위로 작성한 3개의 이미지 생성기입니다. 확률을 나타내는 벡터 μ_k의 각 성분값을 색의 농도로 변환하여 표시한 것입니다. 그리고 EM 알고리즘으로 이미지 생성기가 업데이트되어 가는 모습이 나열됩니다. 이 예제 코드는 10번 업데이트하고 처리를 멈추도록 작성됐습니다.

그리고 그림 7.7은 EM 알고리즘을 통해 얻어진 이미지 생성기를 통해 트레이닝 셋에 포함된 이미지 데이터를 분류한 결과입니다. 앞에서 나왔던 식 (7.15)를 사용하면 특정 이미지 $\mathbf{x}_n$이 각각의 이미지 생성기에 소속될 확률을 계산할 수 있고 이 비율이 가장 큰 쪽으로 분류됩니다. 그림 7.7의 왼쪽 끝에 있는 것은 EM 알고리즘으로 얻어진 이미지 생성기가 표시된 것이며 그 오른쪽에 있는 것은 각각의 이미지 생성기 그룹에 분류된 이미지 데이터의 일부가 표시된 것입니다.

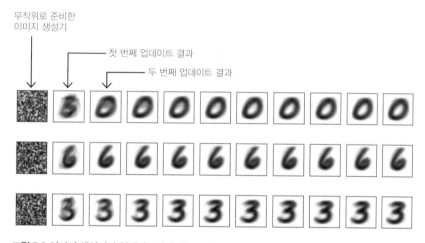

그림 7.6 이미지 생성기가 업데이트되어 가는 모습

최종적으로 얻어진
이미지 생성기
↓

왼쪽 이미지 생성기에 소속되는 이미지 데이터

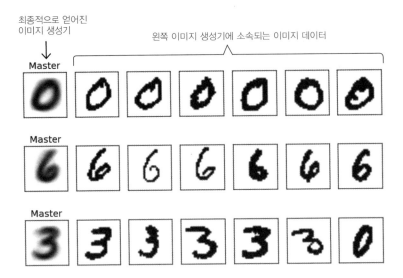

그림 7.7 손글씨 문자 이미지를 분류한 결과

EM 알고리즘은 처음에 준비되는 이미지 생성기가 무엇이냐에 따라 그 결과가 달라지므로 예제 코드를 실행할 때마다 다른 결과가 얻어집니다. 그중에서도 그림 7.6과 그림 7.7이 전형적인 예가 될 것입니다. 여기서는 그림 7.6에 나타난 결과를 보면서 'EM 알고리즘을 실행할 때 어떤 일이 벌어지는가'에 대해 생각해 보겠습니다.

먼저 새로운 이미지 생성기를 합성하는 절차인 식 (7.16)은 '현재의 이미지 생성기에 소속될 비율'을 나타내며 트레이닝 셋 이미지를 합성하는 것이었습니다. 예를 들어 왼쪽 끝에 있는 3개의 이미지 생성기는 무작위로 작성한 것이며 언뜻 보기에 서로 차이가 없어 보이지만 첫 번째 업데이트 결과를 보면 중간에 있는 이미지 생성기로부터 '숫자 6'과 비슷한 이미지 생성기가 생성되어 있습니다. 이는 우연의 결과이며 이 이미지 생성기에는 '6'을 쓴 손글씨 문자 이미지가 소속될 비율이 컸을 것이라고 상상할 수 있습니다.

그리고 두 번째 업데이트가 진행될 때 무슨 일이 벌어졌을까요? 첫 번째 업데이트로 얻어진 이미지 생성기는 '6'과 닮았으므로 당연히 '6'의 이미지가 소속될 비율은 더욱 높아져 있는 상태이고 두 번째에서는 더욱 분명해진 '6'의 이미지가 합성됩니다(그림 7.8).

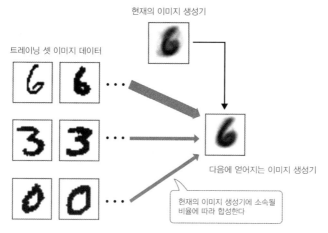

현재의 이미지 생성기

트레이닝 셋 이미지 데이터

다음에 얻어지는 이미지 생성기

현재의 이미지 생성기에 소속될 비율에 따라 합성한다

그림 7.8 새로운 이미지 생성기를 합성하는 과정

이렇게 EM 알고리즘으로 업데이트를 반복해가면 각각의 이미지 생성기는 특정 문자만을 선택적으로 합성한 형태에 가까워지게 됩니다. 어떤 이미지 생성기가 어느 문자에 가까워지는지는 처음에 무작위로 생성한 내용에 의해 정해집니다. 어쨌든 마지막에 얻어진 이미지 생성기를 토대로 하여 트레이닝 셋에 포함된 이미지 데이터를 문자의 종류별로 분류할 수 있습니다.

7.2.4 클러스터링으로 데이터를 해석한다

방금 예제 코드를 실행한 결과인 그림 7.7을 다시 확인해 보면 모든 이미지 데이터가 제대로 분류되어 있는 것은 아니라는 것을 알게 됩니다. 그림 7.7의 오른쪽 아래에 있는 '0'은 '3'에 해당하는 그룹으로 잘못 분류됐습니다. 왜 이런 오류가 발생하는 것일까요? 앞서 설명했던 것처럼 그림 7.7처럼 분류한 것은 식 (7.15)에 기반을 두고 있습니다. 각각의 이미지 생성기로부터 해당 이미지 데이터가 얻어질 확률을 계산하여 그 확률이 가장 큰 쪽으로 분류합니다. 다시 말하면 그림 7.7의 오른쪽 아래에 있는 '0'은 왼쪽 위에 있는 이미지 생성기로 얻어질 확률보다 왼쪽 아래에 있는 이미지 생성기로 얻어질 확률이 높다는 것을 나타냅니다.

이것은 문자의 '모양'을 자세히 보면 이해할 수 있습니다. 오른쪽 아래에 있는 '0'은 세로로 가늘고 긴 형태인데 왼쪽 위에 있는 '0'은 원형에 가깝습니다. 한편 왼쪽 아래에 있는 '3'은 전체적으로 가늘고 긴 형태이므로 이로부터 생성되는 쪽의 확률이 높다고 상상됩니다. 실제로 왼쪽 아래에 있는 '3'을 잘 보면 세로로 긴 '0'이 합성된 그림자가 희미하게 보입니다.

이것은 손글씨 문자 '0'에는 세로로 긴 것과 원형에 가까운 것 2종류가 있다고도 생각할 수 있습니다. 그래서 4종류의 이미지 생성기를 사용하여 분류하는 테스트를 실시해 보겠습니다. 예제 코드 '07-mix_em.py'에서 그림 7.9에 보이는 파라미터 설정 부분을 찾아 클러스터 개수(분류할 문자 개수)와 계산을 반복할 횟수를 지정합니다. 지금은 'K=4'로 지정하여 다시 실행해 보겠습니다.

```
#----------#
# Parameters #
#----------#
K = 3          # 분류할 문자 개수
N = 10         # 반복할 횟수
```

그림 7.9 07-mix_em.py의 파라미터 설정 부분

이때 실행 결과는 그림 7.10과 같이 나타납니다. 앞서 설명한 2종류의 '0'이 제대로 분류됐다는 것을 확인할 수 있습니다. 손글씨 문자 '0'에는 2종류가 존재한다는 가설이 맞았다는 것을 알 수 있습니다.

그러나 EM 알고리즘은 매번 같은 결과를 내주는 것은 아니므로 주의해야 합니다. 예를 들어 이 예제 코드를 다시 한 번 실행해보면 그림 7.11과 같은 결과가 얻어질 수 있습니다. 이번 예에서는 좌우 방향으로 기울어진 2종류의 '3'이 분리됐습니다. 오른쪽으로 기울어진 '3'에는 세로로 긴 '0'도 섞여 있는 것 같습니다.

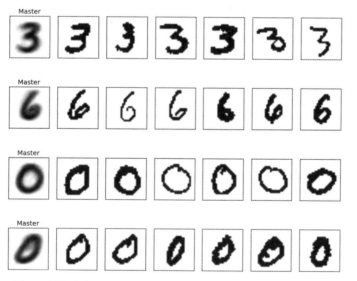

그림 7.10 실험 결과 2종류의 0이 분리됨

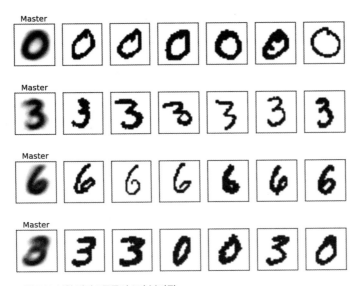

그림 7.11 실험 결과 2종류의 3이 분리됨

이처럼 클러스터링을 사용할 때에는 클러스터 개수를 변경하면서 몇 번 실행해보며 트레이닝 셋의 특징을 탐색해야 합니다. 이것은 얻어진 결과를 평가하기 위한 '목적변수'가 존재하지 않는 비지도 학습의 특징이기도 합니다.

그리고 클러스터링으로 얻어진 결과를 어떻게 판단할지를 결정하는 데에 이용자의 주관이 포함될 수도 있습니다. 예를 들어 그림 7.10과 같이 나타난 결과를 보고 2종류의 '0'이 존재한다는 것이 '객관적으로 증명됐다'고 생각하는 것은 적절치 못합니다. 클러스터 개수를 변경하거나 분석 대상인 트레이닝 셋의 폭을 좁히는 등의 작업을 가미하면 어떤 가설이라도 그것을 편리하게 설명하는 결과가 얻어지게 되어 버릴 가능성이 있기 때문입니다.

이러한 사실을 이해하지 못한다면 특정 조건하에 얻어진 클러스터링의 결과에 관해 그것이 절대로 합당한 것이라고 여기고 이용해버릴 수도 있습니다. 머신러닝 알고리즘은 각각의 논리적 배경이나 특성을 이해한 후에 활용해야 합니다.

7.3 부록－손글씨 문자 데이터를 다운로드한다

이 책에서 사용한 손글씨 문자 데이터는 'MNIST database'라고 불리는 인터넷에 공개된 데이터를 사용했습니다[1]. 예제 코드가 들어 있는 디렉터리에 함께 있는 파일(train-images.txt과 train-labels.txt)은 아래와 같은 방법으로 인터넷에서 내려받을 수 있습니다.

```
# curl -LO 'http://yann.lecun.com/exdb/mnist/train-images-idx3-ubyte.gz' [Enter]
# curl -LO 'http://yann.lecun.com/exdb/mnist/train-labels-idx1-ubyte.gz' [Enter]
# gzip -d *gz [Enter]
# od -An -v -tu1 -j16 -w784 train-images-idx3-ubyte \ [Enter]
¦ sed 's/^ *//' ¦ tr -s ' ' >train-images.txt [Enter]
# od -An -v -tu1 -j8 -w1 train-labels-idx1-ubyte \ [Enter]
¦ tr -d ' ' >train-labels.txt [Enter]
```

---

1 THE MNIST DATABASE of handwritten digits(http://yann.lecun.com/exdb/mnist/)

08

베이즈 추정:
데이터를 기반으로 확신을 더하는 방법

8.1 베이즈 추정 모델과 베이즈 정리

8.2 베이즈 추정을 회귀분석에 응용

8.3 부록-최우추정법과 베이즈 추정의 관계

이번 장에서는 베이즈 추정을 회귀분석에 응용하는 방법을 설명하겠습니다. 이제까지 회귀분석을 비롯하여 다양한 알고리즘을 구축할 때에 아래에 보이는 '파라메트릭 모델의 3단계'가 가이드 라인이 됐습니다.

(1) 파라미터를 포함한 모델(수식)을 설정한다

(2) 파라미터를 평가할 기준을 정한다

(3) 가장 적합하다고 평가되는 파라미터를 결정한다

이때 단계(2)에서 말하는 파라미터를 평가할 기준으로 크게 2가지 방법이 등장했습니다. 하나는 오차를 정의하여 그 오차를 최소화하는 파라미터를 찾는 방법이고 또 하나는 '트레이닝 셋이 얻어질 확률'인 우도함수를 정의하여 이 우도함수를 최대화하는 파라미터를 찾는 방법(최우추정법)이었습니다.

그리고 이번 장에서 설명할 베이즈 추정은 위에 나온 것들과는 파라미터를 평가하는 방법이 다릅니다. '각각의 파라미터 값을 얻을 확률'을 정의한다는 독특한 접근 방식입니다. 베이즈 추정의 개념을 비롯하여 베이즈 추정의 기반이 되는 베이즈 정리 그리고 회귀분석에 응용하는 방법까지 설명하겠습니다.

8.1 베이즈 추정 모델과 베이즈 정리

이제까지 확률을 사용한 머신러닝 모델로는 3장에서 설명한 최우추정법을 이용해 왔습니다. 베이즈 추정도 이것과 마찬가지로 확률을 이용한 모델이며 최우추정법을 확장시킨 것이라고 말할 수 있습니다. 여기서는 최우추정법과 베이즈 추정의 개념 차이 그리고 베이즈 추정의 기초가 되는 베이즈 정리에 대해 설명하겠습니다. 그리고 간단한 예제로 3장의 '3.2 단순한 예로 설명한다'에서 다뤘던 정규분포의 평균과 분산을 추정하는 문제에 베이즈 추정을 적용해 보겠습니다[1].

8.1.1 베이즈 추정의 개념

최우추정법과 베이즈 추정의 가장 큰 차이점에 대해 이야기하자면 베이즈 추정에서는 '파라미터 w값이 확률적으로 예측된다'라는 점입니다. 최우추정법의 계산 방식을 떠올려 보면 처음에 어떤 데이터가 얻어질 확률 $P(x)$를 나타내는 수식을 마련했습니다. 이 수식에는 미지의 파라미터 w가 포함되어 있고 이 w를 결정하는 것이 목표였습니다. 그리고 이 확률 $P(x)$에 기반을 둔 '트레이닝 셋으로 주어진 데이터가 얻어질 확률'을 계산한 다음 이것을 최대화하는 w값을 결정했습니다. 당연한 이야기이지만 최종적으로 w값은 단 한 개로 정해집니다.

한편 베이즈 추정의 경우에는 파라미터 w값을 단 한 개로 정하지 않습니다. 파라미터 w는 다양한 값을 취할 가능성이 있다고 생각하고 각각의 값을 취할 확률을 계산합니다. 그림 8.1을 보면 이해하기 쉬울 것입니다. 최우추정법에서는 파라미터 값을 1개로 단정짓는 데에 반해 베이즈 추정에서는 확률적으로 답을 내는 방식이라고 할 수 있습니다.

---

1 정확하게 말하자면 계산을 편리하게 하기 위해서 분산은 처음부터 알고 있다고 가정하고 평균만 추정하겠습니다.

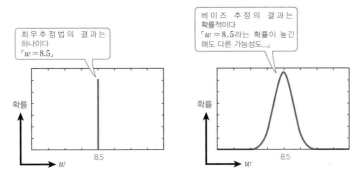

그림 8.1 최우추정법과 베이즈 추정의 차이

이때 트레이닝 셋으로 주어진 데이터를 사용하여 '확률을 업데이트하는' 처리를 수행합니다. 일단 머신러닝을 실행하기 전에는 파라미터 w값이 얼마인지 전혀 알 수 없으므로 그림 8.2에 나온 '학습 전'과 같이 모든 값이 동일한 확률인 상태로 있습니다. 한편 트레이닝 셋으로 주어진 데이터에 기반을 두고 머신러닝을 실행하면 그림 8.2에 나온 '학습 후'와 같이 새롭게 업데이트된 확률을 얻게 됩니다.

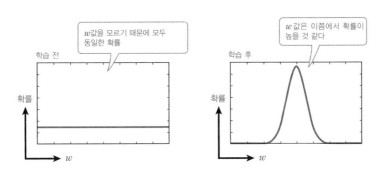

그림 8.2 트레이닝 셋을 사용하여 확률을 업데이트

그리고 파라미터 w의 확률을 업데이트하는 데에 사용되는 것이 다음 절에서 설명할 '베이즈 정리'입니다.

8.1.2 베이즈 정리 입문

앞서 살펴본 '파라미터의 확률'이라는 개념은 일단 잊고 이 절에서는 일반적인 확률 계산법에 대해 이야기해 보겠습니다. 베이즈 정리는 '전제 조건이 없을 경우에 사건 Y가 발생할 확률' $P(Y)$를 알고 있는 상태에서 '어떤 조건 X를 전제로 한 Y의 확률' $P(Y|X)$를 구할 때에 사용됩니다. 이들 기호의 의미를 설명하기 위해 다음과 같은 간단한 문제를 생각해 보겠습니다.

> **문제**
>
> 공이 무작위로 1개 나오는 완구가 있습니다. 완구의 안에는 크고 작은 검은색, 흰색 공이 그림 8.3과 같이 들어 있습니다.

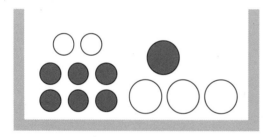

그림 8.3 무작위로 공이 나오는 완구의 확률

   (1) 나온 공이 '검은색'일 확률을 계산하라

   (2) 나온 공이 '큰 공'이라는 사실을 알고 있을 경우 그 공이 '검은색'일 확률을 구하라

   (3) 나온 공이 '크고 검은색'일 확률을 계산하라

일단 공은 총 12개가 있고 그 중에 검은 공은 7개입니다. 따라서 (1)의 답은 아래와 같이 쓸 수 있습니다.

$$P(\text{Black}) = \frac{7}{12} \tag{8.1}$$

이어서 큰 공은 모두 4개가 있고 그 중에서 검은 공은 1개입니다. 따라서 (2)의 답은 아래와 같이 쓸 수 있습니다.

$$P(\text{Black} \mid \text{Large}) = \frac{1}{4} \tag{8.2}$$

일반적으로 확률 계산을 할 때에는 '생각하고 있는 사건 Y의 경우의 수 ÷ 전체의 경우의 수'로 계산하는데 어떤 전제 조건 X를 붙이면 '전체의 경우의 수'를 제한할 수 있습니다. 이처럼 전체의 경우의 수를 조건 X를 가지고 제한한 경우에 사건 Y가 발생할 확률을 '조건부 확률'이라고 부르고 $P(Y \mid X)$라는 기호로 나타냅니다.

한편 (3)번 문제는 조건부 확률이 아니라는 점에 주의해야 합니다. 총 12개의 공 중에서 '크고' 동시에 '검은' 공은 1개이므로 (3)번 문제의 답은 아래와 같이 나타낼 수 있습니다. 이러한 확률을 '결합확률(joint probability)'이라고 부릅니다.

$$P(\text{Black}, \text{Large}) = \frac{1}{12} \tag{8.3}$$

여기서 한 발 더 나아가서 식 (8.2)와 식 (8.3)의 관계에 대해 생각해 보겠습니다. 식 (8.2)와 식 (8.3)을 말로 풀어쓴 것은 아래와 같습니다.

$$P(\text{Black} \mid \text{Large}) = \text{'검은색이며 동시에 큰 공'의 개수} \div \text{'큰 공'의 개수} \tag{8.4}$$

$$P(\text{Black}, \text{Large}) = \text{'검은색이며 동시에 큰 공'의 개수} \div \text{'전체'의 개수} \tag{8.5}$$

식 (8.4), 식 (8.5)의 각 우변에 있는 분자가 같으므로 약분하면 없어지게 되어 아래의 계산식이 성립합니다.

$$\frac{P(\text{Black}, \text{Large})}{P(\text{Black} \mid \text{Large})} = \text{'큰 공'의 개수} \div \text{'전체'의 개수} = P(\text{Large}) \qquad (8.6)$$

분모를 이항하면 아래와 같은 모양이 됩니다.

$$P(\text{Black}, \text{Large}) = P(\text{Black} \mid \text{Large})P(\text{Large}) \qquad (8.7)$$

그리고 마찬가지로 아래의 관계식이 성립된다는 것도 알 수 있습니다. '검은색'과 '큰 것'을 바꾸어 놓고 동일하게 계산하는 것입니다.

$$P(\text{Black}, \text{Large}) = P(\text{Large} \mid \text{Black})P(\text{Black}) \qquad (8.8)$$

이것을 일반화하면 아래와 같은 관계식이 성립합니다.

$$P(X, Y) = P(X \mid Y)P(Y) = P(Y \mid X)P(X) \qquad (8.9)$$

그리고 식 (8.9)의 두 번째 항을 아래와 같이 변형하면 '베이즈 정리'가 얻어집니다.

$$P(Y \mid X) = \frac{P(X \mid Y)}{P(X)} P(Y) \qquad (8.10)$$

이 관계식이 어떤 쓸모가 있는지는 나중에 설명하기로 하고 여기서 공식을 하나 더 소개하겠습니다. 앞서 완구의 예에서 아래의 관계식이 성립합니다.

$$P(\text{Black}, \text{Large}) + P(\text{Black}, \text{Small}) = P(\text{Black}) \tag{8.11}$$

이것은 구체적으로 계산해보거나 말로 풀어써도 금방 알 수 있는 내용입니다. 다음 관계식의 양변을 '전체 개수'로 나누면 식 (8.11)이 얻어집니다.

'검고 동시에 큰 공'의 개수 + '검고 동시에 작은 공'의 개수 = '검은 공'의 개수 $\tag{8.12}$

이것은 일반적으로 아래와 같이 표현됩니다. 합 기호 Σ는 Y의 모든 경우의 수를 합산한다는 것을 나타냅니다[2].

$$P(X) = \sum_Y P(X, Y) \tag{8.13}$$

그리고 식 (8.9)를 이용하면 아래와 같은 식이 얻어집니다.

$$P(X) = \sum_Y P(X \mid Y) P(Y) \tag{8.14}$$

식 (8.13)이나 식 (8.14)를 '주변 확률 공식'이라고 부릅니다. 마지막으로 베이즈 정리 식 (8.10)의 분모에 식 (8.14)를 대입하면 다음과 같은 식이 얻어집니다.

$$P(Y \mid X) = \frac{P(X \mid Y)}{\sum_{Y'} P(X \mid Y') P(Y')} P(Y) \tag{8.15}$$

---

2 Y는 모든 경우를 중복 없이 망라하는 상태이어야 합니다.

식 (8.15)의 우변을 보면 'Y일 때 X의 확률 $P(X|Y)$'가 포함되어 있고 좌변에는 반대로 'X일 때 Y일 확률 $P(Y|X)$'가 있습니다. 이처럼 '조건과 결과'를 서로 바꿔 놓은 관계를 계산하는 것이 베이즈 정리의 특징이라고 말할 수 있습니다.

예를 들어 다음과 같은 문제를 생각해볼 수 있을 것입니다.

문제

철수씨는 파일로리균에 감염됐을 우려가 있어 파일로리균 검사를 받았습니다. 일 반적으로 철수씨 정도의 연령대인 사람이 파일로리균에 감염될 확률(비율)은 1% 입니다. 그리고 파일로리균 검사의 정확도는 95%이므로 감염된 사람이 올바르게 '양성반응'이 나올 확률이 95%이고 감염되지 않은 사람이 올바르게 '음성반응'이 나올 확률도 95%입니다.

그리고 철수씨의 검사 결과는 '양성반응'이었습니다. 그러나 검사 결과가 틀렸을 가능성도 있습니다. 철수씨가 실제로 파일로리균에 감염됐을 확률은 몇 %일까요?

갑자기 '파일로리균'이라는 단어가 나와 조금 놀랐을지도 모르겠지만 파일로리 균은 하나의 예로 든 것일 뿐이므로 신경 쓰지 말기 바랍니다. 이 문제의 요점 은 '파일로리균에 감염되어 있는가'를 Y라고 하고 '검사 결과'를 X라고 했을 때 'Y→X(Y이면 X이다)'라는 관계가 성립된다는 것은 금방 알 수 있습니다. 예를 들 어 검사의 정확도가 95%이므로 아래의 관계가 성립됩니다.

$$P(양성반응|감염)=0.95 \tag{8.16}$$

$$P(음성반응|감염)=0.05 \tag{8.17}$$

$$P(음성반응|비감염)=0.95 \tag{8.18}$$

$$P(양성반응|비감염)=0.05 \tag{8.19}$$

현재 철수씨가 파일로리균에 감염됐을 확률을 알고 싶은 것인데 만일 검사를 받기 전이라면 감염됐을 확률은 일반적으로 1%입니다.

$$P(감염)=0.01 \tag{8.20}$$

$$P(비감염)=0.99 \tag{8.21}$$

그러나 철수씨의 이번 검사 결과는 '양성반응'이었기 때문에 여기서 정말로 알고 싶은 것은 $P(감염|양성반응)$값입니다. 이것은 X(검사 결과)와 Y(감염됐는가 안 됐는가)가 '$X{\rightarrow}Y(X$이면 Y이다)'라는 관계에 놓여 있음을 나타냅니다. 이때 베이즈 정리 (8.15)를 사용하면 X와 Y의 관계를 바꿔서 계산할 수 있습니다. 구체적으로 나타낸 식은 아래와 같습니다.

$$P(감염|양성반응) = \frac{P(양성반응|감염)}{P(양성반응|감염)P(감염)+P(양성반응|비감염)P(비감염)}P(감염) \tag{8.22}$$

(8.22)의 우변에 포함된 확률은 식 (8.16), 식 (8.19), 식 (8.20), 식 (8.21)로 모두 처음에 주어진 값들이므로 이들을 대입해서 계산하면 됩니다. 결과는 아래와 같습니다. 이제 철수씨가 감염됐을 확률은 16%라는 것을 알 수 있습니다.

$$P(감염|양성반응)= \frac{0.95}{0.95 \times 0.01+0.05 \times 0.99} \times 0.01 \cong 0.16 \tag{8.23}$$

95%의 정확도를 가지는 검사에서 '양성반응'이 나왔다는 것인데 감염 확률은 조금 낮은 것 아닌가 하는 생각이 듭니다. 이것은 '5.2.1 로지스틱 회귀를 현실 문제에 적용한다'에서 진양성율/위양성율을 파악하기 위해 사용한 그림 5.8과 비슷한 그

림을 다시 그려보면 이해할 수 있습니다. 이것을 그림 8.4로 표시했습니다. 검사를 받기 전 철수씨는 그림 8.4에서 어느 부분에 해당하는지 전혀 알 수 없습니다. 따라서 양성(감염)일 확률은 전체 중에서 양성 부분의 비율인 1%입니다. 그러나 검사 결과가 '양성 반응'으로 나왔다는 것을 알고 있을 경우 철수씨는 '진양성(TP)' 혹은 '위양성(FP)' 중 하나에 속하게 됩니다. 따라서 양성일 확률은 아래의 식으로 계산할 수 있습니다.

진양성(TP) ÷ (진양성(TP) + 위양성(FP)) (8.24)

그림 8.4를 보면 알 수 있듯이 본래 음성(비감염) 비율이 99%로 크기 때문에 진양성(TP)에 비해서 위양성(FP) 비율이 커지게 되고 (8.24)로 계산되는 확률은 16% 정도로 억제되는 것입니다.

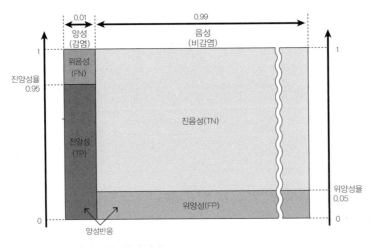

그림 8.4 진양성율과 위양성율의 관계

이 예에서처럼 전제 조건을 주고 생각할 범위를 제한하면 확률값이 변화합니다. 이 성질을 이용하여 확률값을 수정해 간다는 것이 '베이즈 추정'의 기초 개념입니다. 여기서 말하는 '확률'은 '확신할 수 있는 정도'라고 바꾸어 말해도 될 것입니다. 베이즈 추정은 이렇게 아무것도 알 수 없는 상태에서 출발해서 새로운 사실을 덧붙여 가면서 '확신할 수 있는 정도'를 높여가는 것입니다.

8.1.3 베이즈 추정으로 정규분포를 정한다: 파라미터 추정

이 절에서는 '3.2 단순한 예로 설명한다'에서 다뤘던 정규분포의 평균과 분산을 추정하는 문제에 베이즈 추정을 적용해 보겠습니다. 이때 '베이즈 추정을 사용하여 확률을 업데이트하는' 작업을 파라미터 w의 확률에 적용하겠습니다. 그러나 여기서는 작업을 조금 간단하게 진행하기 위해 분산 σ^2값을 이미 알고 있다는 전제하에 평균 μ값만을 추정하겠습니다[3]. 즉 평균 μ가 추정할 파라미터 w에 해당됩니다.

일단 미지의 정규분포가 존재한다고 생각하고 이 정규분포를 토대로 얻어진 N개의 관측점 $\{t_n\}_{n=1}^{N}$을 트레이닝 셋이라고 정하겠습니다. 그리고 트레이닝 셋 데이터를 t라고 표현하겠습니다. 만일 평균 μ를 알고 있는 상태라면 어떤 특정 t_n이 얻어질 확률은 아래의 식으로 계산됩니다.

$$\mathcal{N}(t_n \mid \mu, \sigma^2) = \frac{1}{\sqrt{2\pi\sigma^2}} e^{-\frac{1}{2\sigma^2}(t_n - \mu)^2} \tag{8.25}$$

---

3 평균과 분산 모두를 추정할 경우에 어떻게 계산하는지는 '8.3 부록-최우추정법과 베이즈추정의 관계'에서 설명합니다.

따라서 트레이닝 셋 t 전체가 관측될 확률은 아래의 식으로 계산됩니다.

$$P(\mathbf{t} \mid \mu) = \mathcal{N}(t_1 \mid \mu, \sigma^2) \times \cdots \times \mathcal{N}(t_N \mid \mu, \sigma^2)$$
$$= \prod_{n=1}^{N} \mathcal{N}(t_n \mid \mu, \sigma^2) \tag{8.26}$$

이때 $P(\mathbf{t} \mid \mu)$와 같은 식은 '8.1.2 베이즈 정리 입문'에서 설명한 '조건부 확률'인 점에 주의하기 바랍니다. μ가 어떤 값이 될지는 여러 가지 가능성이 있지만 '어떤 특정 값이라는 사실을 알고 있다'는 것을 전제로 확률을 생각하자는 것입니다. '집어낸 공이 큰 공이라는 사실을 알고 있다'라고 전제하고 '그 공이 검은 공'일 확률 $P(\text{Black} \mid \text{Large})$를 계산하는 것과 동일한 작업입니다.

그리고 이 조건부 확률을 베이즈 정리 식 (8.15)에 적용시키면 아래의 관계식이 얻어집니다.

$$P(\mu \mid \mathbf{t}) = \frac{P(\mathbf{t} \mid \mu)}{\displaystyle\int_{-\infty}^{\infty} P(\mathbf{t} \mid \mu') P(\mu') d\mu'} P(\mu) \tag{8.27}$$

식 (8.15)의 분모에는 모든 경우의 Y의 합계를 낸다는 의미를 가지는 기호 Σ가 있었습니다. 여기서는 μ가 연속적으로 변화하는 파라미터이므로 합 대신 적분을 사용합니다.

그런데 식 (8.27)은 도대체 무엇을 계산하는 것일까요? 이것은 관측 데이터 t에 기반을 두고 파라미터 μ의 확률을 $P(\mu)$에서 $P(\mu \mid \mathbf{t})$로 바꾼 것이라고 생각하면 됩니다. 관측 데이터를 얻기 전에는 파라미터 μ 값이 무엇인지 전혀 알 수 없기 때문에 확률 $P(\mu)$를 그래프로 나타내면 앞서 그림 8.2의 '학습 전' 부분에서 볼 수 있듯이 평탄한 형태가 됩니다.

그러나 수학적으로는 연속변수 μ에 대해 완전히 평탄한 정수값 확률을 정의할 수는 없습니다. 그래서 일단 평균이 μ_0이고 분산이 σ_0^2인 정규분포를 가정하겠습니다.

$$P(\mu) = \mathcal{N}(\mu \mid \mu_0, \sigma_0^2) \tag{8.28}$$

이것은 $\mu = \mu_0$를 중심으로 하여 $\pm\sigma_0$만큼의 폭으로 펼쳐지는 확률이므로 계산의 마지막 부분에는 $\sigma_0 \to \infty$라는 극한을 취하겠습니다. 이렇게 하면 평탄한 확률을 사용한 것과 같은 효과를 얻게 됩니다. 그림 8.5는 σ_0값을 점점 크게 해 갈 경우 식 (8.28)의 그래프가 어떻게 변하는지를 나타냅니다.

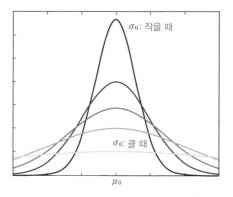

그림 8.5 분산을 크게 하여 평탄한 확률을 표현한 모습

그리고 식 (8.26)과 식 (8.28)을 식 (8.27)에 대입하면 $P(\mu \mid t)$가 계산됩니다. 이 것은 '트레이닝 셋 t가 관측됐다'는 사실을 알고 있을 경우 μ의 확률입니다. 그림 8.2에 나온 '학습 후' 부분에서 본 것처럼 관측 사실에 기초하여 더욱 신뢰할 만한 확률이 얻어지게 됩니다.

그리고 식 (8.27)에서 $P(\mu)$를 '사전분포'라고 부르고 $P(\mu \mid \mathbf{t})$를 '사후분포'라고 부릅니다. 이들은 각각 트레이닝 셋을 관측하기 전의 확률과 관측한 후의 확률이라는 의미를 가집니다. 그럼 식 (8.27)을 실제로 계산해 보겠습니다.

[수학을 배우는 작은 방]

식 (8.27)을 계산할 때 우변의 분모는 μ에 의존하지 않는 정수라는 점에 주의하기 바랍니다. 이것을 Z로 표기한 것은 아래와 같습니다.

$$Z = \int_{-\infty}^{\infty} P(\mathbf{t} \mid \mu') P(\mu') d\mu' \tag{8.29}$$

그리고 아래와 같이 쓰면 Z는 확률 $P(\mu \mid \mathbf{t})$의 정규화 정수에 불과하다는 것을 알 수 있습니다.

$$P(\mu \mid \mathbf{t}) = \frac{1}{Z} P(\mathbf{t} \mid \mu) P(\mu) \tag{8.30}$$

정규화 정수란 '전체 확률이 1이 된다는 조건을 만족시키기 위한 정수'입니다. 여기서는 Z의 구체적인 값에 신경 쓰지 않고 분자에 있는 $P(\mathbf{t} \mid \mu) P(\mu)$를 계산하면 식 (8.30)이 어떤 확률 분포인지 알 수 있게 됩니다. 일단 식 (8.26)과 식 (8.28)을 사용하면 식 (8.30)은 아래와 같이 계산됩니다.

$$P(\mu \mid \mathbf{t}) = \frac{1}{Z} \prod_{n=1}^{N} \mathcal{N}(t_n \mid \mu, \sigma^2) \times \mathcal{N}(\mu \mid \mu_0, \sigma_0^2) \tag{8.31}$$

이처럼 여러 정규분포를 모두 곱한 것도 정규분포가 된다는 사실은 널리 알려져 있습니다. 실제로 계산해 보면 아래와 같은 결과가 나옵니다. 계산하기 편하도록 기호를 바꿔 썼습니다.

$$\beta = \frac{1}{\sigma^2} \tag{8.32}$$

$$\beta_0 = \frac{1}{\sigma_0^2} \tag{8.33}$$

일단 식 (8.31)에 정규분포 확률밀도 함수를 대입하면 아래와 같은 식이 얻어집니다. 여기서 Const는 μ에 의존하지 않는 정수를 나타냅니다.

$$P(\mu \mid \mathbf{t}) = \text{Const} \times \exp\left\{-\frac{\beta}{2}\sum_{n=1}^{N}(t_n - \mu)^2 - \frac{\beta_0}{2}(\mu - \mu_0)^2\right\} \tag{8.34}$$

식 (8.34)에서 지수함수 부분은 μ에 관한 2차 함수의 형태를 갖추고 있으므로 다음과 같이 μ에 대해 고쳐 쓸 수 있습니다.

$$-\frac{\beta}{2}\sum_{n=1}^{N}(t_n - \mu)^2 - \frac{\beta_0}{2}(\mu - \mu_0)^2$$

$$= -\frac{1}{2}(N\beta + \beta_0)\mu^2 + \left(\beta\sum_{n=1}^{N}t_n + \beta_0\mu_0\right)\mu + \text{Const} \tag{8.35}$$

$$= -\frac{N\beta + \beta_0}{2}\left(\mu - \frac{\beta\sum_{n=1}^{N}t_n + \beta_0\mu_0}{N\beta + \beta_0}\right)^2 + \text{Const}$$

언뜻 보기에 어려울 것 같은 식이지만 다음과 같이 기호를 정의하면 간단히 정리할 수 있습니다.

$$\beta_N = N\beta + \beta_0 \tag{8.36}$$

$$\mu_N = \frac{\beta\sum_{n=1}^{N}t_n + \beta_0\mu_0}{N\beta + \beta_0} \tag{8.37}$$

식 (8.35), 식 (8.36), 식 (8.37)을 식 (8.34)에 대입하면 다음과 같은 식이 얻어집니다.

$$P(\mu \mid \mathbf{t}) = \text{Const} \times \exp\left\{-\frac{\beta_N}{2}(\mu - \mu_N)^2\right\} \tag{8.38}$$

이것은 평균이 μ_N이고 분산이 β_N^{-1}인 정규분포가 됩니다. 정수 부분인 Const는 정규분포의 확률밀도함수로부터 자동으로 구해집니다.

이제 결과를 정리하면 $P(\mu \mid \mathbf{t})$는 평균이 μ_N이고 분산이 β_N^{-1}인 정규분포가 됩니다.

$$P(\mu \mid \mathbf{t}) = \mathcal{N}(\mu \mid \mu_N, \beta_N^{-1}) \tag{8.39}$$

여기에 아래와 같은 기호를 도입하겠습니다.

$$\beta = \frac{1}{\sigma^2} \tag{8.40}$$

$$\beta_0 = \frac{1}{\sigma_0^2} \tag{8.41}$$

$$\beta_N = N\beta + \beta_0 \tag{8.42}$$

$$\mu_N = \frac{\beta \sum_{n=1}^{N} t_n + \beta_0 \mu_0}{N\beta + \beta_0} \tag{8.43}$$

그림 8.2의 '학습 후' 부분에서 종 모양의 그래프가 나왔는데 바로 이것과 동일한 확률이 얻어진 것입니다. 특히 종 모양의 정점, 그러니까 가장 확률이 높은 μ는 식 (8.43)에 있는 μ_N으로 얻어집니다. 그림 8.6에 평균 μ의 사후분포인 $P(\mu \,|\, t)$를 표시했습니다.

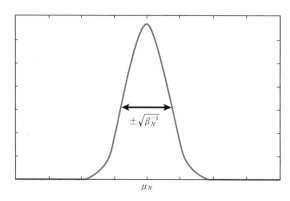

그림 8.6 평균 μ의 사후분포 $P(\mu \,|\, t)$

그리고 앞서 식 (8.28)로 사전분포를 설정했을 때 마지막에 $\sigma_0 \to \infty$의 극한을 취한다고 이야기했습니다. 식 (8.41)을 보면 알 수 있듯이 이것은 $\beta_0 \to 0$이라는 극한에 해당됩니다. 식 (8.43)에 이 극한을 취하면 다음과 같은 식이 얻어집니다.

$$\mu_N = \frac{1}{N}\sum_{n=1}^{N} t_n \tag{8.44}$$

이것은 트레이닝 셋에 포함된 데이터의 표본평균 $\overline{\mu}_N$입니다. 이것은 '3.2.1 정규분포의 파라메트릭 모델'에서 최우추정법으로 계산한 결과인 식 (3.31)과 일치합니다.

그러나 이번 예에서는 'μ값은 $\overline{\mu}_N$일 가능성이 가장 높다'라고 말할 수 있을 뿐 그 외의 값일 가능성이 전혀 없다는 것은 아닙니다. 그림 8.6에서 볼 수 있는 종 모양은 식 (8.42)의 분산 β_N^{-1}으로 정해진다는 것을 떠올려 보기 바랍니다. 그리고 식 (8.42)에서 $\beta_0 \to 0$의 형태로 극한을 취하면 다음 식이 얻어집니다.

$$\beta_N^{-1} = \frac{1}{N\beta} \tag{8.45}$$

이것을 보면 트레이닝 셋 데이터 개수 N이 커질수록 분산이 작아지고 그림 8.6의 종 모양의 폭이 좁아진다는 것을 알 수 있습니다.

이것은 관측한 데이터 개수 N이 작을 경우에는 $\mu = \mu_N$이 될 가능성이 낮고 그 주위에 존재하는 많은 μ 중에 하나가 될 가능성도 있다고 주장했던 것이 N이 커짐에 따라 $\mu = \mu_N$이라는 확신이 커지기 때문이라고 해석할 수 있습니다. 그리고 $N \to \infty$ 형태의 극한을 취하면 식 (8.45)의 분산이 0이 되어 그림 8.1의 왼쪽 부분처럼 $\mu = \mu_N$ 이외의 값이 될 확률은 0이 됩니다. 즉, 최우추정법과 동일한 결론이라고 할 수 있습니다. 따라서 이런 이유로 베이즈 추정은 최우추정법을 확장시킨 것이라고 말할 수 있는 것입니다.

마지막으로 한 가지 더 식 (8.43)에서 $\beta_0 \rightarrow 0$이라는 극한을 취하지 않으면 어떻게 될지 생각해 보겠습니다. 이것은 트레이닝 셋 데이터를 관측하기 전의 사전분포 단계에서 아무 근거도 없이 $\mu = \mu_0$일 가능성이 높다고 주장하는 것과 같습니다.

그 결과 어떤 일이 벌어지는가 하면 식 (8.43)로 계산되는 μ_N은 $\overline{\mu}_N$보다 μ_0에 가까운 값이 됩니다. 식 (8.3)을 다음과 같이 다시 써보면 μ_N은 '$\overline{\mu}_N$과 μ_0를 $N\beta : \beta_0$의 비율로 평균을 낸 값'이 된다는 것을 알 수 있습니다.

$$\mu_N = \frac{N\beta\overline{\mu}_N + \beta_0\mu_0}{N\beta + \beta_0} \tag{8.46}$$

관측된 데이터 개수 N이 충분히 커지면 사전분포의 영향은 없어지고 μ_N은 $\overline{\mu}_N$과 일치하게 됩니다. 다시 말하면 트레이닝 셋 데이터가 충분히 얻어진다면 사전분포는 어느 정도 대강 설정해도 괜찮다는 것입니다. '8.3 부록-최우추정법과 베이즈 추정의 관계'에서 설명하겠지만 현실 세계의 문제에서는 사전분포(8.30)가 잘 알려진 함수의 형태가 되도록 사전분포 $P(\mu)$의 관계도 설정합니다.

이후 '8.1.5 예제 코드로 확인한다'에서는 수치계산을 할 때 트레이닝 셋 데이터 N에 의한 변화를 실제로 확인해 보겠습니다. 먼저 그 결과를 그림 8.7에 나타냈습니다. 이것은 평균이 $\mu = 2$이고 분산이 $\sigma^2 = 1$인 정규분포를 준비하고 이 정규분포를 기초로 무작위로 얻어낸 트레이닝 셋을 사용하여 평균 μ에 관한 베이즈 추정을 실시합니다. 사전분포 $P(\mu)$는 평균이 $\mu_0 = -1$이고 분산이 $\sigma_0^2 = 1$인 정규분포입니다. 그림 8.7에서는 트레이닝 셋에 포함된 데이터 개수 N을 증가시키며 식 (8.39)로 정해지는 사전분포 그래프를 볼 수 있습니다. 그래프 안에 있는 점은 트레이닝 셋에 포함된 데이터를 나타냅니다.

이것을 보면 트레이닝 셋 데이터 개수가 적을 때에는 사전분포 쪽으로 다가가게 되어 사전분포의 평균(확률이 최대가 되는 점)은 실제 평균인 $\mu = 2$보다 작은 곳에 오게 됩니다. 그러나 데이터 개수가 증가함에 따라 실제 평균에 가까워집니다. 그리고 사전분포의 분산이 작아져서 추정에 대한 '확신율'이 높아져 간다는 것을 알 수 있습니다.

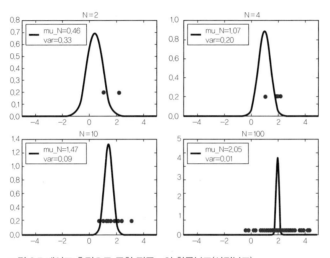

그림 8.7 베이즈 추정으로 구한 평균 μ의 확률분포(사전분포)

8.1.4 베이즈 추정으로 정규분포를 결정한다: 관측값의 분포를 추정

베이즈 추정을 통해 파라미터값을 확률로 도출해 낼 수 있다는 것을 알게 됐습니다. 이전 절의 예에서는 평균 μ가 가질 수 있는 값에 대한 확률을 얻었습니다. 그러나 정말로 알고 싶은 것은 평균 μ가 아니라 다음에 얻어질 관측 데이터 t값입니다. 과거 데이터를 기반으로 미래를 예측해야 하는 것입니다.

처음에 전제된 것은 관측 데이터가 평균이 μ이고 분산이 σ^2인 정규분포를 기반으로 얻어진다는 것이었습니다. 평균 μ 값이 하나로 정해지면 다음에 얻어질 데이터 값은 정규분포 $N(t \mid \mu, \sigma^2)$을 따를 것이라고 예측할 수 있습니다. 그런데 이번 예의 경우에는 μ 값이 하나로 정해지지 않습니다. 여러 가지 μ 값에 대한 확률이 사전 분포 $P(\mu \mid \mathbf{t})$로 주어지는 상황입니다.

이 상황에서 베이즈 추정 쪽에서는 '여러 가지 μ에 대한 정규분포 $N(t \mid \mu, \sigma^2)$을 각각의 확률 $P(\mu \mid \mathbf{t})$라는 가중치로 모두 합하는' 작업을 수행합니다. 구체적으로 설명하면 '다음에 관측될 데이터 값이 t일 확률'을 아래의 적분으로 계산하는 것입니다.

$$P(t) = \int_{-\infty}^{\infty} P(\mu \mid \mathbf{t}) N(t \mid \mu, \sigma^2) d\mu \tag{8.47}$$

여기에 식 (8.39)를 대입하면 아래의 식이 얻어집니다.

$$P(t) = \int_{-\infty}^{\infty} N(\mu \mid \mu_N, \beta_N^{-1}) N(t \mid \mu, \beta^{-1}) d\mu \tag{8.48}$$

여기서는 식 (8.40)~(8.43)에 나온 기호를 사용했습니다. 구체적인 계산 과정은 나중에 보기로 하겠습니다. 식 (8.48)에 나온 적분식을 계산하면 그 결과는 다시 정규분포가 됩니다.

$$P(t) = N(t \mid \mu_N, \beta^{-1} + \beta_N^{-1}) \tag{8.49}$$

이 문제에서는 관측 데이터를 생성하는 정규분포의 분산이 β^{-1}이라는 것을 이미 알고 있다고 전제되어 있습니다. 그럼에도 불구하고 식 (8.49)로 계산되는 t는 그보다 β_N^{-1} 만큼 큰 분산값으로 추정하고 있습니다. 이것은 식 (8.49)의 평균 μ_N이 실제 평균 μ와 동일하다는 확신이 없다는 것을 나타냅니다.

사후분포 $P(\mu \,|\, \mathrm{t})$는 분산 β_N^{-1} 값을 가지고 있으므로 평균 μ_N에도 그만큼의 오차가 있을 것이라고 생각됩니다. 그 오차만큼 큰 분산을 가지고 다음에 얻어질 데이터 t를 예측하는 것입니다.

이때 트레이닝 셋 데이터 개수 N을 증가시키면 식 (8.42)를 통해 분산 β_N^{-1}은 작아져 가게 됩니다. $N{\to}\infty$의 형태로 극한을 취하면 식 (8.49)의 분산은 β^{-1}이 되어 아래와 같은 결과가 얻어집니다.

$$P(t) = \mathcal{N}(t \,|\, \mu_N, \beta^{-1}) \tag{8.50}$$

즉 μ_N이 실제 평균 μ와 동일하다는 확신을 가지고 말할 수 있기 때문에 이미 알고 있는 분산 β^{-1}으로 다음에 관측될 데이터를 예측할 수 있게 됩니다. '8.1.2 베이즈 정리 입문'의 마지막 부분에서는 새로운 사실을 덧붙여서 '확신율'를 높여가는 것이 베이즈 추정이라고 설명했습니다. 이 설명대로 계산 결과가 도출됐다고 말할 수 있습니다.

그럼 마지막으로 식 (8.48)에 나온 적분식을 계산하는 방법을 설명하겠습니다.

[수학을 배우는 작은 방]

일단 식 (8.48)에 정규분포의 확률밀도함수를 대입합니다. 계산 중에 t에 종속하지 않는 정수는 Const로 나타내겠습니다.

$$P(t) = \text{Const} \times \int_{-\infty}^{\infty} \exp\left\{ -\frac{\beta_N}{2}(\mu - \mu_N)^2 - \frac{\beta}{2}(t-\mu)^2 \right\} d\mu \tag{8.51}$$

식 (8.51)의 지수함수 부분의 안쪽을 K라고 놓고 이것을 μ에 관해 정리합니다.

$$\begin{aligned} K &= -\frac{\beta_N}{2}(\mu - \mu_N)^2 - \frac{\beta}{2}(t-\mu)^2 \\ &= -\frac{1}{2}(\beta_N + \beta)\mu^2 + (\beta_N \mu_N + \beta t)\mu - \frac{1}{2}(\beta_N \mu_N^2 + \beta t^2) \\ &= -\frac{\beta_N + \beta}{2}\left(\mu - \frac{\beta_N \mu_N + \beta t}{\beta_N + \beta}\right)^2 + \frac{(\beta_N \mu_N + \beta t)^2}{2(\beta_N + \beta)} - \frac{1}{2}(\beta_N \mu_N^2 + \beta t^2) \end{aligned} \tag{8.52}$$

식 (8.52)를 식 (8.51)에 대입하고 μ에 종속하지 않는 항은 적분 밖으로 빼내어 아래와 같은 식을 얻습니다.

$$\begin{aligned} P(t) = \text{Const} &\times \exp\left\{ \frac{(\beta_N \mu_N + \beta t)^2}{2(\beta_N + \beta)} - \frac{1}{2}(\beta_N \mu_N^2 + \beta t^2) \right\} \\ &\times \int_{-\infty}^{\infty} \exp\left\{ -\frac{\beta_N + \beta}{2}\left(\mu - \frac{\beta_N \mu_N + \beta t}{\beta_N + \beta}\right)^2 \right\} d\mu \end{aligned} \tag{8.53}$$

여기서 마지막 적분을 I라고 놓으면 이것은 가우스 적분 공식에 의해 아래의 정수값이 된다는 것을 알 수 있습니다.

$$I = \int_{-\infty}^{\infty} \exp\left\{ -\frac{\beta_N + \beta}{2}\left(\mu - \frac{\beta_N \mu_N + \beta t}{\beta_N + \beta}\right)^2 \right\} d\mu = \sqrt{\frac{2\pi}{\beta_N + \beta}} \tag{8.54}$$

가우스 적분 공식은 일반적으로 성립하는 아래의 관계를 나타냅니다. 이것은 정규분포의 모든 확률이 1이 된다는 관계식 식 (1.4)와 동일한 내용입니다.

$$\int_{-\infty}^{\infty} \exp\left\{ -\frac{\beta}{2}(x-\mu)^2 \right\} dx = \sqrt{\frac{2\pi}{\beta}} \tag{8.55}$$

그리고 식 (8.53)의 앞쪽에 있는 지수함수 안쪽을 J로 놓고 이것을 t에 관해 정리하면 아래의 식이 얻어집니다.

$$
\begin{aligned}
J &= \frac{(\beta_N \mu_N + \beta t)^2}{2(\beta_N + \beta)} - \frac{1}{2}\left(\beta_N \mu_N^2 + \beta t^2\right) \\
&= -\frac{\beta_N \beta}{2(\beta_N + \beta)} t^2 + \frac{\beta_N \beta \mu_N}{\beta_N + \beta} t + \text{Const} \\
&= -\frac{1}{2(\beta^{-1} + \beta_N^{-1})}(t - \mu_N)^2 + \text{Const}
\end{aligned}
\tag{8.56}
$$

식 (8.54)와 식 (8.56)을 식 (8.53)에 반영하면 아래와 같은 식이 얻어집니다.

$$
P(t) = \text{Const} \times \exp\left\{-\frac{1}{2(\beta^{-1} + \beta_N^{-1})}(t - \mu_N)^2\right\}
\tag{8.57}
$$

이것은 $P(t)$는 평균이 μ_N이고 분산이 $\beta^{-1} + \beta_N^{-1}$인 정규분포임을 나타내고 있고 이 식을 통해 식 (8.49)가 얻어집니다.

8.1.5 예제 코드로 확인한다

예제 코드 '08-bayes_normal.py'를 사용하여 이제까지 설명한 수치계산의 결과를 확인하겠습니다. 이 예제 코드에서는 평균이 $\mu = 2$이고 분산이 $\sigma^2 = 1$인 정규분포를 준비하고 이 정규분포를 토대로 무작위로 얻어낸 트레이닝 셋을 준비합니다. 그리고 평균 μ에 관한 베이즈 추정을 실시합니다. 사전분포 $P(\mu)$는 평균이 $\mu_0 = -1$이고 분산이 $\sigma_0^2 = 1$인 정규분포를 사용합니다. 정규분포를 토대로 100개의 데이터를 얻어낸 다음 이 중에서 첫 2개, 4개, 10개, 100개를 트레이닝 셋에 포함시키고 각각의 경우의 계산 결과를 표시합니다.

예제 코드를 아래의 절차로 실행시키면 앞서 나온 그림 8.7과 함께 그림 8.8에 나온 그래프가 표시됩니다.

```
$ ipython Enter
In [1]: cd ~/ml4se/scripts Enter
In [2]: %run 08-bayes_normal.py Enter
```

일단 그림 8.7은 평균 μ의 사후분포 $P(\mu|t)$를 그래프로 나타낸 것입니다. 그래프 안에 표시된 'mu_N'과 'var'는 각각 사후분포의 평균 μ_N과 분산 β_N^{-1}값을 나타냅니다. 그래프 안에 있는 점은 추정에 사용한 트레이닝 셋 데이터를 나타냅니다.

데이터 수 N이 적을 경우에는 사전분포의 평균 $\mu_0=-1$쪽으로 끌려가서 실제 평균 $\mu=2$보다 작은 값인 μ_N을 정점으로 하는 그래프가 됩니다. 데이터 개수 N이 커짐에 따라 정점이 실제 평균 $\mu=2$에 가까워져 갑니다. 그와 동시에 분산 β_N^{-1}이 작아져서 μ_N 가까이에 분포가 집중되어 가게 됩니다.

데이터 개수가 늘어남에 따라 추정 결과에 대해 더욱 '확신을 가질 수 있게 됐다고' 생각할 수 있습니다.

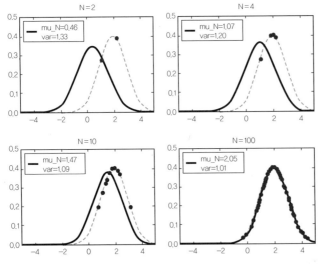

그림 8.8 베이즈 추정으로 구한 관측 데이터의 확률분포

이어서 그림 8.8은 사후분포 $P(\mu \mid t)$를 기반으로 하여 식 (8.47)로 계산된 것이며 '다음에 얻어질 관측 데이터 t의 확률 $P(t)$'를 그래프로 그린 것입니다. 이 경우에는 식 (8.49)와 같은 정규분포 그래프와 같은 모양이 나타납니다. 실선 그래프는 추정된 확률 $P(t)$이고 점선 그래프 위에 있는 점은 추정에 사용한 트레이닝 셋 데이터입니다. 그래프 안에 표기된 'mu_N'과 'var'는 각각 확률 $P(t)$의 평균 μ_N과 분산 $\beta^{-1} + \beta_N^{-1}$ 값을 나타냅니다.

확률 $P(t)$는 사후분포의 평균 μ_N을 중심으로 한 모양으로 그래프가 그려졌는데 데이터 개수 N이 작을 경우에는 실제 분포보다 분산이 옆으로 넓게 펼쳐지게 됩니다.

추정된 평균 μ_N은 실제 평균 μ로부터 멀어졌다는 것인데 그 멀어진 만큼 분산을 크게 잡아서 오차를 보정하고 있다고 생각할 수 있습니다.

이처럼 베이즈 추정으로 파라미터를 추정한 결과를 '사후분포'라고 표현함으로써 단일 추정값을 제공하는 최우추정법보다 내용을 더욱 깊이 알 수 있게 됩니다.

8.2 베이즈 추정을 회귀분석에 응용

이번 절에서는 '1.3.1 회귀분석에 의한 관측값 추측'의 [예제 1]에 베이즈 추정을 적용합니다. 이제까지 이 문제에 최소제곱법과 최우추정법을 적용시켜 왔는데 이들과의 차이를 비교하는 방식으로 베이즈 추정의 특성에 대해 알아보겠습니다.

또한 도중에 나오는 계산이 매우 복잡하기 때문에 일부는 계산 과정을 생략했습니다. 계산 그 자체보다 '어떤 개념을 가지고 무엇을 계산하는가'를 이해할 수 있도록 설명하겠습니다.

8.2.1 파라미터의 사후분포 계산

베이즈 추정 계산 과정을 다시 정리해 보겠습니다. 처음에는 최우추정법과 마찬가지로 어떤 관측 데이터가 얻어질 확률을 설정합니다. 이때 확률을 나타내는 수식에는 미지의 파라미터가 포함되어 있습니다.

여기서는 '3.1.1 데이터 발생 확률 설정'에서 사용한 식 (3.5)와 식 (3.6)을 사용하겠습니다. 이것은 관측점 x_n에서 관측값 t가 얻어질 확률을 나타내는 수식입니다. 정규분포의 분산은 $\sigma^2 = \beta^{-1}$이라고 지정합니다.

$$N(t \mid f(x_n), \beta^{-1}) = \sqrt{\frac{\beta}{2\pi}} \, e^{-\frac{\beta}{2}\{t - f(x_n)\}^2} \tag{8.58}$$

$$f(x) = \sum_{m=0}^{M} w_m x^m \tag{8.59}$$

관측점 x와 관측값 t 사이에는 식 (8.59)의 형태로 주어진 M차 다항식의 관계가 존재하고 관측값 t는 $f(x)$를 중심으로 하는 분산이 β^{-1}인 정규분포를 따르며 흩어진다고 생각한 것입니다. 다항식의 계수 $\{w_m\}_{m=0}^{M}$이 미지의 파라미터입니다.

이들을 모두 합쳐 $\mathbf{w} = (w_0, \cdots, w_m)^T$라는 벡터로 나타냅니다. 그리고 계산하기 편하도록 정규분포의 분산 β^{-1}의 값은 처음부터 이미 알고 있다고 전제하겠습니다.

이어서 미지의 파라미터 $\mathbf{w}$에 대한 확률분포를 준비합니다. 사전분포 $P(\mathbf{w})$는 어떤 전제조건도 없을 경우의 확률이지만 이전 절에서 설명한 대로 트레이닝 셋 데이터 개수 N이 충분히 크다면 어느 정도 적당한 수로 정해도 괜찮습니다. 여기서는 평균이 0이고 분산이 α^{-1}인 정규분포라고 정하겠습니다.

$$P(\mathbf{w}) = \mathcal{N}(\mathbf{w} \mid \mathbf{0}, \alpha^{-1}\mathbf{I}) = \left(\frac{\alpha}{2\pi}\right)^{(M+1)/2} \exp\left(-\frac{\alpha}{2}\mathbf{w}^{\mathsf{T}}\mathbf{w}\right) \tag{8.60}$$

여기서 식 (8.60)은 다변수 정규분포라는 점에 주의하기 바랍니다.

일반적인 정의는 '1.3.1 회귀분석에 의한 관측값 추측'에서 식 (1.8)에 나타낸 것과 같습니다. 식 (8.60)은 각각의 w_m이 평균이 0이고 분산이 α^{-1}인 정규분포를 따른 다는 것을 나타냅니다. I는 단위행렬을 나타내는 기호입니다.

그리고 파라미터 $\mathbf{w}$가 정해졌을 경우 트레이닝 셋의 관측값 t=$(t_0, \cdots, t_N)^T$가 얻어 질 확률을 생각해 보겠습니다. 이것은 '3.1.2 우도함수로 파라미터를 평가한다'에 서 사용한 식 (3.8)과 동일한 것입니다.

$$\begin{aligned} P(\mathbf{t} \mid \mathbf{w}) &= \mathcal{N}(t_1 \mid f(x_1), \beta^{-1}) \times \cdots \times \mathcal{N}(t_N \mid f(x_N), \beta^{-1}) \\ &= \prod_{n=1}^{N} \mathcal{N}(t_n \mid f(x_n), \beta^{-1}) \\ &= \left(\frac{\beta}{2\pi}\right)^{\frac{N}{2}} \exp\left[-\frac{\beta}{2}\sum_{n=1}^{N}\{f(x_n)-t_n\}^2\right] \end{aligned} \tag{8.61}$$

이것은 파라미터 $\mathbf{w}$가 정해졌다는 사실을 전제로 한 조건부 확률이라는 점에 주 의하기 바랍니다. 여기까지 준비됐다면 이제 베이즈 정리를 사용하여 사후분포 $P(\mathbf{w}\mid\mathbf{t})$를 계산할 수 있습니다.

$$P(\mathbf{w}\mid\mathbf{t}) = \frac{P(\mathbf{t}\mid\mathbf{w})}{\int_{-\infty}^{\infty} P(\mathbf{t}\mid\mathbf{w}')P(\mathbf{w}')d\mathbf{w}'} P(\mathbf{w}) \tag{8.62}$$

이것은 관측 데이터 **t**를 기반으로 파라미터 **w**의 확률을 업데이트하는 관계식입니다. 분모에 있는 적분식은 다변수에 관한 적분(중적분)입니다. 그러나 이 부분은 **w**에 종속되지 않는 정수이므로 확률 P(**w**|**t**)의 정규화 정수 Z(전체 확률이 1이 된다는 조건으로 정해지는 정수)라고 간주할 수 있습니다.

$$P(\mathbf{w} \mid \mathbf{t}) = \frac{1}{Z} P(\mathbf{t} \mid \mathbf{w}) P(\mathbf{w})$$ (8.63)

식 (8.60)과 식 (8.61)을 식 (8.63)에 대입해서 **w**에 종속되는 항을 빼낸 식은 아래와 같습니다. Const는 **w**에 종속되지 않는 정수입니다.

$$P(\mathbf{w} \mid \mathbf{t}) = \mathrm{Const} \times \exp\left[-\frac{\beta}{2}\sum_{n=1}^{N}\{f(x_n) - t_n\}^2 - \frac{\alpha}{2}\mathbf{w}^\mathsf{T}\mathbf{w}\right]$$ (8.64)

이제 사후분포 $P(\mathbf{w}|\mathbf{t})$를 최대로 만드는 파라미터 **w**를 결정할 조건을 알 수 있습니다. 지수함수의 안쪽을 최대로 만들면 되는 것이므로 아래의 오차함수 E를 최소로 만든다는 조건으로 결정됩니다.

$$E = \frac{\beta}{2}\sum_{n=1}^{N}\{f(x_n) - t_n\}^2 + \frac{\alpha}{2}\mathbf{w}^\mathsf{T}\mathbf{w}$$ (8.65)

식 (8.65)에서 첫 번째 항은 최소제곱법을 사용한 오차함수 E_D와 동일한 형태를 갖추고 있습니다. 오차함수 E_D는 '2.1.2 다항식 근사와 오차함수 설정'에 있는 식 (2.3)과 같습니다. 따라서 만일 α=0이라면 최소제곱법에서와 동일한 **w**를 얻을 수 있게 됩니다. 한편 α〉0인 경우 **w**의 절댓값이 커지면 두 번째 항의 영향으로 오차 E가 커져버리게 됩니다. 즉 최소제곱법이 아니라 절댓값이 작은 **w** 쪽의 확률이 커지게 됩니다.

사실을 말하면 이것은 사전분포에 영향을 받기 때문입니다. 평균이 0인 정규분포를 사전분포로 가정했기 때문에 그것에 이끌려가기 때문이며 여기서 추정되는 $\mathbf{w}$도 0에 가까워지는 것입니다. 이때 α를 줄이면 두 번째 항의 영향을 덜 받게 됩니다. 이것은 사전분포의 분산 α^{-1}이 커짐에 따라 사전분포의 영향이 작아진다는 사실에 해당됩니다. $\alpha \rightarrow 0$의 형태의 극한으로 최우추정법과 동일한결과가 나온다는 사실은 이전 절에서 나왔던 문제와 동일한 것입니다.

그러나 이번 문제의 경우 식 (8.65)의 두 번째 항은 '오버피팅을 억제한다'는 중요한 역할을 맡고 있습니다. 2장에서 최소제곱법에 대해 이야기했을 때 다항식의 차수가 높아지면 오버 피팅이 발생한다고 설명했습니다. 예를 들어 트레이닝 셋에 포함된 데이터 개수가 $N=10$일 경우 다항식의 차수를 $M=9$로 지정하면 파라미터 $\mathbf{w}$는 다항식 $f(x)$가 모든 데이터 점을 통과할 정도로 과잉 조정됩니다. 사실은 이 '과잉 조정'은 파라미터 값이 극단적으로 커져서 발생하는 것입니다.

'2.1.4 예제 코드로 확인한다'에 있는 그림 2.3에는 수치계산으로 구한 실제 파라미터 값이 표시되어 있습니다. 이것을 보면 분명히 $M=9$의 경우에 높은 차수의 계수의 절댓값이 극단적으로 커져 있다는 것을 알 수 있습니다. 그 결과 그림 2.2에서 $M=9$로 지정한 예와 같이 다항식 $f(x)$ 그래프는 위아래로 크게 변동하는 형태가 됩니다. 이번 문제에서는 $0 \leq x \leq 1$범위에서 생각하고 있는 것이므로 계수가 크지 않으면 $f(x)$ 값은 그다지 크게 변화하지 않는다는 점에 주의하기 바랍니다.

베이즈 추정을 사용할 경우에는 사전분포를 이용하여 $\mathbf{w}$의 절댓값이 그다지 커지지 않도록 억제하여 다항식 값이 변동하는 것을 막고 오퍼 피팅이 발생하지 않도록 조정할 수 있는 것입니다. 그러나 억제하는 정도는 α값을 어떻게 설정하느냐에

달려 있는 것이므로 오버 피팅을 얼마나 억제하고 싶은지에 맞춰 값을 조정해가야
합니다.

이로써 사전분포 $P(\mathbf{w}|\mathbf{t})$를 최대로 만드는 $\mathbf{w}$가 어떤 값을 갖게 될지 알 수 있게
됐는데 사전분포의 전체적인 형태도 이해하고 있어야 합니다. 중간 계산 과정은
생략하겠지만 식 (8.64)의 지수함수 부분의 안쪽은 $\mathbf{w}$에 대한 2차 함수이므로 $\mathbf{w}$
에 관해 정리하면 아래와 같은 정규분포가 됩니다.

$$P(\mathbf{w} \mid \mathbf{t}) = \mathcal{N}\left(\mathbf{w} \,\middle|\, \beta\mathbf{S}\sum_{n=1}^{N} t_n \boldsymbol{\phi}(x_n), \mathbf{S}\right) \tag{8.66}$$

다변수 정규분포이므로 분산 $\mathbf{S}$는 행렬의 형태를 갖추고 있습니다. 이번 문제의 경
우에는 역행렬 $\mathbf{S}^{-1}$이 아래의 식으로 주어집니다.

$$\mathbf{S}^{-1} = \alpha\mathbf{I} + \beta\sum_{n=1}^{N} \boldsymbol{\phi}(x_n)\boldsymbol{\phi}(x_n)^{\mathrm{T}} \tag{8.67}$$

$\boldsymbol{\phi}(x)$는 x를 $0 \sim M$승한 값을 나열한 벡터입니다.

$$\boldsymbol{\phi}(x) = \begin{pmatrix} x^0 \\ x^1 \\ \vdots \\ x^M \end{pmatrix} \tag{8.68}$$

8.2.2 관측값의 분포를 추정

파라미터의 사후분포가 정해졌다면 이것을 사용하여 '다음에 관측될 데이터의 확률'을 계산할 수 있습니다. 이것은 '8.1.4 베이즈 추정으로 정규분포를 결정한다: 관측값의 분포를 추정'에 있는 식 (8.47)과 동일한 계산입니다.

파라미터 $\mathbf{w}$가 정해져 있는 상태라면 특정 관측점 x에서 관측값 t가 얻어질 확률은 식 (8.58)과 같은 정규분포 $\mathcal{N}(t \mid f(x), \beta^{-1})$로 주어집니다. 이것을 다양한 $\mathbf{w}$에 관해 사후분포 $P(\mathbf{w} \mid \mathbf{t})$라는 가중치를 추가하여 모두 더합니다.

이번 문제에서는 파라미터 $\mathbf{w}$에 관한 다중적분으로 표현됩니다.

$$P(x,t) = \int_{-\infty}^{\infty} P(\mathbf{w} \mid \mathbf{t}) \mathcal{N}(t \mid f(x), \beta^{-1}) d\mathbf{w} \tag{8.69}$$

식 (8.69)는 관측점 x와 관측값 t에 관한 함수가 된다는 점에 주의하기 바랍니다. 이 식에 식 (8.66)의 결과를 대입하면 식 (8.48)과 동일하게 2개의 정규분포를 합성하는 적분식이 됩니다.

$$P(x,t) = \int_{-\infty}^{\infty} \mathcal{N}\left(\mathbf{w} \mid \beta \mathbf{S} \sum_{n=1}^{N} t_n \boldsymbol{\phi}(x_n), \mathbf{S}\right) \mathcal{N}(t \mid f(x), \beta^{-1}) d\mathbf{w} \tag{8.70}$$

이러한 적분식에 대해서는 일반적으로 아래와 같은 공식이 성립한다고 알려져 있습니다.

$$\int_{-\infty}^{\infty} \mathcal{N}(\mathbf{w} \mid \boldsymbol{\mu}, \mathbf{S}) \mathcal{N}(t \mid \mathbf{a}^{\mathsf{T}} \mathbf{w}, \beta^{-1}) d\mathbf{w} = \mathcal{N}(t \mid \mathbf{a}^{\mathsf{T}} \boldsymbol{\mu}, \beta^{-1} + \mathbf{a}^{\mathsf{T}} \mathbf{S} \mathbf{a}) \tag{8.71}$$

여기서는 $f(x) = \phi(x)^{\mathrm{T}}\mathbf{w}$에 주의하여 식 (8.71)에 아래의 식을 대입하면 식 (8.70)을 풀 수 있습니다.

$$\boldsymbol{\mu} = \beta \mathbf{S} \sum_{n=1}^{N} t_n \phi(x_n) \tag{8.72}$$

$$\mathbf{a} = \phi(x) \tag{8.73}$$

그 결과 $P(x,t)$는 아래와 같은 정규분포가 됩니다.

$$P(x,t) = \mathcal{N}(t \mid m(x),\ s(x)) \tag{8.74}$$

정규분포의 평균 $m(x)$와 분산 $s(x)$는 아래의 식의 형태로 주어집니다.

$$m(x) = \beta \phi(x)^{\mathrm{T}} \mathbf{S} \sum_{n=1}^{N} t_n \phi(x_n) \tag{8.75}$$

$$s(x) = \beta^{-1} + \phi(x)^{\mathrm{T}} \mathbf{S} \phi(x) \tag{8.76}$$

이것은 관측점 x를 정하면 그 점에서의 관측 데이터는 평균이 $m(x)$이고 분산이 $s(x)$인 정규분포를 따른다는 간단한 결론을 나타냅니다. 식 (8.75)와 식 (8.76)의 우변에는 트레이닝 셋으로 주어진 데이터 $\{(x_n,\ t_n)\}_{n=1}^{N}$이 포함되어 있다는 점에 주의하기 바랍니다. 트레이닝 셋 데이터를 기반으로 하여 다음에 얻어질 데이터를 추측하는 것이 식 (8.74)~(8.76)의 관계식인 것입니다.

8.2.3 예제 코드로 확인한다

예제 코드를 사용하여 수치계산을 수행하고 결과를 그래프로 나타내 보겠습니다. 수식을 보고 있는 것만으로는 무슨 이야기인지 알 수 없지만 그래프를 보면 무슨 일이 일어나고 있는지를 명확하게 이해할 수 있습니다.

먼저 식 (8.74)로 표현된 분포를 그래프로 나타내겠습니다. 이것은 '3.1.1 데이터 발생 확률 설정'에서 본 그림 3.3과 같이 각각의 관측점 x에서 관측된 값인 t가 어떻게 흩어져 있는지를 보여주며 $m(x)$를 중심으로 하여 약 $\pm\sqrt{s(x)}$의 범위로 펼쳐진다는 것을 의미합니다. 분산 $s(x)$에 대해 $\sqrt{s(x)}$는 표준편차라고 불리는 값이었습니다. $y=m(x)$ 혹은 $y=m(x)\pm\sqrt{s(x)}$ 이렇게 3종류의 그래프를 그려서 관측점이 각각 어떻게 흩어지는지를 알 수 있습니다.

예제 코드 '08-bayes_regression.py'는 다음에 설명하는 것을 조건으로 하여 이들 그래프를 그립니다. 일단 트레이닝 셋 $\{(x_n, t_n)\}_{n=1}^{N}$은 [예제 1]에서 설명한 대로 생성하겠습니다. 사인함수 $y=\sin(2\pi x)$에 평균이 0이고 표준편차가 0.3인 정규분포의 오차를 적용해서 생성하는 것입니다. 추정에 사용할 다항식의 차수는 $M=9$이며 사전분포 $P(\mathbf{w})$의 분산은 $\alpha^{-1}=10000$라고 정하겠습니다.

아래의 절차로 예제 코드를 실행하면 그림 8.9와 그림 8.10과 같은 그래프가 표시됩니다.

```
$ ipython Enter
In [1]: cd ~/ml4se/scripts Enter
In [2]: %run 08-bayes_regression.py Enter
```

이제 그림 8.9에 주목하기 바랍니다. 이것은 관측점 x_n의 개수 N을 4, 5, 10, 100으로 변화시키면서 앞서 제시한 조건으로 베이즈 추정을 실시한 결과를 나타내고 있습니다. 실선 그래프는 추정된 평균값 $y=m(x)$이며 그 위아래에 있는 점선 그래프는 표준편차만큼의 폭 $\pm\sqrt{s(x)}$를 더한 값을 나타냅니다. 그리고 실제 평균값을 나타내는 사인함수 $y=\sin(2\pi x)$는 옅은 점선으로 표시되어 있습니다.

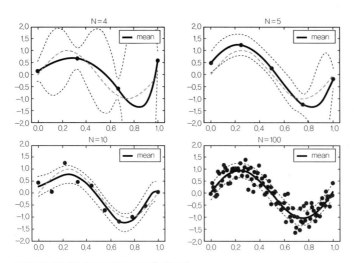

그림 8.9 베이즈 추정으로 구한 관측 데이터

그림 8.9에 나타난 그래프로부터 다음과 같은 사실을 알 수 있습니다.

- 관측점 개수가 적을 때에는 추정된 평균값이 실제 평균값으로부터 크게 벗어난 부분이 있다. 그러나 그만큼 분산도 크고 실제 평균값은 표준편차 범위 내에 거의 다 들어온다

- 관측점이 많아지면 표준편차가 작아지고 데이터 개수가 충분히 많다면 본래의 표준편 차인 0.3 부근에 들어온다

- 사전분포의 영향으로 오버 피팅이 억제되고 N=10인 경우라도 모든 점을 통과하는 형 태가 되지 않는다

그럴 듯한 결과가 나왔지만 한 가지 우려되는 부분이 있습니다.

N=4일 때의 그래프를 보면 관측점에서 멀어진 부분에서 표준편차가 매우 커져 있 습니다. 이렇게 된 이유를 이해하기 위해서는 특정 파라미터 $\mathbf{w}$에 대해 식 (8.59) 로 결정되는 다항식 $f(x)$의 그래프를 그려봐야 합니다.

베이즈 추정을 실시하는 절차를 떠올려보면 트레이닝 셋을 사용하여 파라미터 $\mathbf{w}$ 의 사후분포 $P(\mathbf{w}|\mathbf{t})$가 맨 처음 계산됐습니다. 이 확률에 따라 파라미터 $\mathbf{w}$값이 정 해지면 그에 대응하는 다항식 $f(x)$가 정해집니다. 즉 사후분포 $P(\mathbf{w}|\mathbf{t})$에 따른 확 률로 파라미터 $\mathbf{w}$를 무작위로 몇 개 골라서 그에 대응하는 다항식 $f(x)$ 그래프를 그린 것이 앞서 표시한 그림 8.10의 그래프입니다.

이 예제 코드에서는 그림 8.9에 나온 각각의 그래프를 그릴 때 계산한 사후분포 $P(\mathbf{w}|\mathbf{t})$를 사용하여 이 확률에 따라 파라미터 $\mathbf{w}$를 무작위로 결정합니다. 4종류의 $\mathbf{w}$를 결정한 후에 이에 대응하는 4종류의 다항식 $f(x)$의 그래프를 그렸습니다. 실 선 그래프는 앞서 본 것과 동일하게 평균값 $y=m(x)$이며 점선 그래프는 각각의 다 항식 $f(x)$입니다.

이것을 보면 N이 작을 경우 각각의 다항식 그래프는 크게 변동한다는 것을 알 수 있습니다. 각각의 관측점 x_n에 있는 데이터 부근을 지나도록 파라미터 $\mathbf{w}$를 조정했 기 때문에 관측점 이외의 위치에서는 변동이 특별히 커지게 됩니다. 그렇기 때문 에 그림 8.9를 보면 관측점으로부터 먼 곳에서는 표준편차가 커지게 되는 것입니 다. 실선으로 나타난 평균값 그래프는 이들 변동을 평균화하여 중심 부분을 가리 키고 있다는 것을 알 수 있습니다.

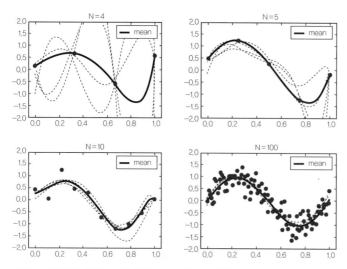

그림 8.10 베이즈 추정을 통해 확률적으로 얻어진 다항식의 예

8.3 부록–최우추정법과 베이즈 추정의 관계

이제까지 진행했던 설명 중에 베이즈 추정의 특별한 경우에 있어서 최우추정법과 동일한 결과가 나올 때가 있다고 지적했습니다. 일반적으로 이에 관해서는 '데이터 개수 N이 충분히 클 때와 같이 사후분포가 사전분포로부터 영향을 받지 않을 때 에는 사후분포를 최대로 만드는 파라미터는 최우추정법으로 얻어지는 파라미터와 일치한다'라고 말할 수 있습니다.

사후분포 계산식을 통해 이 내용을 수학적으로 나타낼 수 있습니다. 여기서는 '8.1.3 베이즈 추정으로 정규분포를 정한다: 파라미터 추정' 절에서 봤던 식 (8.27) 을 사용하여 설명하겠습니다.

$$P(\mu \mid \mathbf{t}) = \frac{P(\mathbf{t} \mid \mu)}{\int_{-\infty}^{\infty} P(\mathbf{t} \mid \mu') P(\mu') d\mu'} P(\mu)$$

(8.77)

우변 분모에 있는 적분식은 μ에 종속하지 않는 정수이므로 이것을 Z로 놓아 아래와 같이 변형합니다.

$$P(\mu \mid \mathbf{t}) = \frac{1}{Z} P(\mathbf{t} \mid \mu) P(\mu) \tag{8.78}$$

이때 우변에 있는 $P(\mathbf{t} \mid \mu)$는 어떤 μ를 기준으로 하여 트레이닝 셋 데이터 $\mathbf{t}$가 얻어질 확률이며 최우추정법의 우도함수와 같은 것이라고 할 수 있습니다. 따라서 만일 사전분포 $P(\mu)$가 μ에 종속되지 않는 정수라고 하면 사후분포 $P(\mu \mid \mathbf{t})$를 최대로 만드는 μ는 우도함수를 최대로 만드는 μ, 즉 최우추정법으로 얻어지는 추정치와 일치한다는 것입니다.

더욱 일반적인 이야기를 하면 μ의 변화에 대한 사후분포 $P(\mu \mid \mathbf{t})$로 얼마나 영향을 줄지에 관해서 $P(\mathbf{t} \mid \mu)$가 $P(\mu)$보다 지배적이 될 경우 위에서 이야기한 것이 성립하지 않습니다. 이러한 의미에서 베이즈 추정은 최우추정법을 확장한 것이라고 말할 수 있습니다.

그리고 이제까지 '사전분포 $P(\mu)$는 어느 정도 자유롭게 정해도 괜찮다'고 설명했는데 이것도 동일한 조건(사후분포로의 영향은 우도함수 쪽이 지배적인)하에 정당화됩니다. 현실에서 발생하는 문제에 관해서는 식 (8.78)과 같은 계산이 가능한 한 간단해질 수 있도록 $P(\mu)$를 선택하지만 이때 대체로 '켤레사전분포(Conjugat prior distribution)'를 사용해서 계산합니다.

켤레사전분포란 식 (8.78)로 계산되는 사후분포 $P(\mu \mid \mathbf{t})$가 사전분포 $P(\mu)$와 동일한 형태의 함수가 된다는 편리한 성질을 만족시키는 함수입니다.

예를 들어 이 책 '8.1.3 베이즈 추정으로 정규분포를 정한다: 파라미터 추정'에서는 사전분포로 정규분포 식 (8.28)을 가정했습니다. 그 결과 사후분포도 정규분포 식 (8.39)가 됐습니다. 이것이 켤레 사전분포의 예가 됩니다.

확률분포를 더 넓은 범위에서 보면 켤레사전분포의 형태가 수학적으로 더 구체적이라는 사실이 알려져 있습니다. '8.1.3 베이즈 추정으로 정규분포를 정한다: 파라미터 추정'에서는 정규분포의 분산 σ^2의 값은 사전에 알고 있다고 전제하고 평균 μ만을 추정했는데 공격사전분포를 사용하면 분산도 동시에 계산을 통해 추정할 수 있습니다. 참고로 계산의 흐름을 간단히 설명하겠습니다.

일단 식 (8.26)으로 계산한 우도함수에서 평균 μ와 분산 σ^2 모두를 미지의 파라미터로 간주합니다. 여기서 $\lambda=1/\sigma^2$이라고 놓겠습니다.

$$P(\mathbf{t}\,|\,\mu,\lambda) = \prod_{n=1}^{N} \mathcal{N}(t_n\,|\,\mu,\lambda^{-1}) \tag{8.79}$$

이때 베이즈 정리인 식 (8.78)은 아래와 같은 형태가 됩니다.

$$P(\mu,\lambda\,|\,\mathbf{t}) = \frac{1}{Z}P(\mathbf{t}\,|\,\mu,\lambda)P(\mu,\lambda) \tag{8.80}$$

여기서는 사전분포 $P(\mu,\lambda)$와 사후분포 $P(\mu,\lambda\,|\,\mathbf{t})$는 μ와 λ 두 변수를 포함한 함수입니다. 식 (8.79)를 식 (8.80)에 대입할 때 2변수 확률분포 $P(\mu,\lambda)$에서 $P(\mu,\lambda)$와 $P(\mu,\lambda\,|\,\mathbf{t})$가 동일한 함수의 형태가 되는 것이 있다면 그것이 켤레사전분포가 됩니다.

이 경우 켤레사전분포 $P(\mu, \lambda)$는 아래와 같이 '가우스-감마분포(Gaussian-gamma distribution)'로 주어진다는 사실이 알려져 있습니다. μ_0, $\beta_0 > 0$, b>0는 분포의 형태를 결정하는 임의의 정수입니다.

$$P(\mu, \lambda) = \mathcal{N}(\mu \mid \mu_0, (\beta_0 \lambda)^{-1}) \mathrm{Gam}\left(\lambda \mid 1 + \frac{\beta_0}{2}, b\right)$$
$$= \mathrm{Const} \times \exp\left\{-\frac{\beta_0 \lambda}{2}(\mu - \mu_0)^2\right\} \times \lambda^{\frac{\beta_0}{2}} e^{-b\lambda} \tag{8.81}$$

이후 계산 과정은 생략하겠지만 이것을 사용함으로써 사후분포 $P(\mu, \lambda \mid t)$도 동일한 '가우스-감마분포'로 표현할 수 있습니다. 그리고 '8.1.4 베이즈 추정으로 정규분포를 결정한다: 관측값의 분포를 추정'에서 봤던 식 (8.47)에 해당하는 계산은 아래와 같이 '가우스-감마분포'와 정규분포의 곱을 적분하는 형태가 됩니다.

$$P(t) = \int P(\mu, \lambda \mid \mathbf{t}) \mathcal{N}(t \mid \mu, \lambda^{-1}) d\mu \, d\lambda \tag{8.82}$$

이 적분은 '스튜던트의 t분포(Student's t-distribution)'라고 불리는 함수를 사용하여 계산할 수 있습니다. 이처럼 켤레사전분포를 도입하면 수학적인 성질이 잘 알려진 함수를 사용하여 계산할 수 있습니다.

사전분포를 이러한 방식으로 문제에 사용하는 것이 정말로 자연스러운 선택인가 하는 의문이 남을지도 모르겠지만 지금은 실제로 계산을 할 수 있느냐를 우선적으로 생각하기 바랍니다. '3.1.1 데이터 발생 확률 설정'에서 그림 3.4를 보면서 설명했던 것처럼 일단은 수학적인 성질을 깊이 분석할 수 있는 하나의 가설로써 모델을 구축해야 하는 것입니다.

필자는 오픈소스를 업무 시스템에 활용하는 일을 촉진하는 기업에서 근무하고 있습니다. 일상적인 업무에서 머신러닝을 직접 다룰 일은 없습니다. 머신러닝의 이론은 대학 시절에 배운 통계학(통계 물리학) 지식을 바탕으로 개인적인 흥미를 충족시키기 위해 공부를 계속해 왔습니다. 그러던 중에 '실제 업무에서 머신러닝을 다루지 않을 수 없다'고 말하는 IT 개발자가 많아지고 있다는 것을 느끼고 머신러닝에 대한 기초지식을 엔지니어들에게 널리 알리고 싶다고 생각했습니다.

지금은 머신러닝 툴이나 라이브러리가 오픈소스로 공개되어 있어 누구나 자유롭게 이용할 수 있는 시대입니다. 그러나 그 배경에 존재하는 '이론'이야말로 모든 사람에게 개방되어야 한다고 믿고 있습니다. 머신러닝은 어려운 수학 이론이 현실 세계에서 발생하는 문제를 해결하는 데에 도움이 될 수 있는 무대이며 IT 개발자의 지적 탐구심을 자극하는 최고의 소재입니다. 머신러닝을 공부하는 재미를 알게 되면 '학교에서 배운 수학은 사회에서 도움이 안 된다'는 말이 틀렸다고 느끼게 됩니다.

이 책을 만나게 된 것을 계기로 하여 '다시 한 번 수학을 제대로 배워서 더욱 어려운 머신러닝 이론을 마스터하리라'고 마음먹는 독자가 나타나기를 필자는 진심으로 기대하고 있습니다.

이 책의 내용을 잘 이해하고 좀 더 깊이 공부하는 데 도움이 될 만한 책을 소개합니다.

수학의 기초

【해석학】

- 『微分積分（理工系の数学入門コース1）』 和達 三樹（著）、岩波書店（1988）
- 『ベクトル解析（理工系の数学入門コース3）』 戸田 盛和（著）、岩波書店（1989）
- 『微分積分（理工系の基礎数学1）』 薩摩 順吉（著）、岩波書店（2001）
- 『微分・積分30講（数学30講シリーズ）』 志賀 浩二（著）、朝倉書店（1988）
- 『解析入門30講（数学30講シリーズ）』 志賀 浩二（著）、朝倉書店（1988）
- 『ベクトル解析30講（数学30講シリーズ）』 志賀 浩二（著）、朝倉書店（1989）

【선형대수】

- 『行列と1次変換（理工系の数学入門コース2）』 戸田 盛和、浅野 功義（著）、岩波書店（1989）
- 『線形代数（理工系の基礎数学2）』 藤原 毅夫（著）、岩波書店（1996）
- 『線形代数30講（数学30講シリーズ）』 志賀 浩二（著）、朝倉書店（1988）

【확율통계】

- 『確率・統計（理工系の数学入門コース 7）』 薩摩 順吉（著）、岩波書店（1989）
- 『確率・統計（理工系の基礎数学 7）』 柴田 文明（著）岩波書店（1996）
- 『統計クイックリファレンス 第2版』 Sarah Boslaugh（著）、黒川 利明、木下 哲也、中山 智文、本藤 孝、樋口 匠（翻訳）、オライリージャパン（2015）

위의 책들은 이 책에서 쓰인 수식을 이해하는 데 필요한 '해석학', '선형대수', '확률통계' 3가지 분양의 대표적인 입문서입니다. 이 외에도 다수의 서적이 있으므로 자신에게 맞는 수준의 책을 찾아서 살펴보 길 바랍니다.

데이터 사이언스 입문

▪ 『비즈니스를 위한 데이터 과학: 빅데이터를 바라보는 데이터마이닝과 분석적 사고』 포스터 프로보스 트, 톰 포셋 (저), 강권학 (역), 한빛미디어(2014)

데이터 사이언스를 비즈니스에 적용하는 데 필요한 사고방식을 이해하기 쉽게 설명합니다. 이 책의 1장의 내용을 좀 더 깊이 이해하기 위해 함께 읽어 보기를 권합니다.

머신러닝을 위한 본격적인 교과서

▪ 『Pattern Recognition and Machine Learning』 Christopher Bishop(저), Springer(2012)

난이도가 높지만 머신러닝의 기초가 되는 이론을 폭넓게 망라하고 있어, 이 책 다음으로 도전해 볼 만한 책입니다. 이 책의 예제 대부분은 위 책에서 인용하고 있습니다.

통계모델의 연구

▪ 『データ解析のための統計モデリング入門―一般化線形モデル・階層ベイズモデル・MCMC』 久 保 拓弥 (著)、岩波書店 (2012)

이 책에서도 소개하고 있는 '통계모델의 개념'과 관련해서 좀 더 깊이 이해하는 데 도움을 주는 책입 니다. 통계모델에 의한 계산의 의미와 개념을 상세하게 설명하고 있습니다.

베이즈 통계학의 기초

- 『基礎からのベイズ統計学—ハミルトニアンモンテカルロ法による実践的入門』 豊田 秀樹 (著)、朝倉書店（2015）
- 『Think Bayes』 Allen B. Downey(저), O'Reilly(2014)

  위 책들은 이 책의 8장에서 다룬 '베이즈 추정'의 기초가 되는 베이즈 통계학의 입문서입니다.

Python으로 하는 데이터 분석 툴

- 『파이썬 라이브러리를 활용한 데이터 분석: pandas, NumPy, IPython, matplotlib로 지진 데이터 시각화, 선거와 인구통계』 웨스 맥키니(저), 김영근(역), 한빛미디어(2013)

  이 책의 샘플코드로 사용하는 'NumPy', 'pandas', 'IPython' 등 Python으로 데이터 분석을 할 때 필요한 툴을 설명합니다.

정보이론의 본격적인 교과서

- 『Information Theory, Inference, and Learning Algorithms』 David J. C. MacKay, Cambridge University Press(2003)

  정보 엔트로피 등 정보이론의 기초부터 고급 응용까지 설명한 본격적인 교과서입니다. 베이즈 추정과 머신러닝 등 이 책의 내용과 관련한 항목들을 포함하고 있어, 전문가 수준을 목표로 본격적인 학습을 해나가는 독자에게 권할 만한 책입니다. 웹사이트(http://www.inference.phy.cam.ac.uk/itila/)에서 PDF를 공개하고 있어 무료로 내려받을 수 있습니다.

나카이 에츠지(中井悦司)

1971년 4월 일본 오오사카 출생. 노벨 물리학상을 진지하게 꿈꾸고 이론물리학 연구에 몰두했던 학생 시절, 대학 입시에 열정을 쏟았던 입시 학원 강사 시절, 그리고 화려하게(?) 변신하여 외국계 기업에서 리눅스 엔지니어로 활약하게 될 때까지 항상 유닉스/리눅스 서버와 묘한 인연으로 인생을 함께 보냈다. 요즘에는 리눅스 배포판 회사에 근무하며 기업 시스템에서 리눅스/OSS를 활용할 것을 촉진하는 것에 정열을 불태우며 하루하루를 보내고 있으며 잡지 기사나 서적 집필에도 주력하고 있다.

휴일에는 러시아 문학과 철학책을 읽으며 피아노 재즈를 즐기는 인생을 보내고 싶었지만 지금은 사랑하는 초등학교 1학년 딸과 스포츠 센터에 수영하러 다니고 있는 동네에서 유명한 '좋은 아빠'로 살고 있다. '세계 평화'를 위해 일찍 집에 들어가려고는 하지만 사랑하는 또 한 가지인 선술집에 들리기를 좋아하는 사람이다.

리눅스/OSS 기반의 업무용 애플리케이션 개발을 비롯하여 일본 전국 소매점에서 가동되고 있는 만 대 이상의 리눅스 서버 운용을 지원, 프라이베이트 클라우드 설계 구축까지 다양한 프로젝트를 거치며 체득한 '프로 의식'을 젊은 개발자들에게 전수하기 위해 고심하고 있다. 요즘에는 머신러닝 이론 등의 데이터 과학의 기초 지식을 계몽하는 일도 열심히 하며 활동 범위를 넓혀가고 있다.

기호

Π	XVII
σ	21
Σ	XVII, 115
σ^2	21
$\mathcal{N}$	21
χ^2	105
∂	XIX

번호

1계 미분계수	XX
02–square_error.py	54
03–maximum_likelihood.py	87
04–perceptron.py	122
05–logistic_vs_perceptron.py	141
05–roc_curve.py	152
06–k_means.py	174
07–mix_em.py	198
08–bayes_normal.py	231
08–bayes_regression.py	241

B

BrandColors	171

C

CentOS	28
Conjugat prior distribution	245
Const	222
cross validation	97

D

data science	3
Distortion	174

E

ED	49
EM 알고리즘	166
Enthought Canopy	28
E(RMS)	57
ERMS	85
exp	XVII

F

False Negative	147
False Positive	147

G

Gaussian–gamma distribution	247

H

Hessian matrix 71

I

IPython 28, 40
IRLS 140
IRLS법 156

J

joint probability 213

K

K-Nearest Neighbor 180
k-최근접 이웃 알고리즘 165
k-평균법 25, 165

L

Lazy Learning 165
LinAlgError: Singular matrix 143

M

Mac OS X 32
matplotlib 27
Maximum Likelihood Estimation
 187

N

n 21
Negative 146
Novikov의 정리 121
NumPy 27
n±σ 21

O

outputXX 175

P

pandas 27
PIL 27
Positive 146

R

R 27
Receiver Operating Characteristic
 152
RGB 171
ROC 곡선 133

S

scikit-learn 28
SciPy 27
sigma 87, 97
squared error 166
Stochastic gradient descent 111
Student's t-distribution 247

supervised learning 166
Supervised Learning 14

T

Term Frequency 180
TF-IDF 180
Training Set 46
True Negative 147
True Positive 147

U

unsupervised learning 166
Unsupervised Learning 15

V

V[X] 22

W

Windows 36

X

xn 101

ㄱ

가로 벡터 XXI
가설 10
가우스-감마분포 247
가우스 적분 공식 230
검정 10
게으른 학습 165, 183
결정 트리 6
결합확률 213
과학적 사고 64
광고비 12
교차검증 97
교차 검증 기법 67
극소값 177
극점값 72
기대값 XXII, 101
기울기 벡터 50, 118

ㄴ

난수 20
내적 XXI
뉴튼 랩슨법 139, 156
뉴튼법 139

ㄷ

다항식 근사 그래프 70
다항식의 계수 50
대각행렬 139
대수우도함수 84
대수함수 XVIII
대표문자 187

대표색 추출 170
대표점 168
데이터 과학 3
데이터 과학자 5
델 XIX
동시발생 분석 17

ㄹ

라운드디 XIX
로그우도함수 192
로그함수 84
로지스틱 함수 136
로지스틱 회귀 11, 133
링크 예측 17

ㅁ

매출 4, 12
머신러닝 알고리즘 4, 11
모델의 일반화 능력 66
목적 변수 47
무작위로 공이 나오는 완구의 확률 212

ㅂ

바이어스 항 116, 129
반복 가중치 최소제곱법 140
반양정치 52
법선 벡터 128
베르누이 분포 187
베이즈 추정 209
벡터 XX

변경 전 128
변경 후 128
분류 11
분산 XXII, 22
분산공분산행렬 22
불편분산 101, 105
불편성 98
불편성이 있는 추정량과 없는 추정량 99
불편추정량 95, 99
브랜드 색 172
비지도 학습 15, 166
빅데이터 16

ㅅ

사인함수 19, 20
사전분포 222
사후분포 222
설명 변수 47
수렴 속도 123
스튜던트의 t분포 247
스팸 메일 판정 알고리즘 12
시그마 XVII, XXII

ㅇ

알고리즘 9
양성 146
양정치 52
연결 고리 17
연관성 분석 17
오버 피팅 66, 76, 88
오버 피팅 검출 62
오차 21, 48

오차의 제곱 49
오차함수 50, 111
외적 XXI
우도함수 83, 133
월마트 4
위양성 218
위양성율 146
유사성 15
유사성 매칭 17
음성 146
이미지 생성기 192
인터넷 쇼핑몰 17
일치성 98
일치추정량 98

ㅈ

전치 기호인 T XX
정규분포 19
제곱 에러 166, 174
조건부 확률 220
지도 학습 14, 166
지수함수 XVII
진양성 218
진양성율 146
진짜 모수 95

ㅊ

체비셰프의 부등식 103
최소제곱법 45
최솟값 문제 50
최우추정법 133, 187
추정값 98
추정량 98

ㅋ

카이제곱 104
켤레사전분포 245
크로네커 델타 162
클러스터링 14, 171
클러스터링 알고리즘 168

ㅌ

테스트 셋 64
테일러 전개 72
통계 모델 45
통계모델의 관점에서 최소제곱법
59
트레이닝 셋 46, 64
특징 벡터 8, 47
특징 변수 47

ㅍ

파라메트릭 모델 60
파라미터 48
파이 XVII
파이썬 27
판단 규칙 8
퍼셉트론 111
퍼셉트론 알고리즘 121
편미분 XIX
편미분계수 50
평균 22
평균 제곱근 오차 58, 70
폭포수 모델 10
표본분산 105
표본평균 105
표준편차 19, 20

ㅎ

학습 전 211
학습 후 211
행렬 XX, 51
헤세행렬 51, 71
혼합 베르누이 분포 187
확률 기울기 하강법 111
확률밀도 20, 79
확률밀도함수 21
확률변수 XXII, 21
회귀분석 12
휴대폰 통신회사 갈아타기 5